D1697477

Hans Lux

Von Hunden, Schweiß und
roten Hirschen

Hans Lux

Von Hunden, Schweiß und roten Hirschen

Waidwerk auf der roten Fährte

Mit 7 Abbildungen auf 4 Tafeln

Verlag Paul Parey · Hamburg und Berlin

Photonachweis: Gegenüber Seite 16: C. Lux; gegenüber Seite 32 unten: H. Barthes; gegenüber Seite 80 (2): C. Dietz. Die übrigen Aufnahmen stammen vom Verfasser.

Umschlagphoto: W. Baetz

CIP-Kurztitelaufnahme der Deutschen Bibliothek

Lux, Hans
Von Hunden, Schweiß und roten Hirschen : Waidwerk
auf d. roten Fährte. — 1. Aufl. — Hamburg, Berlin
Parey, 1977.
ISBN 3-490-18611-7

ISBN 3-490-18611-7

Inhalt

1
Lehrjahre eines Fährtenhundes

Schon immer waren es Hunde und Pferde, denen ich mich von allen Tieren am meisten verbunden fühlte. Gewiß hatte ich kindlichen Kontakt zu fast allen erreichbaren Tieren, von der Eidechse über Schlange und Frosch bis zu den Vögeln, Eichhörnchen und übrigem Waldgetier. Aber zu Hunden und Pferden entstand schon eine regelrechte Liebe mit aller Süße und allem Herzeleid.

Da es leichter ist, an einen Hund zu kommen als ein Pferd zu besitzen, wurde halt ein Hund erster Freund und Begleiter. Aber auch ein Pferd zu besitzen, schien nicht unmöglich. Nur bedurfte es eines kleinen Umweges. Diesen Umweg ging ich, indem ich mich bei einem berittenen Regiment meldete.

So kam ich zu einem Pferd. Zwar zu keinem eigenen im juristischen Sinne, aber das berührte mich nicht. Es war halt doch mein Pferd. Wenn es auch bisweilen wechselte und im Kriegsgeschehen manchmal unter dramatischen Umständen erneuert werden mußte. Doch immer ist es „mein" Pferd gewesen. Und mit jedem Pferd, das fortging, war ein wenig Wehmut verbunden. Heute ist nur noch die Erinnerung da, und keinen der vielen Pferdenamen habe ich vergessen. Da war der „Senator", ein leichter Ostpreußenwallach und die „Krone", eine zum Zackeln neigende ostdeutsche Pferdedame. Dann der dicke „Organist", der Apfelschimmel „Sperber" und der langbeinige „Rochus", „Karlchen", das ehemalige Kesselpaukerpferd mit einsachtzig Stockmaß, und „Sam", der melancholische falbige Pole, dann „Amsel", „Linde" und „Ondra", „Fähnrich" und „Orpheus", „Satan" und „Kardinal", „Herzdame" und „Monica". Meine Beste aber war die „Schelde", eine sensible, dennoch unglaublich ausdauernde Fuchsstute mit goldigem Wesen und viel Verstand. Sie war anhänglich und folgte mir, wenn es möglich war, ohne Zaumzeug auf Schritt und Tritt. Sie hätte einen Gedenkstein verdient oder einen grünen Bruch. Beides hat sie nicht bekommen. Keinen der Pferdenamen habe ich aufgeschrieben, aber ich bin froh, alle noch zu wissen.

Ähnlich ist es mit den Hunden. Manche gingen so schnell fort, daß an einen Abschied nicht zu denken war. Andere verbrachten bei mir ihr ganzes, kurzes Hundeleben. Was sind schon zehn oder zwölf Jahre? Eine überschaubare Zeitspanne. Und doch: Wie vollgestopft mit Erlebnissen, Freuden, aber auch Enttäuschungen können zehn oder zwölf Jahre sein.

Zurückblickend stelle ich fest: Kein Hund ragte besonders über die anderen hinaus. Alle waren überdurchschnittlich. Jeder einzelne stellte etwas Besonderes dar. Jeder für sich hatte seine bestimmten Stärken, aber auch seine kleinen Schwächen. Alle waren auf der roten Fährte zu Hause, man spricht dann eben von Spezialisten. Es ist verständlich, daß sie im Laufe der Jahre eine gewisse Vollkommenheit erreichen, soweit man den Begriff „vollkommen" überhaupt für ein Lebewesen anwenden darf. Aber der immer nur auf ein bestimmtes Gebiet ausgerichtete Jagdhund wird und muß viel eher Höchstleistungen vollbringen als der Vollgebrauchshund in jeder einzelnen seiner Tätigkeiten. Das spricht für den vordringlichen Einsatz unserer Schweißhunde. Hierin aber liegt auch das Problem der ungezählten Fehlsuchen mit nicht spezialisierten Jagdhunden. Es ist deshalb ungerecht, wenn manche Jäger von der Eitelkeit der Schweißhundführer sprechen, „alles" selbst machen zu wollen. Es ist aber genauso ungerecht, wenn sich Schweißhundführer in klarer Erkenntnis der Abhängigkeit der Jäger von ihnen und ihrem spezialisierten Fährtenhund als Lehrmeister und Richter aufspielen. Allerdings trifft man viel weniger überhebliche Schweißhundführer als großspurige Jäger, die aus irgendwelchen Gründen den Schweißhundmann bewußt beschummeln oder ihm gar Verhaltensmaßregeln für die bevorstehende Suche erteilen. Doch sollte man in diesen Fällen nicht zu hart urteilen. Wer selbst erfahren hat, wie bedrückend, ja niederschmetternd es ist, am Abend ein Stück Wild krankgeschossen zu haben und mit dieser Gewißheit nach Hause fahren und ins Bett gehen zu müssen, der wird eher verstehen, wenn ein unglücklicher Schütze am folgenden Morgen der Nachsuche Nerven und Geist nicht mehr zusammenzuhalten weiß.

Die Natur ist grausam. Die Jagd ist es nicht. Aber sie unterliegt menschlicher Unvollkommenheit, ist abhängig von Wind und Wetter, von Eis, Schnee, Regen, schlechten Lichtverhältnissen und vielen anderen Erschwernissen, die der Mensch im grünen Loden da draußen in Kauf nehmen muß.

Darum wird es bei allem Bemühen und allem waidgerechten Verhalten der Jäger manchmal zu einem schlechten Schuß kommen, der das Wild kürzere oder längere Strecken weit flüchten läßt. Eben so weit, daß es vom Jäger allein nicht gefunden werden kann.

Schweißhunde sind nicht nur Vorsorge, sie gehören zum wichtigsten Teil jagdlicher Gesinnung. Hunde, die vor dem Schuß zu arbeiten verstehen, sind großartige Gesellen. Schweißhunde aber verkörpern durch ihr Zusammenwirken mit dem Menschen Waidwerk und Waidgerechtigkeit im besten Sinn. Sie sind somit der gültige Ausweis der Jägerei für ihr jagdliches Tun und werden darum auch oder gerade dem nicht-jagenden Naturschützer ein verstehendes Verhältnis zum Jäger erleichtern.

Irgendwann, irgendwo steht ein Jäger vor seiner ersten Nachsuche, seiner ersten, ernstzunehmenden Rotfährte. Der Schweißhundführer vermerkt diese erste Begebenheit fest in seinem Gedächtnis und weiß oft noch nach Jahren darüber zu berichten.

Eine ganz besondere „erste" Rotfährtenarbeit bescherte mir „Grandel", meine rote Dachsbrackenhündin. Einer meiner Mitarbeiter beschoß an einem nebligen Sonntagmorgen im November ein Damkalb. Damals befand ich mich in einer Forstverwaltung, die nebenbei ein Gatterrevier mit starkem Dam- und Schwarzwildbeständen beherbergte. Das Kalb trennte sich unmittelbar nach dem Schuß vom Alttier, flüchtete hangabwärts entlang einem wasserführenden Siefen. So jedenfalls berichtete es der Schütze, als er ziemlich aufgelöst im Haus erschien und mich um Nachsuche bat. Wir saßen gerade beim etwas späten sonntäglichen Morgenkaffee. Und da man zwischen Schuß und Nachsuche keine Hast aufkommen lassen soll, blieb der angeschlagene Jägersmann erst mal bei uns am Kaffeetisch, um sich zu „versammeln". Ohne Zweifel sollte meine alte Teckeline „Bellis" die Nachsuche machen. Aber dann meinte Christian, unser Jüngster, daß es „Grandel" bestimmt auch schon könne. Ich solle doch „Grandel" nehmen. Diese Hündin war damals knapp acht Monate alt, hatte zwar schon etliche schwierige Kunstfährten mit Erfolg gearbeitet, auch schon spurlaut am Hasen gejagt, aber sonst war das Hundel ein unbeschriebenes Blatt. Und da der Schütze auch nichts über den vermeintlichen Sitz der Kugel aussagen konnte, blieb es also bei „Bellis".

Aber Christian setzte sich dann doch durch. Also wurde „Grandel" neben „Bellis" im Wagen mitgenommen. Schließlich verwies sie dann auch den Anschuß und arbeitete am langen Riemen die Rotfährte des Kalbes. Nach vielleicht zweihundert Gängen sagte der Schütze, daß wir wahrscheinlich falsch wären, weil er das Kalb woanders habe fortflüchten sehen. Doch da verwies „Grandel" gerade ein paar Tropfen Schweiß und belehrte uns, daß wir „richtig" lagen. Um es kurz zu machen: Nach vierhundert Gängen standen wir am Kalb, das mit Weidewundschuß inzwischen verendet war. So sah die erste Bewährung eines Schweißhundes aus, der künftig noch manche brave Leistung vollbringen sollte.

Anfang Januar wurde die „große Jagd" veranstaltet. Sie dauerte stets zwei Tage. Am Ende lagen immer um die sechzig Stück Wild, zumeist Sauen, auf der Strecke.

Zu Mittag des ersten Jagdtages waren bereits vier Krankschüsse gemeldet. Ich stimmte mich noch schnell mit dem Jagdpersonal ab, unterrichtete meinen Vertreter und ließ die Jagdgesellschaft hinter mir, um die Hunde zu holen. Mein Sohn Peter war bereits von der Schule zurück und wollte mir unbedingt bei der Wundfährtenarbeit zur Hand gehen.

Zwei Totsuchen erledigte die alte „Bellis" ohne Komplikationen. Als wir zum dritten Anschuß unterwegs waren, stieß die mitgeführte Dachsbracke in einem Stangenholz zufällig auf ein paar Schweißtropfen, die wahrscheinlich zu einer nicht gemeldeten und wohl auch nicht beobachteten Krankfährte gehören mußten.

Ich legte die Dachsbracke zur Fährte. In der Nadelstreu verlor sich der Schweiß, aber die Bracke buchstabierte unverdrossen weiter. Bis zu einem trockenen Buschhaufen. Da drinnen steckte die kranke Sau, ein Überläufer, der uns prompt annahm. Der Fangschuß war keine Meisterleistung. Aber die Freude über die junge Dachsbracke war groß. Die Sau wäre ohne die rote Hündin elend verludert. Und eines wurde mir in diesem Augenblick wiederum klar: Die schönsten Augenblicke auf der Jagd beschert uns der Zufall.

In der Folgezeit ließ ich keine Gelegenheit aus, die talentierte Hündin mit dem schönen und zweckmäßigen „Otterhaar" zu einem in allen Sätteln gerechten Schweißhund auszubilden. Das Gatterrevier mit den starken Hochwildbeständen bot sich für schwierigste Übungen geradezu an. Durch das stets vorhandene Fährtengewirr legte ich meine Kunstfährten. Dazu benutzte ich kaum Schweiß, sondern irgendwelche Aufbruchteile, wie Stücke vom Pansen, von der Lunge oder dem Schlund, die an einen Bindfaden befestigt, im Schritt- oder Zweischrittabstand auf den Boden getupft wurden. Die Übungen zahlten sich aus, und kaum gab es noch eine Nachsuche, die von der Kleinen nicht zu einem guten Ende gebracht wurde.

Der König von Nepal mit Frau und Sohn waren Gäste im Forstamt. Mehrere Sauen kamen zur Strecke, darunter auch zwei starke Keiler. Kein Stück ging verloren. So schien es.

Einem Keilerchen gab ich vom Jagdstand des Nepalesen aus den Fangschuß. Die Umstände waren so rührend, daß ich sie erzählen möchte. Auf den Schuß des Gastes rutschte die Sau etwa fünfzig Meter einen steilen Hang herunter, wurde aber schnell von der Terriermeute eingeholt und giftig gedeckt. Mehrere Zielversuche des sich redlich mühenden Schützen führten zu keinem Erfolg. Ich hatte das Empfinden, daß der stille und sympathische Mann keinen der Hunde gefährden wollte. Nach einer Weile reichte er mir in fast kindlicher Befangenheit seine Büchse, ich selbst trug nur eine Pistole bei mir, und bat mich, den Fangschuß zu geben. Welches Vertrauen mußte der Mann in die deutsche Jägerei gehabt haben. Soviel Vertrauen hatte ich nicht, mindestens nicht zu mir selbst. Auch sah ich mehr von den stellenden und tobenden Hunden als von der Sauschwarte. Aber Ehrgeiz und Mitgefühl siegten. Und siehe da, der Schuß auf über hundert Schritt Entfernung zwischen den Hundeleibern hindurch kam richtig an und ließ die Sau verenden. Sehr heiß ist es mir dabei unter dem Hute geworden.

Doch das Wesentliche kam noch. Am Abend erzählte mir der Revierjäger, daß von einem Gast noch ein Überläufer beschossen worden sei, der auf den Schuß laut geklagt habe. Man habe den Anschuß genau untersucht, aber keinerlei Zeichen gefunden. Ich wurde hellhörig. Und wenn auch seinerzeit der verehrte und von mir hochgeschätzte Vater Snethlage mit mir nicht einig ging, so behaupte ich nach wie vor, daß das Klagen einer Sau auf den Schuß immer ein sicheres Schußzeichen darstellt.

Der Revierjäger konnte mir nur ungefähr den Anschuß beschreiben. Am nächsten Morgen fuhr ich in aller Frühe mit Grandel hinaus und ließ sie vorhin suchen. Irgendwelche Pürschzeichen fanden auch wir nicht, dafür störte uns eine Menge Damwild, das überall herumstand. Grandel hielt irgendeine imaginäre Fährte. Ich ließ die rote Hündin gewähren und folgte ihr, weil ich nichts Besseres anzufangen wußte. So marschierten wir hundert Meter, dann zweihundert Meter. Die Hündin verwies mehrfach. Aber so sehr ich mich auch bemühte, erkennen konnte ich nichts. Nach fünfhundert Gängen standen wir in einer Fichtendickung vor der Sau. Sie war noch warm, konnte also erst unlängst verendet sein.

Solch außerplanmäßiges Finden von Wild bereitet immer eine besondere Freude, wie im vorhin erwähnten Fall, in dem der Hund auf bloßen Verdacht im Gelände angesetzt wurde und selbständig zum Erfolg gelangte. So soll ein Schweißhund beschaffen sein. Im Regelfall ist er es auch, wenn eine gute Veranlagung mit sorgsamer Erziehung in einer für den Hund optimalen Umwelt vereint sind. Zur Umwelt des Hundes gehört allerdings auch, und dies nicht zuletzt, sein Führer.

Es ist daher ein nicht zu unterschätzendes Glück, daß Fährtenhunde über viele Jahre, meist ihr Leben lang, in der Hand eines Mannes bleiben. Erst dadurch ergeben sich Höchstleistungen des Hundes, die nicht mehr allein in seinen tierischen Fähigkeiten zu finden sind, sondern auch vom vertrauten Menschen beeinflußt werden.

Das Beglückendste an der Jagd scheint überhaupt zu sein, daß sich der Jäger als handwerkliches Hilfsmittel eines Hundes bedient, eines Tieres also, das bereits in die menschliche Gesellschaft aufgenommen wurde, als unsere jagenden Vorfahren eben über die ersten Denkversuche hinaus waren. Wir können heute nur ahnen, welche Veränderungen und Umstellungen der Hund durchgemacht hat, bis er zum wichtigsten Gefährten, Jagdkumpan, Hausgenossen und Freund des Menschen geworden ist. Der Hund bestimmte mit die Menschheitsgeschichte und damit auch einen Teil der menschlichen Kultur. Er bestimmte und bestimmt in hohem Maß den Werdegang der Jagd und bis auf den heutigen Tag den der Jagdkultur. Weil Jagdkultur und allgemeine menschliche Kultur eng miteinander verbunden sind, sich gelegentlich sogar ergänzen, kann ich mir nicht vorstellen, daß gebildete, nichtjagende Menschen die Jägerei, also auch die Jagd in ihrer Gesamtheit auslöschen wollen. Ich kann mir auch nicht vorstellen, daß mit natürlichen Dingen vertraute Menschen die Jagd als Zeitvertreib, Sport, Machthunger oder gar Rohheit ansehen. Der weitblickende und engagierte Freund und Schützer der Natur weiß genau, daß es um die meisten unserer Wildarten schlecht bestellt wäre, ja daß die größeren unter ihnen längst ausgerottet wären, gäbe es den Jäger nicht. Das ist kein Paradox, weil Jagd und Hege immer eine Einheit bilden und die eine ohne die andere nicht denkbar ist.

Doch zurück zum Fährtenhund, der ja Ausgangspunkt dieser Betrachtungen ist. Hunde verleiten anscheinend zum Nachdenken über so vieles in der Welt, auch über die Hunde selbst. Immer wieder wurde ich überrascht von ihrem ausgezeichneten Erinnerungsvrmögen. Wenn ich mit einem meiner Hunde durch den Wald oder über die Heide gehe, und wir stoßen auf irgend etwas Markantes, das den Hund stark interessiert, sei es eine Katze, ein Igel, ein frischgesetztes Kalb oder Kitz, dann wird der Hund selbst noch nach Tagen mit großer Wahrscheinlichkeit diese Stellen mit Interesse untersuchen, obwohl der ursprüngliche Anlaß nicht mehr vorhanden ist.

Vor drei oder vier Jahren holte meine Grandel aus einem Rohrdurchlaß in der Nähe unseres Gehöfts eine Katze heraus. Als erstes kontrolliert sie nun allmorgendlich diesen Durchlaß, obwohl ihr andere, ganz in der Nähe liegende Durchlässe ebenfalls bekannt sind.

Von allen Hunden, die ich im Laufe meines Lebens besaß, hat meine Hannoveranerin „Kati" das absolut beste Erinnerungsvermögen. Sie vergißt keinen Menschen, der es irgendwann einmal nicht gut mit ihr meinte, und auch keinen, der sie gelegentlich mit einem Leckerbissen verwöhnte. Kati ist ein beachtenswerter Hund mit einer besonderen, unauffälligen Art, sich durchzusetzen. Allein die Tatsache, daß ich sie und keinen anderen Welpen aus dem Wurf nahm, hängt mit ihrem besonderen Wesen zusammen. Abgesehen davon, daß mir die kleine Hündin inmitten ihrer wohlgelungenen Geschwister sofort gefiel, zeigte sie mir gegenüber ein besonders auffälliges Verhalten. Wo ich auch ging, war der Welpe in meiner Nähe, und blieb ich stehen, so setzte er sich artig vor mich hin. Aber noch war ich unentschlossen. Da sagte die Frau des Züchters: „Merkwürdig, insgeheim haben wir die Kati schon lange für Sie vorgesehen. Offenbar hat sich die Kleine auch für Sie entschieden." Mir blieb damit die weitere Qual der Wahl erspart, und so kam die Hessenwälderin in die Lüneburger Heide.

Die alte „Bellis" hatte kurz zuvor infolge Altersschwäche das Zeitliche gesegnet. „Grandel", die Dachsbracke, war absolute Herrscherin in Haus und Hof. „Kati" wurde von ihr sehr ungnädig empfangen. Anfängliche Spiel- und Annäherungsversuche der kleinen Hannoveranerin wurden sofort grimmig gestoppt und im Keim erstickt. Bald wurde mir klar, daß diese beiden Damen nie in Freundschaft zueinander finden würden. So ist es geblieben bis auf den heutigen Tag. Sicher mag hier hineinspielen, daß sowohl die Dachsbracke als auch die professionellen Schweißhunde „Solojäger" sind, also ihre jagdliche Arbeit allein und nicht in der Meute oder in der Koppel verrichten. Wie kaum andere Jagdhundrassen leben und wirken sie mit dem einzelnen Menschen, dem Jäger, zusammen, wobei sie umsichtig vom Zweibein geführt werden oder ihn oft genug selbst führen. Dabei gibt es kaum einen krassen Übergang. Vielmehr vollzieht sich dies alles fließend und unmerklich in steter Harmonie, falls der Mensch nicht eine Drillmaschine oder eine Herrschernatur ist. Aber das ist wohl im Regelfall auszuschließen, weil er dann keinen Fährtenhund führen würde, sondern eher eine Atombombe von Terrier, mit dem er am Ende aber auch nicht zurechtkommen würde.

Gar zu lange habe ich nicht gewartet, um Kati mit den Aufgaben eines Fährtenhundes vertraut zu machen. Mit etwa vier Monaten begannen die ersten Übungen. Jedoch fing ich nicht mit abgestandenen Hochwildfährten an, sondern mit Kunstfährten, die ich mit Hilfe von Aufbruchteilen herstellte. Dabei nutzte ich die sagenhafte Gefräßigkeit des Junghundes. So etwas von Verfressenheit habe ich noch bei keinem meiner Hunde erlebt! Kati frißt „alles", selbst Butterbrotpapier, wenn nur der Geruch von Freßbarem davon ausgeht. Wo es möglich ist, macht sie sich selbst genossen. Also nutzte ich diese Freßgier, knotete ein Stück Pansen oder Lunge an einen Bindfaden und tupfte im Schreiten in kurzen Abständen den Aufbruchteil auf den Boden.

Die meisten Fährten legte ich am Abend und ließ den Hund erst am anderen Morgen arbeiten. Morgenfährten blieben bis zum Abend liegen. Nach getaner Arbeit wurde das Schleppsel gleich am Fundort verfüttert. Und Kati fand immer. Erst nach hundert, zweihundert, dann nach vier- bis fünfhundert und schließlich tausend und mehr Meter Fährtenlänge.

Erst vom sechsten bis siebten Lebensmonat an machten wir uns an die erkaltete Hochwildfährte. Es klappte auf Anhieb, wenn auch Verleit- fährten vorerst zu einiger Verwirrung führten. Außerdem nahm ich jede Gelegenheit wahr, den Junghund mit erlegtem Wild vertraut zu machen, damit er später bei der Naturarbeit nicht vor dem gefundenen „großen Tier" erschrak.

In die Zeit der ersten Naturfährtenarbeiten fiel auch die erste kurze Totsuche. Ein Bekannter hatte am frühen Morgen auf einer Schneise ein Schmaltier beschossen, das am Anschuß Lungenschweiß hinterließ. Weil er wußte, daß es nur zu einer kurzen Totsuche kommen würde, auf die ich für die junge Hündin großen Wert legte, ließ er alles unberührt und ging zu seinem Wagen, um mich anzurufen.

Unterwegs beschoß er jedoch noch eine Ricke, die nach dem Schuß flüchtete. Nun bestellte er bei mir gleich zwei Nachsuchen. Ich fuhr mit Grandel und Kati los. Nach etwa vier Stunden legte ich Kati zur Fährte, und nach kaum achtzig Schritt standen wir vor dem längst verendeten Schmaltier. Dann folgten Aufbrechen und Genossenmachen. Danach wurde Kati in den Wagen gesperrt, und ich untersuchte mit der Dachs- bracke den von der Ricke hinterlassenen Anschuß. Hier stellte ich einen hohen Vorderlaufschuß fest. Von dem so oft gepredigten sofortigen Schnallen bei Laufschüssen halte ich nicht viel. Höchstens in Ausnahme- fällen und nur dann, wenn der Hund unmittelbar nach dem Schuß zur Stelle ist. Aber sonst sollte man auch bei Laufschüssen lieber mit der Riemenarbeit beginnen — bei ausgesprochenen Schweißhunden in allen Fällen — und erst unmittelbar am Stück schnallen.

Also arbeitete Grandel hübsch am Riemen. Der Schütze sowie mein jüngster Sohn, der schulfrei hatte, folgten in vernünftiger Entfernung. Nach einem Kilometer Fährtenarbeit rappelte es vor uns in einem Fichten- jungwuchs, Grandel wurde am Riemen laut, und sogleich fanden wir auch ein mit Schweiß gezeichnetes warmes Wundbett. Also Halsung runter, und los ging die Hetze. Zwischendurch erscholl ein paarmal kurzer Standlaut. Wir liefen, was die Beine hergaben.

Irgendwo im Dickicht hatte Grandel die Ricke gefaßt. Wir hörten gedämpftes Klagen. Die Umstände ließen einen Fangschuß nicht zu. Schnell fing ich daher ab. Außer dem zertrümmerten Vorderlauf war auch der Brustkern verletzt. Daher wohl die verhältnismäßig kurze Hetze.

2
Auf Tuchfühlung mit einer Sau

Die Abführung eines jungen Schweißhundes ist oft besinnlich, trotz gewisser Strapazen, die der führende Jäger auf sich nehmen muß. Aber diese Abführung ist auch tier- und hundegerecht.

Da gibt es kein Stachelhalsband und keine schmerzenden Strafen wie so oft bei der „Vollgebrauchshundedressur". Dennoch bestimmt in erster Linie die straffe Hand des Führers den Ablauf des Geschehens. Aber das Herz ist immer dabei. Ich wünschte mir, jagdfeindliche Tierschützer könnten bei einer schwierigen Rotfährtenarbeit zusehen, und sie könnten das Bangen und Hoffen des Jägers über viele Stunden miterleben. Ich wünschte, sie täten und könnten es. Und wenn nichts haften bliebe von dem Erlebnis und dem Bemühen, so müßte doch die Erkenntnis zurückbleiben, daß Waidwerk nicht nur große menschliche Werte reifen läßt, sondern daß Waidwerk ein Kulturgut darstellt, das bei seinem Erlöschen eine Verarmung unserer Gesamtkultur bedeuten würde.

Aber lassen wir die Philosophie. Sie berührt doch nur den Menschen. Unsere Schweißhunde leben nach anderen Gesetzen, nach Gesetzen, aus denen wir Nutzen zu ziehen verstehen.

Für mich besteht dieser Nutzen darin, daß ich die Arbeit auf der Rotfährte als bestes Waidwerk empfinde.

Jede Nachsuche stellt einen Markstein dar im Leben des Schweißhundeführers. Wobei es solche Rotfährtenarbeiten gibt, die leicht und gefällig dahinplätschern wie ein munterer Bach, und solche, die es in sich haben, die Himmel und Hölle zugleich sind, und die den Menschen, der den Schweißriemen hält, durch und durch schütteln.

Oft wird es schlimm, wenn der Schütze oder ein Helfershelfer mit eigenem, weniger geübtem Hund zuvor schon stundenlang ihr Glück auf der Krankfährte erfolglos versuchten. Und wie oft ist dies der Fall!

Am Rande unseres Naturschutzgebietes wurde am Abend von einem

Gründliche Untersuchung des Anschusses —
Voraussetzung für eine erfolgreiche Suche.

Gast eine stärkere, nicht führende Bache beschossen. Man fand viel Schweiß, und die Nachsuche am folgenden Morgen wurde mit einem guten Schweißteckel begonnen. Als es bis zum späten Vormittag noch keinen Erfolg gab, rief man mich an. Es war ein Sonntag. Gleich nach dem Mittagessen fuhr ich mit Grandel los. Draußen warteten mehr als ein halbes Dutzend Grünröcke, darunter auch zwei Robbenjäger von der Waterkant. Die beiden hatten noch nie einen Schwarzkittel in freier Wildbahn erlebt, geschweige denn eine Nachsuche auf eine Sau mitgemacht.

Zu Beginn der Arbeit stellten wir die Schützen vor, weil der Sitz der Kugel einfach nicht zu deuten war und daher die Möglichkeit bestand, daß das Stück vor dem Hunde aufstehen könnte und so zur Strecke käme. Besonders die beiden passionierten Nordseejäger waren Feuer und Flamme und hofften, vielleicht zu Schuß zu kommen.

Als ich gerade mit der Arbeit beginnen wollte, erbot sich der Jäger, der zuvor bereits mit seinem Teckel gearbeitet hatte, mir zu folgen. Auch riet er mir, meine Büchse im Wagen zu lassen, weil die vor uns liegenden Jungwüchse und Dickungen schier undurchdringlich seien und ein Gewehr den Hundeführer nur behindere. Er bliebe ja bei mir und könnte mir bei Bedarf seine Büchse jederzeit reichen. Warum ich auf diesen sicher gut gemeinten Vorschlag einging, weiß ich bis heute nicht. Wenigstens hatte ich meine Parabellum untergeschnallt. Ich gab Grandel viel Riemen, und wir marschierten los. Was mich dann erwartete, ist mit Worten einfach nicht zu beschreiben: Dickungen von schierer Undurchdringlichkeit, untersetzt von bauchhohen Brombeerburgen, und auf den zahlreichen Fehlstellen stand das Farnkraut in urwaldähnlicher Üppigkeit. Jetzt war ich sogar froh, mein Gewehr nicht mitgenommen zu haben.

Der anfangs reichliche Schweiß hatte nachgelassen. Dennoch verwies die Hündin ab und zu einen Tropfen von dem Lebenssaft. Immer wieder orientierte ich mich, ob mein Begleiter noch vorhanden war. Er war! Aber nach einer Stunde wußte ich nicht mehr, wo ich mich befand. Dafür war mein Gefolgsmann ortskundig und wußte es. Wir standen kurz vor der Grenze zum Forstamt G. Wildfolge gab es nicht; also mußte der Revierbeamte verständigt werden. Mühselig wurden die irgendwo in der Gegend herumstehenden Schützen zusammengerufen. Einer fuhr zum Forsthaus. Nach einer halben Stunde Verschnaufpause erschien der Vertreter des Forstbeamten.

Wieder stellten wir vor, und weiter ging es. Abermals Bürstendickungen, Brombeere und Farn. Mein Begleiter und Gewehrträger blieb mir auf den Fersen. Aber bereits in der folgenden Dickung bemerkte ich sein

Fehlen. Ich rief, erhielt aber keine Antwort. Die Dachsbracke wollte weiter. Weiteres Rufen, aber nur mit dem Erfolg, daß ich mutterseelenallein blieb. Ich folgte der heftig im Riemen liegenden Hündin. Dann verließen wir die Dickung. Vor uns breitete sich eine unübersehbare, mit hohem Farn bestandene Unlandfläche aus. Da geschah es! Ein paar Schritt vor dem Hund stand die Sau auf und flüchtete. Nach einem Wundbett suchte ich erst gar nicht mehr, sondern schnallte sofort. Wenig später stellte sich die Sau. Ich hörte es an dem giftigen Standlaut der Hündin. Zu sehen war nichts in dem unübersichtlichen Farnwald. Ich orientierte mich nach dem Standlaut. An einigen Stellen war der hohe Farn zusammengebrochen und bildete regelrechte, mehr oder weniger große „Hütten". Aus einer solchen Hütte erscholl dumpf der Ball des Hundes.

Nachdem ich an diesem Tage schon eine Dummheit begangen hatte und ohne Gewehr losmarschiert war, beging ich gleich die zweite. Ich kroch auf allen vieren in die Hütte zu Sau und Hund hinein, hatte die Pistole allerdings gezogen. Im Halbdunkel erkannte ich sofort den hirschroten Hund, aber erst später die Sau, die vom Hund in einer „Ecke" hart bedrängt wurde.

Ich zielte hinter den Teller und schoß schnell hintereinander zweimal. Der Erfolg ließ nichts zu wünschen übrig, denn so blitzschnell ich geschossen hatte, so blitzschnell nahm mich die Sau an. Ein Ausweichen war unmöglich, also riß ich meinen Oberkörper nur halbwegs zur Seite. Die Sau unterlief mich und blessierte mein Schienbein trotz des Stiefelschaftes erheblich. Aber schon hing ihr Grandel in der Schwarte, und zehn Meter hinter mir begann erneut der Tanz zwischen Hund und Sau.

Eigentlich hätte ich jetzt hübsch brav bleiben und darauf warten müssen, daß einer der Schützen, der Ball und Schüsse gehört hatte, zu mir stieß. Aber das Sprichwort, daß sich Männer oft wie kleine Kinder benehmen, scheint wahr zu sein. Nochmals kroch ich meiner Gegnerin nach, und wiederum zielte ich hinter den Teller, und wiederum schoß ich schnell zweimal hintereinander. Und bei dieser Wiederholung der Tätigkeiten gab es dann folgerichtig den zweiten Ausfall der Sau, allerdings ohne daß sie mich nochmals zu fassen bekam.

In einem Jungfichtenhorst neben der Farnfläche stellte Grandel erneut. Die Sau stand stocksteif, und wahrscheinlich hätte ich mich nochmals mit der Pistole versucht, wären nicht just die beiden vor Passion sprudelnden Nordseejäger gekommen. Einer von ihnen reichte mir seinen Drilling, so daß ich das Drama schnell beenden konnte.

Bald waren die anderen Schützen zur Stelle, auch mein „Gewehrträger", der ortskundige Mann, der sich in der Wildnis rettungslos verfranzt hatte. – Der Schuß, der die Nachsuche ausgelöst hatte, verletzte nur die Halsunterseite, ohne Schlund und Drossel gefaßt zu haben.

Noch am selben Abend legte ich mit Hilfe eines Stückes Saulunge eine lange Kunstfährte für Kati, die sie am anderen Morgen mühelos arbeitete. Zucht und Führung von Jagdgebrauchshunden sind nur Teile der oft genannten und noch öfter strapazierten Waidgerechtigkeit.

Zucht und Führung von Jagdgebrauchshunden aber sind auch aufopfernde Tätigkeiten, die im materiellen Sinne nicht gewinnbringend sein können.

Dennoch wissen wir, daß einige im Jagdeinsatz stehende Jagdhundrassen von geschäftstüchtigen Menschen, die sich zwar Jäger nennen, aber keine sind, in Massenzucht produziert werden und dadurch ihre ursprünglichen jagdlichen Eigenschaften immer mehr verlieren. In diesem Zusammenhang spreche ich nicht von den sogenannten Schönheitszüchtern einiger Jagdhundrassen. Ich meine nur die Jäger, die unter dem Schutz und Schirm ihres grünen Lodens Entartungszucht en gros betreiben und dabei noch die Stirn haben, die Produkte ihrer Zucht als Gebrauchshunde anzupreisen.

Gerade Jagdhundrassen, die nicht nur „schön" ausschauen, sondern sich darüber hinaus in Größe und Wesen geradezu anbieten, Begleiter und Wohngenosse von Nichtjägern zu werden, sind zuerst von dieser Misere betroffen. Und immer dann, wenn bei Jagdgebrauchshundrassen strenge Leistungs- und ausgesprochene Schönheitszucht zusammentreffen, bahnt sich für den Leistungshund die mögliche Aufweichung seiner in Jahrhunderten erworbenen Jagdhundeigenschaften an. Am Ende steht außerdem immer die Massenzucht, weil die Nachfrage nach diesen Mode-Jagdhunden dazu herausfordert.

Am meisten von dieser ernst zu nehmenden Entwicklung scheinen die Spaniels und Teckel, und bei diesen besonders Langhaar und Kurzhaar, betroffen zu sein. Beide Rassen haben die besondere und auch im jagdlichen Sinne positive Fähigkeit, sich hervorragend ihrer jeweiligen Umwelt anzupassen. Aus vielerlei Gründen aber wäre es nicht angebracht, von seiten der strengen Leistungszüchter eigene Zuchtverbände zu kreieren. Aber der bestehende Zuchtverband, der Klub, der Verein, sollte die Möglichkeit schaffen, die Leistungs- von der Schönheitszucht optisch auch für den nur wenig hundeerfahrenen Jäger so zu trennen, daß sich auch der „Dumme" zurechtfindet und nicht einen Junghund erwirbt, der ihn viel zu spät belehrt, daß er eigentlich ganz woanders hingehört als in die freie Wildbahn.

Auch wäre es zu begrüßen, wenn die Zahl der je Zwinger zu haltenden Zuchthündinnen auf ein Minimum begrenzt würde. Zu wünschen wäre die Haltung von höchstens zwei Zuchthündinnen. Mit dieser Maßnahme käme es ganz von selbst zu einer gewissen Auslese und, was noch wichtiger wäre, zu einer Verknappung des Welpenangebotes. Zumindest beim Jagdteckel könnten wir uns eine solche Verknappung für die überschaubare Zukunft leicht vorstellen. Denn zu der bereits unübersehbaren Anzahl von vorhandenen Zwingern kommen im Eilzugtempo unaufhörlich neue hinzu.

Schon heute läßt sich die Zahl der aus allerbesten Leistungszuchten entstammenden Teckelwelpen mit besten jagdlichen Anlagen nur noch zum Teil im praktischen Jagdbetrieb unterbringen. Warum also eine Leistungszucht betreiben, die neben der beachtenswerten Qualität so sehr in unüberschaubare Quantität ausschlägt, daß deren Ergebnis doch nur zum Teil der Jägerei zugeführt werden kann.

Nach meinen Erfahrungen und Beobachtungen geht bei nicht konsequenter Leistungszucht zuallererst die Wesensfestigkeit der Hunde verloren. Nur sollten wir zugleich unter dem Begriff Wesensfestigkeit viel mehr verstehen, als üblicherweise angenommen und bewertet wird. Die Wesensfestigkeit erstreckt sich auf das gesamte Nervenkleid eines Hundes. Sie umfaßt seine Gesamtreaktionen auf alle denkbaren Einflüsse. Sie umfaßt also auch sein Benehmen gegenüber dem Menschen und seiner Artgenossen. Hier erleben wir ja die sonderbarsten Erscheinungen. Auch das Schwinden des notwendigen Jagdverstandes, der bei oberflächlicher Betrachtung fast einem Denken, ja der menschlichen Kombinationsgabe gleichkommt, dürfte einem Abbau des jagdhundlichen Wesens gleichkommen. Wir werden daher in der Jagdgebrauchshundezucht künftig der Erforschung der Wesensfestigkeit, also auch der Wesensschwäche, und ihrer klaren, unmißverständlichen Definition viel mehr Aufmerksamkeit schenken müssen als bisher. Wir werden diese Erkenntnisse aber vor allem bei Gebrauchsprüfungen anzuwenden haben.

Gerade der Jäger muß, um sich beweisen zu können, „vorleben". Er übt manchmal eine Waidgerechtigkeit, die sich nur in einer Art von Nostalgie offenbart. Waidgerecht sein heißt, daß sich der Jäger in allem, was er treibt und tut, vorbildlicher benimmt. Dazu gehört nun einmal auch die Schaffung und Erhaltung von allerbesten Gebrauchshunden, deren einzige Kunst es nicht sein kann, auf Prüfungen zu glänzen.

Ich sprach auch vom Jagdteckel. Ihn mußte ich nennen, weil ich von dem robusten, kompakten und aus einer Gebrauchszucht meiner Vorstellung stammenden Teckel eine hohe Meinung habe. Ich schätze den Teckel nicht nur als Erdhund, wenn auch die Arbeit am Bau die härteste sein mag, mit der sich ein Jagdhund das tägliche Brot zu verdienen hat. Ich schätze den Teckel besonders als Fährtenhund, obwohl ich auch seine Grenzen kenne. Trotzdem halte ich ihn auf der Wundfährte und auf der wunden Spur für einen fleißigen Arbeiter. Die Erhaltung des guten Jagdteckels liegt mir so sehr am Herzen, daß ich selbst Fehden in Kauf nähme, wenn damit der Jagdteckelsache gedient wäre.

Die Dachsbracke ist als Jagdhund selbst in Fachkreisen wenig bekannt.

Der Grund, warum ich mir eine Dachsbracke anschaffte, lag einfach darin, daß ich in meinem Wirkungskreis ebenso viele Rehwildwundfährten angeboten bekam wie solche vom Hochwild. Über die Erfahrungen mit der roten Dachsbracke bin ich sehr froh. Sie haben mir in meinem „hündlichen" Verhältnis weiter geholfen. Hier näher darauf einzugehen, würde sicher nur einen kleinen Kreis von Jägern interessieren.

Als ich die junge Dachsbrackenhündin zur Gebrauchsprüfung im Saupark Springe führte, erhielt ich als Rotfährtenarbeit die natürliche Wundfährte eines Dam-Alttiers zugewiesen.

Das Tier war früh auf der Pürsch beschossen worden und flüchtete hangaufwärts in einen Altbuchenbestand. Unterhalb zog sich ein Waldweg entlang, auf dem sich die kopfstarke Korona versammelt hatte. Sie konnte mit ihren Ferngläsern weite Strecken der Suche beobachten. Und als wüßte Grandel, daß sie hier unter den Augen der Öffentlichkeit zu arbeiten hatte, benahm sie sich großartig, ja souverän und blieb die Ruhe in Person. Ohne Schwierigkeiten kamen wir zum Stück, das im Wundbett saß. Ich trat auf den Schweißriemen und gab den Fangschuß, weil ich eine Hetze für überflüssig hielt.

Auch das Brackieren erledigte die Hündin bilderbuchmäßig sauber, blieb über eine halbe Stunde am Hasen, brachte ihn auch zurück, und wären die vielen menschlichen Mitläufer nicht gewesen, die durch lautes Benehmen den Hasen vor mir zum Abdrehen zwangen, vielleicht hätte ich ihn erlegt.

Mit Grandel habe ich in der Folgezeit manche schwierige Nachsuche zum guten Ende gebracht. Ihre hohe „Intelligenz", gepaart mit einem Schuß Pfiffigkeit, läßt sie auch aussichtslos erscheinende Situationen meistern. Dabei zeigt sie bei allen Arbeiten, selbst wenn die Fährte im Laufe der Suche warm wird, eine stoische Ruhe. Nie liegt sie hechelnd im Riemen, nie wird sie nervös, und wenn's darauf ankommt, versteht sie zu halten und zuzupacken.

Das alles scheint echtes Dachsbrackenerbe zu sein. Wie gut nur, daß diese Rasse züchterisch knapp gehalten wird und daß die Nachfrage bei weitem die Nachzucht übersteigt.

Von einer bemerkenswerten Nachsuche, die mir gerade einfällt, will ich noch berichten. In der Nordheide beschoß ein Landwirt in seiner Eigenjagd Mitte August bei Vollmond einen dreijährigen Keiler, der nach dem Schuß flüchtete.

Am nächsten Morgen nahm der Jäger mit seinem erfahrenen Hund die Suche auf, die aber bis zum Mittag keinen Erfolg brachte. Da die Rotfährte in ein Revier der Klosterkammer führte, rief mich in der Mittagszeit der junge Revierbeamte an und bat um Hilfe. Eine Stunde später war ich mit Grandel zur Stelle.

Es war glühend heiß, als ich die Hündin zur Fährte legte. Von Schweiß war nichts zu sehen. Grandel blieb unbeeindruckt von dem zurückgelassenen Duft ihres „Vorarbeiters" und reiserte immer da herum, wo etwa der Kamm der kranken Sau Zweige und Halme berührt haben konnte. Da der Sitz der Kugel nicht bekannt war, vermutete ich einen hohen Schuß, wahrscheinlich hoch über Blatt in Höhe der Wirbelsäule.

Das kranke Wild war in den riesigen Nadelholzdickungen kreuz und quer herumgezogen, hatte dann in einer Senke eine halbwegs trockene Suhle angenommen, in der auch noch die frische Hinterlassenschaft von mehreren Bachen mit ihren Frischlingen zu sehen war. Es war mir unklar, wie die Hündin aus diesem Fährtendurcheinander wieder herausfinden wollte. Aber sie fand heraus, und weiter ging es durch die Nadelholzjungwüchse. Auch hier wieder das ständige Reisern. Eine andere Bestätigung für die Richtigkeit der Arbeit fand ich nicht.

Der junge Revierförster begleitete mich, während fünf oder sechs weitere Schützen vor uns Wege und Gestelle abgeriegelt hatten. So gelangten wir schließlich in eine Kieferndickung, wo eine Holzeinschlagsfirma mit dem Aufarbeiten von sogenanntem Homogenholz begonnen hatte. Überall lagen die dünnen Stangen unausgeastet herum. Ich war mir im klaren, daß die Suche nur unter härtestem körperlichen Einsatz weitergehen konnte. Wir legten vorsorglich eine Verschnaufpause ein. Auch konnte ich nicht mit Sicherheit bestätigen, daß wir uns tatsächlich auf der kranken Fährte befanden, und spielte schon mit dem Gedanken, nochmals bis zur Suhle zurückzugreifen. Aber vorher bliesen wir zum Sammeln, um zu erfahren, ob möglicherweise der Keiler irgendwo unbeschossen weitergezogen war.

Ermattet von der erbarmungslosen brennenden Sonne, hatte sich Grandel an einer Schattenstelle langgetan. Zu ihrer Bequemlichkeit nahm ich die Halsung ab. Als alle Schützen endlich versammelt und wir mitten in der Beratung waren, hörten wir plötzlich kaum zweihundert Schritt entfernt, im Holz Grandels Standlaut. Die Hündin hatte sich unbemerkt abgesetzt und auf eigene Faust weitergesucht. Wir waren im Augenblick etwas konfus. Schnell griff ich zur Büchse und ging oder besser, ich kletterte den Ball an. Die Jägerschar folgte mir dichtauf. Aber noch während des Vorwärtsstolperns schwand der Standlaut. Die Hetze begann.

Auch ohne Bestätigung war ich sicher, daß der Hund die kranke Sau hetzte. Während ich mich noch mühsam durch den Holzschlag arbeitete, hatten sich zwei findige und ortskundige junge Burschen in das Altholz neben der Dickung abgesetzt und rannten nun ohne Behinderung begeistert hinter der Hetze her.

Vorübergehend verlor ich den Hetzlaut. Als ich ihn endlich wieder vernahm, war er erneut in Standlaut umgeschlagen. Ich lief, was die Beine hergaben. Mitten im Laufen fiel ein Schuß. Ruhe. Noch zweihundert, noch hundert Meter, dann war ich am Ziel. Ich stand am Ufer der Seeve, einem Heidebach. Mittendrin stand Grandel auf dem erlegten Keiler und verteidigte ihre Beute gegen jedermann.

Wie mir der Schütze erzählte, hatte sich der Keiler dem Hunde im Wasser gestellt, wurde aber von ihm nicht mehr ausgelassen. Einer der schnellen Jungjäger gab den Fangschuß. Der erste Schuß saß ganz hoch und wäre wahrscheinlich ausgeheilt. Jetzt erst konnte ich mir das hohe Reisern der Hündin während der Suche erklären.

Als ich mich dann im Gelände orientierte, standen wir in der Nähe des Forsthauses, das über viele, viele Jahre Heimstatt des Jagdgebrauchsteckelzwingers „vom Seevetal" war.

3
Katis erste Rotfährten

Der Sommer neigte sich seinem Ende zu. Mit der beginnenden Hirsch-
brunft ergaben sich für Kati einige Rotfährtenarbeiten. Zuvor aber
konnte sie sich auf der Krankfährte eines Überläufers bewähren, den die
Kugel weidwund faßte. Darauf flüchtete er mit der Rotte, sonderte sich
später ab und steckte sich in einer fünfzehnjährigen Fichtendickung.

Kati hielt die Wundfährte sicher und souverän und fand leicht die inzwischen verendete Sau trotz eines längeren Widerganges.

Die zweite Suche galt einem der wohl stärksten Keiler, der in der
Lüneburger Heide in den letzten Jahren zur Strecke kam. Er wog auf-
gebrochen einhundertzweiundachtzig Kilogramm. Der Schütze selbst gab
Zeugnis von dem Bassen in „Wild und Hund".

Kurz darauf suchte Kati ihren ersten Hirsch nach. Er wurde von dem
jungen Revierförster beschossen, der auch an der Suche auf den „Seeve-
Keiler" teilgenommen hatte. Der Hirsch hatte einen guten Schuß und
wurde schnell gefunden.

Gleich am selben Morgen fand Grandel einen weiteren Hirsch, der
von einem Gast beschossen und ohne Schuß- oder Pürschzeichen zu hinterlassen mit seinem Rudel in einem Meer von Kiefernjungwüchsen unter-
getaucht war.

Gern hätte ich Kati auch diese Suche gegönnt. Aber da der Hirsch
möglicherweise gesund geblieben war, wollte ich den Junghund nicht ins
Leere stoßen lassen.

Zwei Tage später beschoß ein Jungjäger einen über eine Schneise zie-
henden geringen Hirsch, den er als ungeraden Gabler ansprach. Da am
Anschuß Pürschzeichen gefunden wurden, suchte der junge Mann mit
eigenen Hunden sofort nach, verlor aber die Rotfährte und gab auf.

Als man mich anrief, konnte ich nicht ahnen, welche Folter mir dieser
Hirsch Jahre später noch bereiten würde.

Am Anschuß fand ich etwas Decke und Schnitthaar; ich glaubte an einen Brustkernschuß. Kati legte ich zur Fährte, während Grandel für alle Fälle nachgeführt wurde.

Die junge Hündin arbeitete tadellos, verwies dann und wann einen Tropfen Wildbretschweiß und tat so, als hätte sie solche Arbeiten schon hundertmal erledigt. So hingen wir der Fährte etwa tausend Meter nach, als in einer bürstendichten Nadelholzdickung schweres Wild vor uns fortpolterte. Sollte es der Kranke sein, dann käme es zu einer Hetze, die aber für Kati Neuland gewesen wäre. War es aber gesundes Wild, dann würde der junge Hund gewiß die Nerven verlieren und der gesunden, warmen Fährte folgen. Kurz entschlossen gab ich Kati an meinen Begleiter ab und legte die Dachsbracke zur Fährte. Die verwies gleich darauf frischen Schweiß, und nach dreihundert Schritt polterte es wieder vor uns. Ich ließ die Hündin noch ein Stückchen auf der Fährte, und als sie nochmals Schweiß verwies, schnallte ich sie. Sofort sauste die Rothaarige los und stimmte jubelnden Hetzlaut an.

Ich nahm meinem Begleiter Kati ab und versuchte, rasch aus dem Dickicht herauszukommen, um auf offenen Wegen schneller dem Hetzlaut folgen zu können. Immerzu wartete ich darauf, daß es bald zum Stellen des Wildes käme. Es kam nicht dazu. Als sich Grandels Laut in der Ferne fast verlor, lief ich zum Wagen, um so vielleicht doch noch an die Hatz heranzukommen. Als ich unterwegs auf gut Glück aus dem Wagen stieg, vernahm ich deutlich Hetzlaut. Also nochmals harter Lauf, daß Herz und Lungen bebten. Aber Grandel war nimmer einzuholen, weil sie den Hirsch wieder nicht stellen konnte.

Einmal glaubte ich, Standlaut zu vernehmen, doch ich konnte mich täuschen.

Der Tag ging zu Ende. Auf einem Grenzgestell hoffte ich, von irgendwoher den Hundelaut zu hören. Als es schon stark dunkelte, erschien vor mir eine menschliche Gestalt. Dann sah ich, daß es ein Jäger war. Noch ehe ich etwas sagen konnte, erzählte er mir, der im benachbarten Forstamt als Gast angesessen hatte, daß er vor gut einer halben Stunde einen flüchtigen geringen Hirsch beobachtet habe, der von einem Hund unbekannter Rasse gehetzt worden sei. Einmal habe der Hirsch kurz verhofft, wobei er als ungerader Gabler angesprochen werden konnte.

Der Fall war klar. Am anderen Tag erfuhr ich zusätzlich, daß Hirsch und Hund auch noch zwei weiteren Jägern in ganz anderen Revieren gekommen waren. Beide ließen den Hirsch unbeschossen, weil sie lieber den Hund zur Strecke gebracht hätten. Das aber gelang Gott sei Dank nicht.

Doch wieder zurück zur Grenzschneise. Ich verabschiedete mich von dem Gastjäger und ging gedankenschwer zu meinem Wagen. Wer verliert schon gern in fremden Revieren seinen Hund! Am Wagen erwartete mich mein Begleiter. Auch er war in der Gegend umhergeirrt, hatte mehrmals den hetzenden Hund deutlich vernommen, wollte aber in die Dunkelheit hinein nicht folgen. Gemeinsam fuhren wir dorthin, wo ich Grandel geschnallt hatte. Hier legte ich meine alte Jagdparka nieder, die alle Wohlgerüche des Waldes und der Heide ausströmte.

Fast eine Stunde wartete ich vergebens auf die Rückkehr meines Hundes. Dann fuhr ich nach Hause. Wir hatten am Nachmittag Besuch bekommen. Dem wollte ich wenigstens „Auf Wiedersehen" sagen. Das gelang mir gerade noch. Aber um Mitternacht war ich wieder draußen. Grandel lag auf der Parka und schlief. Damit endete der erste Teil eines Dramas. Auf den zweiten und letzten Teil, der sich zwei Jahre später vollzog, komme ich noch zurück.

Wie krank der Hirsch wirklich war, ließ sich leider nicht erfahren. Nach der von ihm gezeigten Flüchtigkeit und Ausdauer dürfte er wahrscheinlich keine ernsthaften Verletzungen erlitten haben.

Aber daß zwei Jäger um jeden Preis den Hund während der Hetze zu Tode bringen wollten, beunruhigte mich doch sehr. Schlimm genug, daß Jahr für Jahr viele gute Gebrauchshunde bei Arbeiten nach dem Schuß von Jägern gedankenlos getötet werden. Ich maße mir nicht an, diese Jäger zu richten. Aber es stimmt mich nachdenklich, wenn ich erfahre, wie schnell und unüberlegt auf einen im Jagdrevier herumstreunenden Hund Dampf gemacht wird. Allein schon die Bezeichnung „wildernder Hund" ist ein unsinniger Ausspruch und meist grenzenlose Übertreibung. Welche von unseren heute gezüchteten Hunderassen sind denn in der Lage, mit Erfolg zu wildern? Sicher gibt es einige wenige Spezialisten, und es gibt auch Hofhunde, die allnächtlich verbotene Wege gehen. Hier muß der Jäger eingreifen. Aber was geschieht daneben? Da werden Teckel erschossen und Kleinpudel und Boxer und Stubenhundrassen, die lediglich anläßlich eines Spazierganges Herrchen oder Frauchen davongelaufen sind. Und es werden, wie gesagt, eben auch Jagdhunde sinnlos getötet. Nur weil sich der Jäger von ihnen bei seiner Jagdausübung gestört fühlt. Das ist alles. Dabei bin ich sicher, daß manche Kugel im Laufe bleiben würde, wenn sich der betreffende Schütze nur die Zeit nehmen würde, darüber nachzudenken, wieviel menschliches Herzeleid er mit der Tötung eines Hundes verursacht. Aber Gedankenlosigkeit läßt ja bekanntlich Tränen regnen.

Da fällt mir die kleine Geschichte von dem jungen Förster ein, der auch seinen Schweißhund während einer Hetze verloren hatte. Als der erschöpfte Hund auf einem Bauernhof Wasser, Futter oder vielleicht nur die Menschennähe suchte, wurde er von einem zu Hilfe herbeigerufenen Jäger getötet. Und niemand wußte, daß es sich um einen Schweißhund handelte!

Als der Forstmann endlich auf Umwegen davon erfuhr, begab er sich an den Ort der Tat, traf auch den Hundetöter an und mußte sich von ihm noch beschimpfen lassen, weil er seinen Hund nicht zu führen verstünde.

„Sie schießen zu schnell und denken zu langsam", war die Antwort, die der stolze Jägersmann erhielt. Damit war wohl alles gesagt.

Ja, mit dem Denken hapert es manchmal. Mit dem Schießen ist's umgekehrt. Da hapert's oft gar nicht. Aber das sollte doch in Einklang zu bringen sein.

Während ich diese Zeilen niederschreibe, liegt Kati, die Hannoveranerin, neben mir auf dem Schnuckenfell und weiß nichts von meinen Gefühlen und Empfindungen.

Kati ist ein Schweißhund, gehört zu jenen Fährtenhunden, die seit Jahrhunderten nichts anderes tun, als zusammen mit dem Menschen Hochwildfährten zu arbeiten. Diese anerzogene Riementreue, ja Riemenabhängigkeit ist das Fundament für gerechte und erfolgreiche Rotfährtenarbeit. Ohne den Riemen kann ein noch junger Schweißhund geradezu hilflos wirken. Darüber will ich berichten.

In Katis erstem Nachsuchenwinter wurde während einer Drückjagd im benachbarten Forstamt von einem Forstbeamten ein Überläufer krankgeschossen und wechselte über die Grenze in meinen Verwaltungsbezirk. Da ich als Gast an dieser Jagd teilgenommen hatte, legte ich nach entsprechender Wartezeit Kati zur Fährte. Nach den vorhandenen Pürschzeichen mußte die Sau einen kurzen Weidewundschuß erhalten haben.

Das Wetter war regnerisch und weich. Aber aus der vergangenen Schneeperiode lagen da und dort noch einige schmutzige Schneereste. Kati arbeitete sehr gewissenhaft die schweißlose Fährte, und nur auf den Schneeresten konnten wir anhand der Schaleneindrücke und manchmal auch eines Schweißtröpfchens die Richtigkeit der Arbeit bestätigen. Wir, das waren der Schütze, dann der Leiter des Nachbarforstamtes und ich. Durch die dichten Wacholderpartien des „Steingrundes" ging es in die noch dichteren, fast urwaldähnlichen Wacholderdickungen des „Totengrundes" hinein. Über weite Strecken konnten wir dem Hunde nur kriechend oder robbend folgen. Es war eine verteufelt harte Arbeit. Das wird nur der ermessen können, der von Sturm und Schnee über viele Jahre vergewaltigte Wacholderbestände in ähnlicher Situation erlebt hat. Es war eine Plackerei, die an die Grenze der physischen Leistungsfähigkeit eines Mannes ging. Die schönen Lederknöpfe der Parka waren bald abgerissen, und die Taschen hingen als unansehnliche Lappen herunter.

Nach einem Kilometer unbeschreiblich harter Riemenarbeit stand Kati plötzlich einem zusammengebrochenen Wacholdernest „vor". Da rutschte auch schon die Sau aus dem Wundbett. Kati hatte zuvor nie die Möglichkeit einer Hetze gehabt. Schnell war die Halsung über die Behänge gestreift, und mit einem menschlichen Jauchzer sollte die Hündin auf die Reise gehen. Aber Wünsche gehen nicht immer in Erfüllung. Denn nun, frei vom Riemen, schaute mich das Hundel ungläubig an und tat keinen Schritt vorwärts. Also stülpte ich ihr die Halsung wieder über, und mit Schwung legte sie sich erneut in den Riemen. Keine hundert Schritt weiter hatte sich die Sau wieder eingeschoben. Und noch einmal gab es ein „Vorstehen", und wieder ein Schnallen. Aber auch diesmal gab es den fragenden Hundeblick und keine Hetze.

Erneut am Riemen zur Fährte gelegt, stürmte der Hund dahin, daß ich nur mit Mühe den nassen, glitschigen Riemen in den Fäusten halten konnte. Beim dritten Wundbett machte ich es anders. Als Kati wiederum „vorstand", riß ich die Büchse über den Kopf und gab der gerade aufstehenden Sau einen schnellen Fangschuß. Der Erfolg machte mich froh und nachdenklich zugleich.

Wie sollte das weitergehen?

Aber es ging weiter. Bereits am folgenden Tag wurde ich zu einer Nachsuche auf einen Frischling gebeten, der am Abend inmitten einer starken Rotte beschossen wurde. Es regnete unaufhörlich.

Eigentlich war auf zwei Sauen von zwei Schützen, die zusammen auf einem Hochsitz saßen, Dampf gemacht worden. Wie mir erzählt wurde, schoß man auf das leise Kommando „los" gleichzeitig auf verschiedene Stücke.

Am Anschuß war nichts mehr zu erkennen. Zwanzig Minuten suchte ich nach einem Zeichen. Dann holte die abgelegte Hündin und ließ sie suchen. Irgend etwas verwies sie auch; nur blieb es dem Menschenauge verborgen. In meiner Begleitung befanden sich einer der Schützen und mein Sohn Peter als frisch gebackener Jungjäger. Wie sollten unsere Augen auch etwas finden, wo es in Kannen schüttete? Nicht einmal Fährteneingriffe waren zu sehen.

Kati nahm eine Fährte auf. Ich folgte ihr mit sehr gemischten Gefühlen. Aber in diesem verzwickten Fall konnte nur der Hund recht haben. Peter und der Jäger tüftelten derweil immer noch auf dem Anschuß herum.

Das Fehlen der beiden Begleiter bemerkte ich erst, als ich mich mindestens fünfhundert Meter durch ein vom Novembersturm furchtbar verwüstetes Stangenholz hindurchgearbeitet hatte. Aber nicht das geringste Pürschzeichen hatten wir bisher gefunden.

Schließlich gelangten wir an einen siebzigjährigen Kiefernbestand, den der Sturm auf etwa einem Hektar vollständig zusammengedrückt hatte. Die Hündin hob die Nase wie ein Vorstehhund. Der Wind stand ja direkt auf uns zu. Ich kletterte über die aufgetürmten Baumleichen, Kati kroch drunter her. Dauernd mußte ich den Schweißriemen unter den Stämmen hindurchziehen und dabei Verrenkungen machen, die wie eine neue Sportart ausgesehen haben müssen.

Plötzlich wird Kati unter mir laut. Gleich einem Schatten sehe ich die Sau aus der Deckung rutschen. Ich lasse mich von einem der regenglatten Stämme gleiten und schnalle die Hündin. Und jetzt beginnt sie ihre erste Hatz! Zwar keine sehr weite, aber immerhin: die Hündin hetzt! Es ist unmöglich, ihr zu folgen. Im Schneckentempo krieche ich dem Hunde nach. Da ist der Standlaut. Ich winde mich unter dem Holz hindurch. Eine Ewigkeit vergeht, ehe ich den verbellenden Hund von der Sau unterscheiden kann. Als der Schwarzkittel weiterrutschen will, schieße ich. Doch ich erkenne keinen Erfolg.

Während ich hinter dem lauten Hunde herkrieche, höre ich hinter mir meinen Sohn rufen. Ich winke ihn ein. Er klettert über das aufgetürmte Fallholz und gibt der Sau aus luftiger Höhe einen schnellen Fangschuß.

Kati fährt dem Stück an die Schwarte und gibt dann Laut, daß es eine Freude ist. — So also endete die erste Hatz der Hündin. Ich bin sehr froh, weiß aber auch, daß man bei der Jagd und bei den Jagdhunden oft warten können muß.

4
Von Weihnachtskarpfen, Feisthirschen und einer Jägerin

Der Heilige Abend rückte näher. Am Morgen dieses verheißungsvollen Tages rief mich ein Nachbar an, der am Vorabend ein Rottier aus einem Rudel beschossen hatte. Noch wußte er nicht, ob sein Schuß überhaupt gefaßt hatte. Ich war damit beschäftigt, die letzten festlichen Vorbereitungen zu treffen. Auch gehörte es alljährlich zu meinen Aufgaben, die Weihnachtskarpfen zu schlachten. Meine Frau hätte sie sonst allesamt wieder in den Teich zurückgesetzt.

Dennoch ließ ich alle Vorhaben sausen. Eine Nachsuche besitzt vor den meisten Dingen dieses Lebens absoluten Vorrang. Ich weiß das immer, und meine Familie hat sich längst daran gewöhnt. Manchmal nehme ich Austauschblicke war, die ich etwa so deute: „Der ändert sich doch nicht mehr!" Dabei renne ich beruflich immer hinter der Zeit her, finde keine Muße für einen Urlaub und schon längst keine für einen Faul- oder Ruhetag. Aber an den Nachsuchen komme ich halt nicht vorbei. Das hat mit Pflichtgefühl oder ähnlichem nichts zu tun. Es ist ganz einfach die große Passion, wenn ich es so nennen darf.

Also fuhr ich los, während die Karpfen im Bottich bedächtig weiter ihre Mäuler bewegten.

Der Anschuß wurde vom Hunde schnell gefunden. Da lag soviel Schnitthaar, daß ich an einen Streifschuß glaubte. Auch einige Tropfen Schweiß zeigten sich. Ich bat den Schützen, sich an den Platz zu stellen, von wo aus er geschossen hatte. In Verlängerung der Ziellinie fand ich schließlich ein Kiefernstämmchen, das vom Geschoß gestreift worden war. Nach dem Schnitthaar zu urteilen, mußte die Kugel tief am Halsansatz die Decke gestreift haben.

Kati arbeitete sehr interessiert, fand anfangs öfters Schweiß, der aber rasch weniger wurde und schließlich gänzlich fehlte. Ab und zu erkannte ich noch die Trittsiegel. Nach einer halben Stunde griff ich jedoch zum letzten Schweiß zurück. Und wieder führte mich die Hündin denselben Weg. Im Vertrauen auf Kati ließ ich mich nunmehr führen. Es gab keine Zeichen mehr und damit auch keinerlei Anhaltspunkte. Endlos erschien der Fährtenweg. Auf sandigen Bodenstellen fand ich dann und wann einen Fährtenabdruck des Tieres. Aber war es auch „unser" Tier? Irgendwann, viel, viel später, erfuhr ich, daß mich die Hündin richtig geleitet hatte. In einem Fichtenjungwuchs, einer regelrechten Christbaumversammlung, hing abgestreifter Schweiß im Geäst. Da ist Jubel in mir, der sich aber rasch verliert und nach einer weiteren Stunde fortgeflogen ist wie ein Traum.

Ich gebe auf. Nicht weil Heiliger Abend ist oder die Müdigkeit wie Blei an meinen Füßen hängt. Ich gebe auf, weil ich sicher weiß, daß das Stück nicht zu bekommen ist. Jedenfalls nicht mit dem Hunde auf der roten Fährte.

Ein kleines Fichtenreis breche ich noch und stecke es der Kati an die Halsung. Sie hat ihr Bestes getan, und es will ja auch Weihnacht werden.

Es ist später Nachmittag, als ich wieder daheim bin. Aber es ist nicht zu spät, um den Heiligen Abend zu begehen. Von der Küche her schlägt mir der Duft der gebratenen Karpfen entgegen. Einer meiner Söhne hatte das Schlachten übernommen.

Als die Lichter am grünen Baum brennen, sagt meine Frau: „Gerade heute hätte ich dir den Erfolg gegönnt, gerade heute!"

Am zweiten Weihnachtstag kam das Tier zur Strecke. Durch denselben Schützen, der auch den ersten Schuß getan hatte. Es war reiner Zufall. Das Stück stand im Rudel und wurde nicht als krank erkannt. Erst als es gestreckt auf dem Waldboden lag, verriet ein Ratscher am Halsansatz, daß es das Rottier war, das am Heiligen Abend einen Mann und seinen Hund über viele Stunden beschäftigt hatte.

Nun ja, mit dem Erfolg auf der Rotfährte hat es seine eigene Bewandtnis. Jeder Erfolg dieser Art muß immer wieder von neuem erarbeitet werden. Und neben einem geübten Hund bedarf es auch der Erfahrung und glücklicher Umstände, um schwierige Suchen zum guten Schluß zu bringen. Man sollte daran denken, daß sowohl der Schweißhund als auch sein Führer keine Maschinen sind, die, einmal in Gang gesetzt, in stoischer Selbstverständlichkeit ihren Faden abspinnen. Es muß bedacht werden, daß auch der Nase eines Schweißhundes Grenzen gesetzt sind, die einfach nicht zu überspringen sind. Nicht zuletzt muß aber auch erkannt werden, daß es immer wieder Rotfährtenarbeiten geben wird, bei denen das beschossene Wild deshalb nicht zu bekommen ist, weil es trotz Schußverletzung nicht krank im „klinischen" Sinne geworden ist.

Niemanden belastet eine erfolglose Nachsuche mehr als den Schweißhundführer. Auch setzt kein echter Jäger eine Nachsuche durch Leichtsinn oder Laschheit aufs Spiel. Wenn aber trotz allen körperlichen und geistigen Einsatzes und aller gebotenen Sorgfalt einmal eine Riemenarbeit auf roter Fährte zu keinem guten Ende kommt, dann sind Kritiken über Hund und Führer nicht nur unwaidmännisch, sondern auch unfair.

Jagd besteht oft aus einer Vielfalt von harten und den Körper bis zur Erschöpfung beanspruchenden Einzelheiten, die einer Frau kaum guttun würden. Traut sich eine Frau all dies zu, nun, dann ist sie eine Jägerin, vor der man den Hut ziehen darf. Traut sie sich nicht, dann lasse sie besser die Hand von Gewehr und Nicker.

Dennoch hatte ich eine unvergeßliche Begegnung mit einer Jägerin. Es war Feistzeit. Die Hirsche bekamen ihre faulen Tage. Um so mehr regten sich in den Rotwildrevieren die Jäger. Jeder wollte seinen Feisthirsch haben. Irgendwo befand sich unter den Grünröcken auch eine Frau. Sie hatte eines Abends auf einen Hirsch der Mittelklasse geschossen. Der Hirsch lag nicht im Feuer und auch nicht in der Nähe des Anschusses. Aber das kommt ja öfter vor.

Da die Jägerin auf den Hirsch gut abgekommen war, und die Augustnacht keine Abkühlung versprach, suchte der Jagdaufseher mit seinem auf Schweiß erprobten Vorstehhund in die Dunkelheit hinein nach. Leider mit dem Erfolg, daß der Hirsch nach zweihundert Gängen aus dem Wundbett gestoßen wurde. Da gab der Jäger auf, weil er erfahren und diszipliniert genug war, keine Hetze in Nacht und Nebel hinein zu wagen.

Am nächsten Morgen wurde die Suche mit demselben Hund fortgesetzt. Aber erst jetzt konnte der Anschuß bei Licht betrachtet werden. Doch recht klug wurde man nicht daraus. Außer den Eingriffen fand man nichts, weder Schweiß noch Schnitthaar. Schweiß lag erst im Wundbett, aus dem der Hirsch in der Nacht aufgestanden war.

Der Hund arbeitete noch eine weite Strecke zügig am Riemen, wurde dann aber von dem im Holz steckenden gesunden Wild so sehr abgelenkt, daß der erfahrene Jäger die Nachsuche aufgab.

Als man am Vormittag gegen zehn Uhr bei mir anrief, war ich nicht im Hause. Darum konnte die Suche erst am frühen Nachmittag fortgesetzt werden. Auch ich fand am Anschuß zuerst gar nichts, dann einige Schnitthaare und tippte auf einen kurzen Weidewundschuß.

Grandel, die Dachsbracke, hielt sich nicht lange auf und führte rasch zum Wundbett. Hier konnte ich einwandfrei Leberschweiß feststellen. Alles in allem mußte der Hirsch gleich nach dem Schuß schwer krank ge

Unser Haus „Dahinten in der Heide"

Der verluderte Hirsch, links die Kalluswucherung am Oberarmknochen

worden sein, sonst hätte er sich nicht so schnell niedergetan. Ich wähnte ihn inzwischen längst verendet.

So war es auch. Immerhin mußten wir noch fast einen Kilometer marschieren, ehe wir den schon stark aufgedunsenen Hirsch in einem Kiefernjungwuchs fanden.

Nie werde ich den Jubelschrei hinter mir vergessen, den die Jägerin ausstieß. Daß am Hirsch dicke Freudentränen kullerten und abwechselnd Grandel und ich in die Arme genommen wurden, vermerke ich nicht nur am Rande.

Auch der Jagdaufseher erhielt einen liebevollen Wangendruck. Dann aber war Eile geboten, denn der Hirsch mußte dringend versorgt werden. Also setzte sich der Jagdaufseher ab, um den Geländewagen zur Bergung des Wildes heranzubringen, während ich das Aufbrechen besorgen wollte. Wenn es möglich ist, breche ich das von meinem Hunde gefundene Wild selbst auf. Zum Teil tue ich es wegen des Hundes, der erkennen soll, daß es „unsere" gemeinsame Beute ist, zum Teil tue ich es aber auch darum, weil ich bemerkt habe, daß sich mancher Jäger beim Aufbrechen schweren Wildes nicht so recht zu helfen weiß. Besonders in Gesellschaft anderer Jäger möchte ich den Erleger vor den Hänseleien der Mitläufer bewahren . . .

Aber meine Jägerin brauchte vor nichts und niemand bewahrt zu werden. Erstens waren keine weiteren Zuschauer da, zweitens verstand sie das Aufbrechen, wie ich anschließend feststellen durfte. Ich selbst kam nicht voll zum Einsatz, habe lediglich Hilfestellung geleistet und das Schloß aufgebrochen. Sonst aber hatte ich das seltene Vergnügen, dem niedlichen Mädchen bei der Arbeit zuzuschauen. Guter Anblick erfreut bekanntlich jeden Jägersmann.

Nachher saßen wir noch lange zusammen auf dem Waldboden, warteten auf den Wagen, rauchten Zigaretten und unterhielten uns über jagdliches Allerlei. Meine bisherige Einstellung zu den Jägerinnen schlechthin bekam einige kaum noch zu kittende Sprünge. Aber sehr wohl war mir bei allem nicht. Und noch heute grübele ich gelegentlich darüber nach, ob eine Frau überhaupt Jägerin sein sollte.

Nachtragen möchte ich noch, daß die Feisthirschjägerin mich bat, ihr auch eine Dachsbracke zu besorgen. (Grandel versteht es, stets souverän zu glänzen.)

Ich habe abgeraten. Im Augenblick gab es kein Verstehen, aber bald wurde es begriffen. Weil Dachsbracken sich ganz und gar nicht für nur gelegentliche Arbeiten und einen seltenen Einsatz eignen. Dachsbracken bedürfen eines steten und harten Einsatzes, den der Normaljäger diesem

Hunde nie bieten kann. Dachsbracken aber brauchen — wie alle anderen Jagdhundrassen — viel Praxis und Erfahrung, um Leistungsspitzen zu erreichen. Darum gehören gerade diese roten kleinen Schweißhunde in die Hände von Forstleuten und Berufsjägern und allen solchen Jägern, die nicht nur feiertags oder an den Wochenenden den zivilen Anzug mit dem grünen Loden tauschen.

Über eine erwähnenswerte Arbeit, die den Typ der Dachsbracke besonders herausstellt, will ich gleich noch berichten. Bei gutem Schnee und Vollmond hatte ein Jäger aus der Nachbarschaft aus der Rotte einen Frischling — so dachte er jedenfalls — beschossen. Die Umstände, unter denen es nicht zu einer Nach- oder Kontrollsuche kam, sind mir nicht bekannt geworden.

Am übernächsten Tag stellte ein Revierförster die in seinen Bezirk eingewechselte Rotte und Schweiß in der Rottenfährte fest. Er umschlug die Dickung und hatte die Sauen „fest".

Schnell trafen sich alle verfügbaren Nachbarn zu einer Drückjagd, die aber nur dem kranken Stück gelten sollte. Auch ich war mit meiner Dachsbracke geladen und erbot mich zusammen mit zwei weiteren Grünröcken, von denen der eine zwei als Stöberhunde ausgezeichnete Wachtel, der andere zwei Jagdterrier führte, den Dickungskomplex durchzukämmen.

Ich gestehe, daß ich lieber vom Einwechsel her mit dem Hund am Riemen gearbeitet hätte, obwohl die Dickung, wie wir bald merkten, voller Rotwild steckte. In dem sehr großen Dickungskomplex dauerte es lange, bis die Wachtelhunde zuerst an der Rotte laut wurden und schließlich „um mich herum" die Frischlinge hetzten. Dabei wunderte ich mich über Grandel, die trotz der frischen Saufährten stumm blieb. Statt dessen buchstabierte sie mit großer Ruhe im Schnee herum, als befände sie sich am Riemen auf einer Wundfährte. Ich war ein wenig ärgerlich über meinen Hund und erinnere mich, daß ich dem Wachtelführer zurief: „Ich verstehe meinen Hund nicht mehr!" Denn gerade Grandel war es sonst immer, die als erste bei entsprechenden Gelegenheiten fährtenlaut wurde. Nur hier tat sie es nicht. Statt dessen hielt sie anscheinend eine ganz bestimmte Fährte, obwohl die rege gewordenen Frischlinge nicht zu übersehen waren.

Langsam kroch ich hinter dem suchenden Hunde her. Da gab es vor mir einen hellen Juchzer, und unter einer zotteligen kleinen Fichte heraus stob eine Sau! Es war aber kein Frischling, sondern ein erwachsener Schwarzkittel, vermutlich die zu den Frischlingen gehörende Bache. Da sich die Szene blitzschnell abspielte, hatte ich keine Möglichkeit zum genauen Beobachten. Doch als ich hinter der flüchtenden Sau und dem nun fährtenlauten Hund herschritt, bemerkte ich im Schnee und in der Saufährte eine Rille, so, als könne die Sau einen Lauf nicht aufsetzen und zöge ihn hinter sich her. Also rief ich, soweit erreichbar, den Schützen zu, daß der Hund die kranke Sau brächte. Doch obwohl Sau und Hund fast die gesamte Schützenline passierten, fiel kein Schuß, weil jeder mit einem kranken Frischling rechnete und nicht mit einer stärkeren Sau.

Rasch entfernte sich die laute Hatz. Ich begann nun zu laufen, denn optimistisch rechnete ich damit, daß sich die offenbar kranke Sau früher oder später der Hündin stellen würde. Der größte Teil der Jäger schloß sich mir an, ferner der Revierbeamte des Bezirks, in dem wir uns befanden, sowie der Nachbarbeamte, dessen Revier die Hetze nun zustrebte. Die Folge war leicht, wies uns doch der „weiße Leithund" die Fluchtrichtung der Sau wie im Bilderbuch.

Jedoch bestätigte sich mein anfänglicher Optimismus nicht. Zwei Stunden hetzten wir hinter der lauten Jagd her, durchquerten Revier Nummer eins und, zum Teil schon im Düstern, Revier Nummer zwei. In der schnell einsetzenden Nacht verlor sich der Hetzlaut im Revier Nummer drei.

Obwohl wir mehrfach im Schnee festgestellt hatten, daß sich die Sau dem Hunde gestellt hatte, schien die Kranke immer noch genug Kraft zu besitzen, eine lange Hetze durchzustehen.

Endlich verbrach ich die letzten in der Finsternis gerade noch feststellbaren Schneezeichen, und gemeinsam traten wir den weiten Weg zu unseren Fahrzeugen an.

Ich hatte ein miserables Gefühl. Welcher Jäger geht schon gern nach Hause, während sein Hund in unbekannten Gefilden Schwerarbeit leistet, für deren guten Ausgang er den Menschen benötigt. Hinzu kam, daß ich am nächsten Morgen zu einer Beerdigung innerhalb der weiteren Familie mußte. Es war schrecklich. Ehe ich meinen Wagen bestieg, breitete ich meinen Lodenmantel in den Schnee.

Um Mitternacht, meine Söhne begleiteten mich bei der Suche nach Grandel, lag die Hündin bereits zusammengerollt, naß und erschöpft auf dem grünen Tuch.

Am nächsten Morgen wurde die Bache, nachdem man ihre Fährte und die Spur des Hundes ausgegangen war, im Wundbett erlegt. Ihre Verletzung bestand in einem Keulenschuß. Wie man berichtete, hatte sie ihre Frischlinge wieder bei sich.

Wenige Tage nach diesem Vorfall brachte ich die junge Kati zum Einsatz, als man mich um eine Nachsuche auf ein Rottier bat. Das Stück war ebenfalls bei Mondlicht beschossen worden, flüchtete nach dem Schuß und zeigte keine Zeichen.

Der Schütze hatte seinen Jagdteckel mit auf den Hochsitz genommen und ihn bald nach dem Schuß zur Fährte gelegt. Aber es gab keinen Erfolg. Am Morgen wurde nochmals mit dem Teckel zwei Stunden lang die Fährte gearbeitet. Als auch diese Suche nichts einbrachte, wurde ich verständigt. Inzwischen hatte es heftig zu regnen begonnen. Als ich endlich draußen war, gab es kaum mehr Pürschzeichen, nach denen ich mich hätte richten können. Allerdings fanden wir mit Katis Hilfe einige unansehnliche Schnitthaare, aus denen ich einen Weidewundschuß rekonstruierte.

Weil der Schütze kurz nach dem Einweisen abgerufen wurde, blieb ich allein. Kati führte mich vom Anschuß weg in ein etwa dreißig Jahre altes Kiefernholz. Die Arbeit da drinnen wurde zu einem „Blindflug", denn vergeblich suchte ich nach irgendwelchen Pürschzeichen. Dabei goß es unaufhörlich vom Himmel herab. Schon machte ich mir Vorwürfe, nicht die erfahrene Grandel eingesetzt zu haben, als es vor uns polterte. Ich erkannte zwischen den dichtgedrängt stehenden Stangen ein abspringendes Rotwildrudel. Auch das noch! Hier war die junge Hündin nach meinem Dafürhalten überfordert! Mit hoher Nase schnupperte sie dem abspringenden Wild hinterher. Darum ließ ich sie erst einmal ablegen und steckte mir eine Zigarette unter die Nase.

Wie sollte es nun weitergehen, und wie würde die junge Hündin die inzwischen vierzehn Stunden alte Wundfährte durch all die vielen frischen Gesundfährten hindurch halten? Zwar hatte ich im schlimmsten Falle noch immer Grandel, aber die verstreichende Zeit und der unaufhörlich rinnende Regen ließen mich nicht froher werden.

„Sei vernünftig, Kati", sagte ich, drückte den Rest meiner Zigarette aus und gab den Riemen frei. An den warmen Betten des eben aufgestandenen Rudels gab es zwar ein kurzes Verweilen, aber eine Panne trat nicht ein. Wie ich beglückt an den Eingriffen feststellen konnte, folgte Kati keinesfalls den gesunden Fährten, sondern hielt stur und mit tiefer Nase vermutlich die Ansatzfährte. Und als wir nach geraumer Zeit das Kiefernholz verlassen wollten, verwies die Hündin auf einem Moospolster ganz intensiv. In dem quatschnassen Moosschwamm konnte ich nichts ausmachen. Darum tupfte ich mit dem Taschentuch die Flora ab und siehe, das Tuch färbte sich wässerig rot. „Goldmädel", sagte ich, „Goldmädel." In der Nadelstreu des anschließenden Fichtenbestandes glaubte ich Trittsiegel zu erkennen. Ab und an verwies Kati irgend etwas, doch auch das Taschentuch brachte keine Aufklärung. Zweifel stiegen in mir auf.

In meiner sehr religiös eingestellten oberschlesischen Heimat gab es ein besonders bei den schwer arbeitenden und in bescheidenen Verhältnissen lebenden Menschen oft gebrauchtes Sprichwort: „Wenn die Not am größten ist, dann ist Gottes Hilfe am nächsten." Etwas Ähnliches ging mir damals durch den Sinn. Und siehe da, die Fichten wurden immer dichter, mein Hund wurde gleichsam aufgesogen von dem Bürstengrün; nur der Schweißriemen in meinen Fäusten schenkte mir die Gewißheit, daß er nicht in der undurchsichtigen und schier undurchdringlichen Wildnis abhanden gekommen war. Für eine kurze Zeit. Dann wurde der Schweißriemen schlaff. Auf allen vieren kroch ich dahin, wo ich meinen Hund vermutete. Nachher war das Glück vollkommen. Kati hatte gefunden! Wie weit waren wir geschritten und gekrochen? Waren es tausend Meter, waren es zweitausend? Doch was konnten Entfernungen jetzt noch bedeuten! Kati hatte gefunden. Trotz brühwarmer Rudelwitterung, trotz peitschenden Regens und trotz ihrer Jugend und Unerfahrenheit. Da konnte ich nur noch einmal „Goldmädel" sagen.

Der Schuß saß tief und weidewund.

Nachdem ich das Tier aufgebrochen und die Kati bis fast zum Platzen genossen gemacht hatte, hockte ich nieder, naß bis auf die Haut war ich ohnedies, rauchte in wohliger Zufriedenheit und lauschte dem Rauschen des Regens. Alles war nun gut, selbst die Nässe, der aufgeweichte Waldboden, das Bangen und Zweifeln von vorhin. Das Glück einer guten Stunde ist unbeeinflußbar, jetzt leistete es mir Gesellschaft.

Als ich mich loszulösen begann von dem beglückenden Geschehen und allmählich in die reale Welt zurückfand, gewahre ich um mich herum die vielen vom Rotwild geschälten Fichtenstangen.

Jetzt könnte man mit dem Aufrechnen beginnen. Stamm für Stamm. Am Ende stünde dann der Schaden, den das Wild am Walde verursacht und wohl auch weiterhin verursachen wird. Es gibt sogar Menschen, die das Aufrechnen gut beherrschen. Nicht selten tragen sie sogar einen grünen Rock und manchmal auch ein Schießgewehr. Die rechnen auf. Unter dem Strich steht der Tod des Rotwildes. Nur haben leider dieselben Menschen oft auch die weiten Fichtenwüsten auf dem Gewissen, weil man mit der Fichte eine so klare Erfolgsrechnung anstellen kann. So einfach ist das.

Auch ich beschäftige mich seit vielen Jahren mit Wildschäden, als Forstmann und als Jäger. Ich habe gelernt, hart und unerbittlich zu schauen und zu rechnen. Auch im Walde, vielleicht nur im Walde. Ich habe dabei die Wildschäden am Walde durchdacht, aber auch die Schäden, die dem Wald durch Stürme, Dürre, Feuer und Insekten, durch Pilzkrankheiten, aber auch durch den ertragsbesessenen Menschen zugefügt worden sind, und die vielen waldbaulichen Fehler, die laufend weiter begangen werden. Ich habe versucht, alle diese Schäden, so sie wahrnehmbar sind, miteinander zu vergleichen, sie gegenüberzustellen. Das Resultat ist verblüffend. Verblüffend zugunsten des Wildes.

Falsche waldbauliche Maßnahmen haben erst den Orkan vom November zweiundsiebzig zur Katastrophe werden lassen. Falsche waldbauliche Maßnahmen haben in Niedersachsen Feuersbrunsten fünfundsiebzig in ihrem ungeahnten Ausmaß herbeigeführt. Millionen Festmeter reifen und heranwachsenden Holzes wurden vernichtet. Dieses Ausmaß hätten die Schäden nie erreichen können, wenn im vergangenen Jahrhundert Waldbau in einer biologisch richtigen Form betrieben worden wäre. Aber nicht der praktische Forstmann hat hier zuerst versagt, sondern eine Administration, die ihm stets höchste Massenleistungen abverlangte.

Bedenken wir noch die Schäden, die eine naturfremde Entwässerungstechnik der Landschaft und damit den Waldbeständen zufügt. Und beobachten wir nicht zuletzt jene Waldverluste, die durch zu spät einsetzende Läuterungen und Durchforstungen, durch falsche Pflanzenwahl und durch eine unglücklich angewandte Maschinentechnik bei Aufforstungsvorhaben entstehen und in den nächsten Jahrzehnten entstehen werden. Gerade die zum Zweck der Wiederaufforstung im Vollumbruchverfahren um und um gewühlten alten gewachsenen Waldböden werden dereinst die auf ihnen stockenden Bestände den stets wiederkehrenden Stürmen als sinnlose Opfer anbieten. Nur alter, in Jahrhunderten gewachsener Waldboden, bei dem der Aufbau seiner Horizonte in Ordnung geblieben ist, läßt eine Bewurzelung der Waldbäume entstehen, die sich Stürmen mit Erfolg zur Wehr setzt. Außerdem ist bei solchen Waldböden auch der Wasserhaushalt in Ordnung.

Trotzdem darf über Wildschäden nicht leichtfertig hinweggesehen werden, schon gar nicht, weil eine Reihe anderer Waldschädiger im bösen Spiel der Zerstörung mitmischen. Gerade die Jagdwirtschaft muß bemüht bleiben, die jeweilige Dichte der verschiedenen Wildarten in gesunden Grenzen zu halten. „Schäden" wird es immer geben, weil eine jede Kreatur Lebens- und Versorgungsrecht zu beanspruchen hat. Darum verursachen alle Kreaturen dieser Welt die entsprechenden Schäden, vom Menschen angefangen bis hinunter zur Maus.

Nur werden wir alle in Zukunft noch mehr denken und nachdenken, näher zusammenrücken und besser zusammenarbeiten müssen. Wir alle, Jäger, Forstleute, Landwirte, Biologen und Soziologen, die einfachen und die komplizierten, die schlichten und die hochtrabenden Naturschützer, selbst die Irrgeleiteten mit dem Haß gegen den Jäger. Wir müssen es tun, ob wir es wollen oder nicht, weil es uns von der Natur abverlangt wird. Sonst werden wir von jenen Ignoranten und Aufgehetzten erdrückt, die den menschlichen Fortschritt allein in einer pseudohumanen Welt erblicken. Und das sind eine Menge wichtiger Leute, wenn auch manche von ihnen nicht den Sperling von der Amsel und nicht den Eichbaum von der Buche unterscheiden können. Das Wissen der Jäger muß aber auch vollkommener werden. Denn wie will sich die Jägerschaft behaupten, wie will sie belehren, ja wie will sie mitwirken an Forschung und Umweltverbesserung, wenn sie das hierfür nötige Rüstzeug nicht besitzt. Zu diesem Rüstzeug aber gehören sowohl eine vorbildliche Haltung als auch ein vorbildliches Wissen über alles, was da „fleucht und kreucht", was da wächst und stirbt.

Der Jäger von heute muß mit dem Forstmann reden können und ihn dabei auch verstehen. Er muß mit dem Landmann fachlich diskutieren können. Er muß sich aber auch mit dem Wasserwirtschafter, dem Ornithologen und anderen im Gespräch verständigen können. Die heutige Jägergeneration muß mehr wissen als die Generation davor. Unbillig ist das nicht. Im Gegenteil. Der allgemein gebildete Jäger wird auch die Jagd mit anderen, mit klareren Augen sehen, sicher auch mit mehr Freude und Zufriedenheit.

Der Regen ist noch heftiger geworden. Ausgeschweißt ist das Stück. Satt und faul hat sich Kati neben mir zusammengerollt. Der Schütze ist sonstwo, weiß noch gar nichts von dem gefundenen Stück. Ich könnte das Wild hier liegen lassen und jenen, den es angeht, später anrufen. Aber was soll's. Darum benutze ich den Schweißriemen und ziehe das Stück aus den dichten Stangen auf die nächste Schneise. Von hier aus kann es der Landwirt, der auch sonst den Wildtransport besorgt, leicht fortbringen. Ich will ihn gleich verständigen.

5
Wenn der Hund sich selbst
genossen macht

Nach ein paar Regentagen setzte wieder Schneefall ein. Aber noch ehe die ersten Flocken fielen, beschoß ein Bekannter ein Rottier, das nicht am Platz blieb. Danach fiel Schnee auf Anschuß und Wundfährte. Der Schütze meinte, daß er auf ein Schmaltier im Rudel abgekommen sei.

Es war Ende Januar, und die Jagdzeit näherte sich dem Ende, Grandel war böse, daß Kati mit mir sollte. Sie kann sich eben nicht verstellen.

Der Anschuß lag irgendwo, war nicht ein Punkt oder ein kleiner Fleck, sondern eine weite Fläche, die Schritt für Schritt abgesucht werden mußte. Aber mit den menschlichen Sinnen war nichts auszurichten. Darum ließ ich Kati voraussuchen. Sie tappte über den Schnee, steckte ab und zu die Nase in das Weiß, hielt sich dann an einer Stelle besonders lange auf. Hier fegte ich den Schnee mit den Händen auseinander, konnte aber nichts Auffallendes finden. Doch die Hündin blieb interessiert. Der Schütze meinte, daß es „hier irgendwo" sein müßte. Kati zog mit tiefer Nase über den Schnee. Ich folgte ihr, da ich nichts anderes zu tun wußte. Im Abstand folgten der Schütze und sein erwachsener Sohn. Wir durchquerten ein auffallend licht stehendes Kiefernstangenholz. Alles um mich herum sah wenig erfolgversprechend aus. Ziemlich ratlos schaute ich mich zu den anderen um. Ich zuckte mit den Schultern, was soviel bedeuten sollte, daß ich gar nichts mehr wußte. Dagegen schien Kati etwas zu wissen, denn zielstrebig zog sie am straffen Riemen vor mir her.

Später, in einem Fichtenjungwuchs, hätte ich am liebsten die Hündin abgetragen. Der Schnee hätte nicht kommen dürfen. Dann wäre die Suche vielleicht ein Kinderspiel. So wußten wir nicht einmal, ob das Geschoß gefaßt hatte.

Vor uns krachte es gedämpft. Kati hob die Nase, zeigte frische Wittrung an und zog heftig in Richtung des Lärms. Eine Strecke folgte ich, erkannte dann im Schnee eine einzige Fährte. Sie gehörte einem

Kalb. Deswegen wurde der Schütze konsultiert. Aber er wußte genau, daß er kein Kalb beschossen hatte. Ein Alttier hätte es schon eher sein können. Die Schneefährte zeigte keinerlei Pürschzeichen. Aber abzutragen brauchte ich die Kati nicht. Selbständig griff sie zurück und zog wie zuvor gelassen über die unberührte Neue, als folgte sie einem Phantom.

Irgendwo in den Fichten stießen wir auf ein verendetes Alttier. Das Kalb mußte zu ihm gehören. Die ganze Nacht war es in der Nähe des Mutterwildes geblieben, war erst abgesprungen, als Hund und Menschen nahten. Ein zu Herzen gehendes Schicksal in einer erbarmungslosen Natur? Einmal mehr hatte ein Schweißhund ein beschossenes Wild vor dem Verludern bewahrt.

Noch am selben Abend wurde das Kalb ganz in der Nähe erlegt. Als ich das hörte, war ich erst richtig froh.

Danach habe ich über diese Suche nachgedacht, weniger wegen des Schnees und der verschlossenen Fährte. Solche Arbeiten bieten sich in fast regelmäßigen Abständen immer wieder an. Denn der Winter ist ja nun einmal die Hauptjagdzeit auf unser Schalenwild. Da schneit es schon mal auf die frische Rotfährte. Ich dachte vielmehr darüber nach, was in der jungen Hündin wohl vorgegangen sein mochte, als sie ohne menschliches Zutun von der frischen Gesundfährte des Kalbes abließ und zurückfand auf die kalte und von Schnee überlagerte Rotfährte des Alttieres. Es muß doch so etwas wie eine Besinnung gegeben haben in dem Instinkt des Hundes. Eine Erinnerung an Schweiß und Krankfährte, aufgespeichert im Hundehirn und dann ausgelöst durch einen glücklichen Umstand, der nicht zu erkennen ist. Gewiß kein Pflichtgefühl des Hundes, aber Raubtiererbe und angewölfter Beutetrieb. — Ein weites Feld für den begabten Verhaltensforscher.

Obwohl ununterbrochen geforscht wird, gibt es am Ende doch nur wenige brauchbare Resultate. Was zum Beispiel weiß schon der Jäger über seinen Hund, seine Haltung und seine Pflege? Ganz abgesehen von seiner Aufzucht und der Behandlung im Krankheitsfall! In der Regel weiß er viel zu wenig. Sonst würden nicht so viele Fehler gemacht.

Der Hund ist ein Lauftier. Um gesund und leistungsfähig zu bleiben, muß er sich täglich „müde laufen" können. Welcher Jäger bietet das seinem Hund? Dabei sind doch die meisten Jäger keine Stubenhocker.

Die ärgsten Verschleißerscheinungen unserer Hunde sind in deren bewegungsschwacher Haltung zu suchen. Mit der „Ballenschwäche" beginnt es. Die Funktionsfähigkeit der Ballen bedarf einer dauernden Belastung. Es ist ein Jammer, anläßlich von Stöber- und Treibjagden zuschauen zu müssen, wie schnell sich ein Teil der Hunde wund, ja blutig läuft. Man kann sagen, daß unter den heutigen normalen jagdlichen Verhältnissen die nötige Ballenbelastung nicht mehr gewährleistet ist. Also muß der Jäger auch außerhalb des Jagdbetriebes seinen Hund in Form halten. Am wirkungsvollsten hierfür erscheint mir das Fahrrad. Mit diesem Fahrzeug lassen sich ohne Qual für den strampelnden Mann in einer halben Stunde zehn Kilometer bewältigen. Zwar wäre es unverantwortlich, mit dem untrainierten Hund gleich am Anfang eine Mammutfahrt zu veranstalten. Aber von der Kurzstrecke her läßt sich durch allmähliche Steigerung schließlich doch eine beachtliche Leistung erzielen. Das häufige Laufpensum wird neben der Straffung und Förderung von Bändern und Muskeln besonders die Ballenfestigkeit beeinflussen. Auch meine ich, daß die bei einigen Hunderassen vermehrt auftretende Hüftgelenksdysplasie häufig ihren Ursprung in ungenügender Körperbewegung hat, obwohl wir von der Vererbbarkeit dieses Leidens wissen.

Ohne mich als Laie in tierärztliches Fachwissen vertiefen zu wollen, denke ich mir, daß neben der angeborenen Gesundheit des Hundes sein späteres Wohlbefinden abhängig ist von seiner Haltung, also auch der Bewegung, ja der Strapaze und der artgerechten Fütterung. Immer wieder wundere ich mich über die Nachlässigkeit und den Gleichmut, mit denen Jäger die Futterschüssel ihres Hundes füllen.

Der Hund gehört zu den „Caniden". Über den Speisezettel der wildlebenden Caniden wissen wir ziemlich gut Bescheid. Der Wolf, wichtigster, vielleicht einziger Stammvater unserer Hunde, lebt zwar in der Hauptsache von fleischlicher Beute, aber nicht ausschließlich von Frischfleisch. Aas, Insekten, Wildfrüchte, auch verschiedene Heilkräuter aus der großen Naturapotheke sind für ihn nicht nur magenfüllende, sondern auch gesunderhaltende Elemente.

Nicht nur wir, sondern auch die Tiere besitzen neben dem Geruchs- auch einen Geschmacksinn. Ich kann mir vorstellen, daß der Geschmacksinn ursprünglich die Aufgabe übertragen bekam, besondere oder bestimmte, dem Körper im Augenblick fehlende Wirkstoffe anzufordern. Aus Erfahrung wissen wir, daß beispielsweise Kranke oder Schwangere ganz plötzlich einen besonderen Appetit auf eine gewisse Speise verspüren. Es erscheint sicher, daß durch solches Verlangen Mangelerscheinungen im Körper ausgeglichen werden sollen.

Auch bei unserem vierläufigen Gefährten sollten wir entsprechende Regungen beachten und uns in der Fütterungstechnik danach richten. Einem Junghund, der sich an Roßäpfeln, Kuhfladen oder anderen Exkrementen vergreift, fehlt etwas in seiner Fütterung, was für seine Gesunderhaltung, seinen Körperaufbau notwendig ist.

Es kann daher nicht gutgehen, wenn ein im harten körperlichen Einsatz stehender Gebrauchshund ausschließlich mit Küchenabfällen oder unkontrollierbarem Fertigfutter ernährt wird. Zwar enthalten die meisten im Handel befindlichen Fertigfutterstoffe so ziemlich alles, chemisch gesehen, was eine gesunde Hundeernährung verspricht. Aber genauso wie wir Menschen von der Qualität her unterscheiden zwischen frischer Kost und Konserven, so sollten wir diese Unterscheidung auch bei der Hundenahrung beibehalten.

Mit der Verbreitung des Fertigfutters hat sich gewiß vieles im positiven Sinne bei der Hundefütterung gewandelt, wenn man bedenkt, daß früher vor allem auf dem Lande lebende Hunde oft ausschließlich mit Milch und Kartoffeln gesättigt wurden. Aber den direkten Weg vom Fang zur Beute dürfen wir dem Hund nicht versagen. Dabei soll unter „Beute" hier auch die Möhre, der Apfel und andere Früchte und Gemüsearten, ebenso wie der Aufbruch des Wildes zu verstehen sein, aber auch der frisch aus der Schlachterei geholte, vielleicht sogar noch warme Rindermagen, die Lunge oder die Leber.

Beim Durchstöbern meiner Nachsuchenaufzeichnungen stieß ich soeben auf eine fast vergessene kleine Geschichte.

Damals lebte ich für ein paar Jahre im „Bergischen". Ein Bekannter in der Lüneburger Heide beschoß eines Abends einen Damhirsch. Eine sofort von ihm selbst vorgenommene Nachsuche blieb erfolglos. Spät am Abend rief er mich an, wohl um mit jemandem über sein jagdliches Pech zu sprechen. Zufällig wollte ich mit Grandel am folgenden Morgen in die Heide fahren, um ein paar Tage zu jagen und der zur Dachsbrackenprüfung in Springe gemeldeten Hündin dabei den letzten Schliff geben.

Also wurde zwischen meinem Bekannten und mir über vierhundert Kilometer Entfernung eine Nachsuche vereinbart. Weil der Schütze an der Suche nicht teilnehmen konnte, wurde mir der Anschuß beschrieben. Das gelang gut, zumal ich das Revier aus jahrelangem jagdlichen Erleben bis in den letzten Winkel kannte.

In aller Früh fuhr ich los. Es wurde die längste Anfahrstrecke, die ich je für eine Nachsuche zu bewältigen hatte. Gegen neun Uhr standen Grandel und ich bereits am Anschuß. Da lag etwas Schnitthaar, aus dem ich nicht klug werden konnte. Aber schon zog mich die Hündin vom Anschuß fort und verwies bald einen kleinen Tropfen Schweiß, der vor dem menschlichen Auge fast unterging in dem mit roten Herbstblättern geschmückten Blaubeerkraut. Nach langer Suche standen wir gegen elf Uhr am verendeten Damhirsch, der einen tiefen Weidewundschuß erhalten hatte. Drei Finger tiefer, und das Geschoß wäre danebengerutscht.

Ich brach den Hirsch schnell auf, und da ich es eilig hatte, vergaß ich regelrecht, Grandel genossen zu machen. Ich verblendete das Wild und begab mich auf den Rückweg zu meinem Wagen. Vom nächsten Ort aus wollte ich den Abtransport des Hirsches veranlassen.

Während des Marsches zu meinem Auto achtete ich kaum auf die Hündin, die frei neben mir herlief. Erst am Wagen bemerkte ich, daß sie fehlte. Ich rief und pfiff, aber mein Hund blieb verschwunden. Auf der nahen Bundesstraße rollte der Kraftfahrzeugverkehr dahin. So kam die Angst in mir hoch, daß mein Hund möglicherweise auf die Straße gelaufen sei. Aber eine Kontrolle blieb erfolglos. Also zurück zum Wagen, rufen, pfeifen und warten. Ich war ziemlich verzweifelt.

Dann marschierte ich nochmals zum Hirsch zurück. Unterwegs hatte ich so etwas wie eine Ahnung. Diese bestätigte sich dann auch. Über dem Aufbruch des Hirsches stand die rote Hündin und fraß wie ein Scheunendrescher. Sie hatte sich bereits einen Vollbauch angefressen.

Was war geschehen? Die Hündin hatte sich das genommen, was sie sonst am Ende einer Nachsuche stets aus meiner Hand erhielt. Die Schuld an ihrer Selbständigkeit lag allein bei mir.

Dabei ist gerade Grandel beim Fressen eher wählerisch als gierig. An Schwarzwild läßt sie sich nur ganz selten genossen machen und nimmt höchstens ein kleines Stück Lunge. Außer Kati lehnten auch alle anderen von mir bisher geführten Hunde alles „Schweinerne" in rohem Zustand meist ab. Kati dagegen schlingt ohne Prüfung alles Freßbare in sich hinein, auch von der Sau.

Bei dieser Futtereinstellung kann sie von sich aus nicht auf ihre „Linie" achten. Diese Aufgabe muß ich übernehmen. Von der Arbeitsweise her und auch abhängig von der begrenzten Zahl an Hochwildwundfährten erhalten fast alle speziellen Schweißhunde zu wenig Bewegung. Das Verlangen, diese Hunde bei Revier- und Spaziergängen nicht vom Riemen zu lassen, um ihnen nicht die Freude an „ungerechten" Fährten oder Spuren zu gönnen, fördert den Bewegungs- und Laufdrang bestimmt nicht. Darum gehe ich einen Schritt weiter als herkömmlich erlaubt und gebe Kati bei meinen Wanderungen viel Freiheit, lasse sie allerdings nie aus den Augen und pfeife sie zurück, wenn die Gefahr besteht, auf Rehwildfährten zu stoßen. Dabei kommt mir ihr von Natur aus vorhandener ausgezeichneter Gehorsam sehr zugute. Sie läßt sich auf jede Entfernung auf Handzeichen zum Ablegen bringen, wenn zum Beispiel ein Hase aus hoher Heide herausfährt oder plötzlich ein Sprung Rehe hinter einem Heidhügel auftaucht.

Auch macht es mir ihre Wasserpassion leicht, sie in jedem Gewässer im

Schwimmen zu trainieren, obwohl sie diese Art der Fortbewegung berufsmäßig gar nicht benötigt. Einmal hätte ich sie durch diese Wasserfreude fast verloren, als sie mit Schwung in ein Wasserloch sprang, das zu einem der hier noch zahlreichen Hochmoore gehört. Ich will mir den Bericht ersparen, unter welchen dramatischen Umständen ich meinen Hund vor dem sicheren Ertrinken rettete.

Dennoch haben die Moore nichts von der Wirkung eingebüßt, die sie von jeher auf mich ausüben. Sie sind so etwas wie Juwelen im weiten Heide- und Waldgebiet. Moorgebiete sind Fundgruben für jeden Naturfreund. Sie geben sowohl dem Botaniker als auch dem Zoologen gleichviel, und selbst der unwissende Wanderer wird an ihnen seine Erbauung finden.

Denn hier „meckert" noch die Bekassine und singt noch der große Brachvogel seine wehmütige Strophe. Hier stößt man noch auf das selten gewordene Birkwild, und im Übergang von der schwammnassen zur trockenen Geländezone finden sich die Sauen und das Rotwild zum Suhlen ein.

Und jedes Moor im weiten Gebiet trägt seinen besonderen Namen, mit dem meistens auch eine oder gar mehrere kleine Geschichten verbunden sind. Sie alle wären wichtig genug, aufgezeichnet und damit festgehalten zu werden. Das ergäbe ein hübsches, dralles Buch.

Noch einmal wurden Kati und ich in den allerletzten Januartagen um „Amtshilfe" gebeten.

Ein junger Revierförster beschoß am Morgen aus einem einwechselnden Rudel heraus ein Alttier. Das beschossene Stück flüchtete jedoch im Rudel scheinbar gesund weiter. Schon glaubte der Grünrock an einen Fehlschuß, fand dann aber eher zufällig in dem Gewirr der Rudelfährten Schweiß. Allerdings wurde es Mittagszeit, ehe ich erreichbar war. Nachdem mir der Sachverhalt geschildert worden war, schwankte ich, ob ich die ältere Dachsbracke oder die junge Hannoveranerin einsetzen sollte. Ich entschloß mich für die junge Hündin, von der ich längst wußte, daß „sie es auch kann". Aber ich wußte auch, daß die vor uns liegende Arbeit sehr schwer werden konnte. Denn das kranke Stück in der Rudelfährte vielleicht über eine lange Strecke zu halten und dann noch aus den Gesundfährten herauszuarbeiten, stellt höchste Anforderungen an den Hund.

Hier werden sicher manche Jäger, die noch keine Rotfährtenarbeit erlebt haben, sagen: „So etwas muß doch ein Schweißhund können!" Ähnliche Aussprüche habe ich mehr als genug gehört. Meist habe ich dazu geschwiegen. Nur gelegentlich versuchte ich, die dabei auftretenden Schwierigkeiten zu erläutern.

Tatsächlich wird jeder Schweißhund bei einer im Gewirr von Rudelfährten liegenden Rotfährte psychisch hart gefordert. Denn als „Jagdhund" zeigt er natürliches Interesse an allen Fährten, auch an den gesunden. Wiederum wird aber durch das Hin und Her eines flüchtenden Rudels sowohl Schweiß aus der Krankfährte als auch die Krankwitterung des beschossenen Stückes in viele Gesundfährten hineingetragen. Und dann soll allein die spezialisierte Hundenase richtig deuten und mit Erfolg sondieren!

Zunächst untersuchte ich allein den Anschuß, konnte aber keine Zeichen entdecken. Die Hündin machte es besser, verwies auf Anhieb einige Schnitthaare, von denen ich glaubte, daß sie aus der Blattgegend stammten. Schweiß war vorerst noch nicht sichtbar. Die Hundenase kroch in der flüchtigen Rudelfährte vorwärts. Irgendwann hatte sich das kranke Stück vielleicht von dem gesunden Wild getrennt.

Und da kam dann auch schon der Abgang. Kaum zwanzig Schritt danach verwies die Hündin gut sichtbaren Schweiß. Jetzt erst war die große Jägerfreude in mir, die wohl nur ein Schweißhundführer ganz fühlen kann. Im großen Bogen arbeitete die Hündin etwa wieder in Richtung des Anschusses zurück. Mir erschien das alles unglaublich, denn in der Weiterführung der Fährte kamen wir in die weite Heide, die zwar von Wacholder bestockt war, doch keinen Einstand für ein krankes Stück Rotwild bot. Immerhin zeigte Kati durch weiteres Verweisen von Schweiß an, daß sie recht hatte.

Dann geschah das Unfaßbare. Wir verließen den Wald und kamen in fast deckungslose Heide. Eine Sanddünenlandschaft unterbrach hier die Caluna-Heide. Deutlich standen Trittsiegel in den unbenarbten Sandstellen. Wohin sollte die Reise gehen? Mit dem Ansprechen des Schnitthaares mußte ich mich vorhin entschieden geirrt haben.

Wir überwanden fünf, sechs dieser Sandhügel. Da wurde der Schweißriemen schlaff. In einer kleinen Senke lag das verendete Tier. Der Schuß saß tief Blatt, vielleicht zwei Hände breit nach hinten verrutscht. Dann war auch der Schütze da. Wir waren beide froh. Es war keine der schwierigsten Nachsuchen, aber einige Knoten waren doch zu lösen.

6

Katzen, Hunde, rote Böcke

Mit dem Beginn der Ferienreisezeit, der alljährlich wiederkehrenden Völkerwanderung, erhält unser Heidegebiet eigenartigen tierischen Zuwachs: Mit einem Mal, gleichsam wie aus dem Erdboden gewachsen, laufen überall Katzen herum. Ein gewisser „eiserner" Bestand an verwilderten Katzen ist ja stets vorhanden. Die noch zahlreich bestehenden, aus dem letzten Jahrhundert stammenden, kleinen Schnuckenställe, die aus kulturgeschichtlichen Gründen erhalten werden, bieten diesen Freibeutern Unterschlupf genug. Die Kurzhaltung dieser Wilddiebsbande gelingt besonders in den Wintermonaten mit einigem Erfolg.

Aber dann kommt der Sommer und mit ihm die erwähnte Katzenschwemme. Anfangs stand ich vor einem Rätsel. Erst nach und nach kam ich dahinter, daß sich nicht wenige Katzenfreunde von ihren Haus- und Stubengenossen spätestens dann trennen, wenn die Urlaubsfahrt vor der Tür steht und man sein Kätzchen weder bei Bekannten noch in einem Tierheim unterbringen will oder kann. Also fährt man hinaus und überantwortet das armselige Wesen dem Wald und der Heide. Lange Zeit habe ich mich geweigert, an solch unglaubliches menschliches Verhalten zu glauben. Aber meine Beobachtungen nahmen mir jeden Zweifel.

Zwar bin ich sicher, daß die meisten dieser naturungewohnten Haustiere nicht mehr in der Lage sind, sich draußen über längere Zeit zu ernähren. Sie verhungern oder werden von Hunden abgetan, die entweder die Schnucken hüten oder als Begleiter von Wanderern die Heide durchstreifen.

Ihre nähere Umgebung hält Grandel katzenfrei. Ich kann dies nicht verhindern; sonst müßte ich sie ununterbrochen entweder eingesperrt lassen oder bei mir haben ...

Dennoch bleiben immer ein paar Katzen übrig, die verwildern und bald die Gewohnheiten eines Wildtieres annehmen. Es läßt sich leicht errechnen, wieviel Leben eine Katze täglich vernichten muß, um sich selbst und manchmal ihr Geheck am Leben zu erhalten.

Doch auf dieses Problem soll nicht näher eingegangen werden.

Viel ernster zu nehmen ist die erbärmliche Verhaltensweise der Menschen, die ihrer häufig gepriesenen Tierliebe ein böses Zeugnis ausstellen.

Die Dämmerung kriecht über die Heide. Ich war hinausgegangen, um nach dem großen Brachvogel Ausschau zu halten. Es ist die Zeit, in der er aus seinen Winterquartieren in die Heide zurückkehrt und damit in sein Brutgebiet. Doch habe ich vergeblich nach ihm gespäht.

Es ist spät geworden. Mit vielerlei Gedanken beschäftigt, wandere ich zurück durch die schweigende Wacholderheide, während Kati frei bei Fuß neben mir herzuckelt.

Die düsteren, jetzt schon schwarz wirkenden Wacholdersträucher nehmen verschiedene Gestalten an, menschliche und tierische. Ich kann mir vorstellen, daß sich kindliche Gemüter in der nächtlichen Heide fürchten.

Während ich dahinschreite, bemerke ich, wie Kati ihr Verhalten plötzlich ändert. Sie hebt die Nase, holt sich merkbar Wind wie ein Pointer und verlangsamt dabei ihren Gang. Was mag da vorn vorgehen, das den Hund beeindruckt? Auch ich werde langsamer und bleibe schließlich stehen. Und dann durchfährt es mich mit einem Ruck! Auf einem steinwurfweit entfernten Hügelgrab gewahre ich ein undefinierbares Wesen. Ich hebe das Glas, erkenne einen Hund, einen großklotzigen Schäferhund. Die Umrisse des Tieres sind typisch. Klar zeichnen sie sich gegen den späten Abendhimmel ab. Und ohne daß ich mich in Schauermärchen verstricke, durchfährt es mich: „Das könnte ein Wolf sein!" Doch was weiß man schon in dieser lichtarmen Dämmerung! Schäferhund oder Wolf? Beide dürften auf weitere Entfernung ziemlich gleich aussehen. Fast andächtig betrachte ich das schemenhafte Bildnis. Kati neben mir ist ganz still, kein Knurren, keine äußere Regung. Lange, fast zu lange, verharrt das hundeähnliche Wesen auf der bronzezeitlichen Grabstätte. Dann huscht der Spuk in die Heide hinein und entschwindet meinen Blicken.

Als wir den Grabhügel erreichen, fällt die Hündin fast gierig die Spur des nächtlichen Läufers an. Ich streiche mit der Hand über ihr Rückenfell und fühle die „Bürste", aufgestellte Rückenhaare, die als Zeichen von Abwehr, Angriff, ja Grimm zu deuten sind.

Meine Wolfsgedanken kommen nicht von ungefähr, sind doch in den Jahren nach dem letzten Krieg mehrere Wölfe in der Lüneburger Heide zur Strecke gebracht worden. Anscheinend verlaufen uralte Wolfspässe durch dieses Gebiet.

Am nächsten Tag forsche ich nach, um die „Wolf-Hund-Erscheinung" zu erhellen. Es gelingt mir nicht. Höchstens weiß ich, daß es keiner der Hütehunde gewesen sein konnte. Ich kenne sie alle, aber keiner von ihnen sieht einem Schäferhund ähnlich.

Schweißhundleute haben es in der arbeitsarmen Zeit der Jagdruhe verhältnismäßig leicht, ihre vierläufigen Helfer in Form zu halten. Denn immer läßt sich auf der abgestandenen, also kalten Hochwildfährte das Nasentraining und damit der Findewille des Hundes fördern. Dennoch ist diese Arbeitsweise mit einigen Mühen verbunden. Zwar ist es verhältnismäßig leicht, morgens auf einer blanken Erdbahn, einem sandigen Weg oder Gestell Hochwildfährten festzustellen und sie mit dem Hunde weiter zu verfolgen. Doch das wäre nicht genug, weil der Jäger noch längst nicht weiß, wohin die Fährte im unkontrollierbaren Bodenbewuchs zu verfolgen ist, ob sie sich irgendwann mit anderen Fährten vereinigt und damit dem suchenden Hund das Changieren, also das Überwechseln auf eine fremde Fährte, erleichtert.

Also heißt es, in aller Hergottfrühe draußen zu sein, um das zu Holze ziehende Wild zu beobachten, sich dabei markante Stellen zu merken, an denen es vorbeizog, etwa einen Busch, einen Einzelbaum, einen Koppelpfahl oder nur einen auffälligen Stein. In lichten, überschaubaren Altholzbeständen wird es auch stets irgendwelche Anhalte geben, die man sich einprägt oder skizziert, weil man sie nach einigen Stunden braucht, um die Arbeit des Hundes kontrollieren und gegebenenfalls korrigieren zu können. Auch glaube ich, daß die Arbeit auf der kalten Gesundfährte allen für Schweißarbeit vorgesehenen Jagdhunden gut bekommen würde. Denn diese Fährtenarbeit entspricht in ihrer Wirkung auf die Psyche des Hundes durchaus einer Rotfährte, obwohl die Wundwittrung fehlt. Aber das wichtigste Moment, die Wildwittrung, beeinflußt den Beutetrieb des Hundes. Die Schalenabsonderungen des Wildes können wir nämlich bei keiner künstlich hergestellten Fährte imitieren. Auch ist die Einarbeitung des Hundes auf der Kunstfährte, ganz gleich, ob diese mit Schweiß oder Haustierblut vorgenommen worden ist, zum überwiegenden Teil ein Dressurakt, die Arbeit des Hundes auf der kalten Gesundfährte jedoch eine Förderung, ja Veredelung seiner natürlichen Anlagen. Darum spricht man bei der Spurlautprüfung, beispielsweise beim Teckel, von einer Anlageprüfung, was sowohl für den Spurlaut als auch für die eigentliche Spurarbeit gilt. Schweißprüfungen auf Kunstfährte jedoch lassen sich nie in die Gruppe der Anlageprüfungen einbeziehen.

So nutze ich die Arbeit auf der Gesundfährte von Hochwild bei jeder Gelegenheit, gestehe aber, daß ich zumeist die Hannoveranerin dabei führe. Der Dachsbracke biete ich als würdigen Ausgleich die Hasenspur an. Dann kann sie den Hasen, wenn alles gut zusammenpaßt, eine halbe Stunde und länger brackieren und dabei Lunge und Nase stählen. Trotzdem bleibt aber auch für die Dachsbracke die Riemenarbeit das A und O der Schweißarbeit.

Wieder einmal habe ich mich hinausbegeben, um eine sicher beobachtete Fährte für die spätere Hundearbeit zu ergründen. Um mich herum liegen viele hundert Hektar Heide, ab und zu nur durchbrochen von kleineren Alteichenbeständen, Gruppen von wetterzerzausten Altkiefern und zwei in ihrer Ausdehnung etwas größeren Fichtenstangenhölzern. Weit im Hintergrund liegen die geschlossenen Forstbestände und damit auch die Hochwildeinstände. Inmitten dieses Heidegebietes thront ein alter Heidehof, der „Wulfsberg". Auch hier haben wir, wie so oft in der Heide, den Wolf in der Ortsbezeichnung.

Das Rotwild sucht in der Nacht regelmäßig die zum Wulfsberg gehörenden Äsungsflächen auf. Ich sitze also draußen und erkenne im trüben Frühlicht ein Alttier mit Schmaltier und Kalb sowie einen Bastspießer. Das Wild zieht von den Wulfsberger Flächen zurück in die Heide, rupft noch herum, zupft im Weiterschreiten an den Wacholdern und tut sich im allgemeinen ganz gemächlich. Ich bemerke, daß sich das Kahlwild eng beieinanderhält, der Hirsch dagegen Abstand hält. Also merke ich mir den Hirschwechsel, den ich mit dem Hund arbeiten will. Ich entschließe mich dazu, obwohl die Rudelfährten des Kahlwildes den Suchenden leicht auf sich ziehen könnten, und Rudelfährten sollten dem Schweißhund nie angeboten werden. Das Halten einer Einzelfährte durch dick und dünn stellt ja erst die Kunst des Fährtenhundes dar.

Hier kann sich die Hündin beweisen. Die Hirschfährte steht „allein", obwohl sie sich in unmittelbarer Nähe der anderen Wildfährten befindet und sich gelegentlich sogar mit diesen kreuzt. So beobachte ich lange Zeit das gemächlich durch die Heide bummelnde Wild. Gedächtnisstützen über den Fährtenverlauf bringe ich im Notizbuch unter.

Dann heißt es ein paar Stunden lang warten, um die Arbeitsfährte kalt werden zu lassen. Aber dieses Gebiet muß ich nachher sowieso wieder aufsuchen, weil eine Forstarbeiterkolonne in der Nähe schafft.

Leider werde ich zu Haus mit so vielen dienstlichen Dingen überhäuft, daß viele Stunden vergehen, ehe ich mich mit dem Hund zur Fährtenarbeit absetzen kann. Draußen kläre ich die Männer über mein Vorhaben auf. Der Haumeister, selbst Jäger, und einer der Unimogfahrer, inzwischen im Begriff, Jungjäger zu werden, wollen mich begleiten. Ich habe nichts dagegen, obwohl ich nicht weiß, ob die Fährtenarbeit zum Erfolg für Mann und Hund führen wird.

Ich lege die Hündin ab, benehme mich so, als hätten wir es mit ernsthafter Rotfährtenarbeit zu tun.

Das Ablegen des Jagdhundes, gleich welcher Rasse, sollte bei jeder passenden Gelegenheit geübt werden. Es bringt Ruhe in jedes Geschehen und läßt den Hund in Selbstdisziplin verharren.

Zusammen mit meinen Begleitern untersuche ich die auf dem Sandweg gut erkennbaren Fährten. Leicht ist die Hirschfährte auszumachen, sie steht ohnehin mehrere Meter neben den Wildfährten. Also kann's losgehen. Die Hundenase folgt meinem Zeigefinger, nimmt typisch die Rotwildwittrung wahr, dann noch ein Rutewedeln, und schon ist der Hundekopf zur Hälfte in der hohen Heide verschwunden. Hier allerdings lassen sich die Fährteneindrücke kaum noch wahrnehmen. Aber ich habe ja meine Erinnerung und wenn diese versagt, die Notizen. So weiß ich, zu welchem Punkt mich der Hund jetzt führen muß. Und er führt mich richtig zu einem Vogelbeerbaum.

Der Wind steht von den Wildfährten zu uns herüber. Katis Nase bleibt über der Hirschfährte. So erreichen wir den nächsten Punkt, einen Bienenzaun. (Bienenzäune sind überdachte Gerüste, in denen die Imker während der Heideblüte ihre Immenkästen oder -körbe unterbringen.) Als nächstes folgt eine Wacholdergruppe. Hier könnte die Suche zusammenbrechen wie ein Kartenhaus, denn aus meiner morgendlichen Beobachtung geht hervor, daß sich hier Hirsch- und Rudelfährte gekreuzt haben. Ich unterrichte meine Begleiter entsprechend. Die passen natürlich gründlich auf, denn ich habe ja selbst um kritische Beurteilung gebeten.

Und da scheint das Malheur auch schon zu geschehen. Kati zieht einen Kreis, dann noch einen, sucht fünf oder sechs Meter zurück, wechselt im Wenden mal von der Hirschfährte zu den weiblichen Düften und anschließend umgekehrt, kreist nochmals und nochmals und blickt dann zu mir auf, als wollte sie mich fragen, wie es nun weitergehen soll. Da ich keine Antwort geben kann, trage ich ab und greife auf die Wacholdergruppe zurück, wo noch Fährtenklarheit bestanden hatte. Und siehe, der zweite Anlauf gelingt, sicher arbeitet die Hündin jetzt den Hirsch durch die Wildfährte hindurch. Ich drehe mich um, nicke mit dem Kopf und habe das Gefühl, daß sich meine Begleiter mit mir freuen.

Der nächste Knoten folgt an einem Wasserloch, das sich aus Oberflächenwasser gebildet hat. Die Hündin schießt mittenhinein in die Gesamtrudelfährte. Ich sehe es ihr an, daß sie kopflos wird. „Das ist das Ende", denke ich. Meine Begleiter sind stehengeblieben; sie möchten weder mich noch den Hund behindern. Kati tüftelt in Bögen und Kreisen herum, findet kein Hinauskommen. So geht es fünf lange Minuten. Aber dann fädelt sie sich ein, daß es zur Lust wird. Im Grunde weiß ich immer noch nicht, ob wir endlich die Ansatzfährte zurückbekommen haben. Meine Zweifel dauern noch über zweihundert Schritt. Erst dann weiß ich, daß mich die Hündin nicht bemogelt hat.

Zufrieden trage ich sie ab. Gewiß stand auch das Glück Pate bei dieser Übungsarbeit. Aber ohne Glück geht es nicht, weder im allgemeinen Leben, noch bei der Jagd. Bei der Fährtenarbeit aber darf es sich keinen Augenblick von Jäger und Hund trennen. Vielleicht sei hier noch der Hinweis angebracht, daß die meisten unserer Schweißhunde die Hirschfährte der des Kahlwildes vorziehen.

Wie bekannt sein dürfte, wird der Hannoversche Schweißhund bei der Vorprüfung auf kalter gesunder Fährte geprüft. Darüber hinaus werden der Gehorsam, die Vorsuche, das Ablegen über eine halbe Stunde sowie die Schußfestigkeit bewertet. Ich empfinde diese Prüfung als sehr praxisgerecht und meine, daß gerade das Verhalten des Hundes auf den Schuß anläßlich jeder Jagdhundprüfung kritisch zu beobachten ist.

Daher freue ich mich besonders darüber, daß der ausgezeichneten Prüfungsordnung für Jagdteckel nunmehr auch die Schußfestigkeitsbeurteilung einverleibt worden ist. Ich bin deshalb darüber so froh, weil ich weiß, zu welch wichtigem Jagdgehilfen gerade der Teckel werden kann, wenn er aus der entsprechenden Leistungszucht stammt und mit den notwendigen jagdlichen Anlagen ausgestattet ist.

Die Wesensfestigkeit unserer Jagdhunde ist mir seit jeher wichtiges Anliegen. Ich weiß zwar sehr wohl, daß das Vorhandensein von Schußscheue oder auch nur Schußempfindlichkeit nur einen Bruchteil der jagdhundlichen Wesensschwächen anzeigt. Ich weiß aber auch, daß irgendwo angefangen werden muß und danke daher den Verantwortlichen für die Durchsetzung der Schußfestigkeitsbewertung, die noch rechtzeitig eine immense Verbesserung des Prüfungswesens einleitet. Denn jeder Jäger, der sich mit kynologischen Themen beschäftigt, weiß, daß gerade in der Teckelzucht viel mehr jagdlicher Nachwuchs produziert wird als später benötigt wird. Das ist an sich gut, aber auch selten bei Jagdhundrassen, die sowohl der Leistungs- als auch der Schönheitszucht dienen. Allerdings müßten noch Mittel gefunden werden, die es dem Jäger erleichtern, einen guten Jagdteckel zu finden.

Ähnlich oder noch gravierender liegen die Verhältnisse beim Spaniel. Ich weiß nicht, wie groß oder wie klein die Zuchtbasis beim Jagdspaniel ist, vermute aber, daß sie sehr eng geworden ist. Dabei verdient dieser nicht nur schöne, sondern auch für viele Arbeiten in Wald und Busch geschaffene Stöberhund, daß ihm züchterisch mehr Aufmerksamkeit entgegengebracht wird. Denn von all den vielen Spaniels, auch denen in Jägerhänden, ist doch nur ein kleiner Prozentsatz jagdlich ohne Einschränkungen brauchbar. Wie viele Jäger aber machen sich schon darüber Gedanken? Mit dieser Gedankenlosigkeit aber beginnt das jagliche Dilemma. Nicht nur, daß der Erwerber eines nicht allein für die Jagd gezüchteten Hundes betrogen wird. Aus dem Betrug erwächst eine Lawine weiterer Unrechtsmäßigkeiten. Denn Hunde, die für die Jagd angeschafft worden sind, werden auch bei der Jagdarbeit eingesetzt. Hier aber müssen jagdtaube Hunde versagen, bestenfalls vollbringen sie Halbheiten, landen schließlich auf Nimmerwiedersehen im Zwinger oder im Wohnzimmer und blamieren ihre Rasse, die doch einstmals für die Jagd geschaffen wurde. Hier gibt es noch viel zu tun.

Mit Beginn der Bockjagd ergeben sich vielfältige Arbeiten für die Dachsbracke. Bereits am ersten Bockjagdtag beschoß am Abend ein Jäger aus der Nachbarschaft einen Bock, der ohne zu zeichnen absprang. Da es noch hell genug war, untersuchte der Schütze sofort den Anschuß und fand zu seinem Schrecken Knochensplitter. Eingedenk einer bestehenden, wenn auch umstrittenen Lehrmeinung, wonach bei Laufschüssen sofort mit schnellen Hunden die Nachsuche aufgenommen werden soll, holte der Jäger seinen Vorstehhund aus dem Wagen und ließ ihn vom Anschuß her frei suchen. Der Hund verschwand auch bald in Fluchtrichtung des Bockes. Nach etwa einer Viertelstunde wurde er laut und hetzte, in Abständen Laut gebend, eine weitere Viertelstunde. Darüber wurde es dunkel. Als der Schütze den Hund nicht mehr vernahm, sich auch scheute, in die Nacht hinein einer ungewissen Hetze zu folgen, begab er sich zu seinem Wagen und wartete eine weitere Stunde, bis sich sein Hund völlig abgehetzt bei ihm einfand. Noch am späten Abend wurde ich für den folgenden Tag zur Nachsuche auf diesen Bock gebeten, erhielt dabei auch eine korrekte Information über das bisher Unternommene und war erfreut über soviel Ehrlichkeit. Denn manchmal gehören kleine Mogeleien zum Bericht über eine mißlungene Nachsuche.

Da für mich der nächste Tag überreichlich mit dienstlichen Terminen ausgefüllt war, fand ich mich, um Zeit zu gewinnen, schon sehr früh am Anschuß ein. Hier bestätigte sich der Bericht des Schützen. Vorderlaufschuß! Lange hielt ich mich nicht auf, sondern gab Grandel den ganzen Riemen. Hier muß ich einflechten, daß meine Dachsbracke eine ganz eifersüchtige und mitunter auch störrische Dame ist. Wenn also vor ihr bereits ein anderer Hund seine Düfte auf einer Rotfährte hinterließ, dann arbeitet sie prompt erst einmal die Hundespur eine längere Strecke aus, ehe sie sich auf ihre Arbeitsfährte begibt.

Aber da ich das wußte, wunderte und ärgerte ich mich auch jetzt nicht über ihr Verhalten. Nach einer Zeit gab sie dieses Spiel auf und kam nun zur Sache.

Es folgte eine lange Suche, die so ziemlich alles enthielt, was eine Wundfährtenarbeit in sich haben kann. Nirgendwo fanden wir ein Wundbett, und längst war aller Schweiß so gut wie versiegt. Viel Zeit verloren wir immer wieder damit, auf irgendein einsames Schweißtröpfchen zurückgreifen zu müssen. Nachher erhielten wir jedoch die Bestätigung, daß die Hündin die Rotfährte nicht verloren hatte.

Irgendwann sagte ich zu dem nachfolgenden Schützen: „Es ist wahrscheinlich, daß wir den Bock nicht bekommen." Wann sage ich schon solche Worte! Aber ich sah hier kein Ende, wußte auch, daß Laufschüsse manchmal trotz aller Mühen und allen ernsten Einsatzes von Mann und Hund eine unlösbare Aufgabe bilden.

Hätte ich doch nicht so voreilig resigniert! In einem Kiefernjungwuchs klang plötzlich vor mir ein Hundejuchzer auf, der durch Mark und Bein ging. Dann rappelte es. Ich schnallte die Hündin, die ihre Freiheit kaum noch erwarten konnte.

Grandel war giftig laut geworden. Ihr Fährtenlaut ließ nichts zu wünschen übrig. Ich genoß diese Musik mit offenen Sinnen.

„Wir müssen laufen", sagte ich zu dem ganz aus dem Häuschen geratenen Schützen. Und dann rannten wir los wie junge, talentierte Sprinter. Das halbe Jahrhundert, das wir beide mit uns herumschleppten, belastete uns kaum. Und ich war sicher, daß in unseren Augen das Feuer von Zwanzigjährigen brannte.

Wir rannten, brachen wie schweres Wild durch das Dickicht. Weit, weit vor uns jubilierte und rief Grandel.

Aus reinem Jux schrie ich: „Den haben wir bereits im Rucksack!" Aber meine Forschheit ging schnell in Schweigen über. Die Hündin gab Standlaut! „Nichts wie ran!" Das Herz schlug im Hals und in den Ohren zugleich.

Doch dann wurde es still im Wald, der Hals des Hundes war verstummt. Jetzt wieder Hetzlaut! Aber dann schien die Stille endgültig zu sein. Grandel tat keinen Muckser mehr.

Und eine kleine Angst stieg auf in dem geschundenen und geplagten Schweißhundmann. Zwar konnte ich mir nicht vorstellen, daß die sonst so sichere Hündin während der Hatz von der warmen Fährte abgekommen war, konnte mir auch nicht denken, daß sie den vermutlich noch sehr flüchtigen Bock gefangen und niedergezogen hatte. Doch da weder mein Begleiter noch ich wußten, was jetzt zu tun war, schlenderten wir durch die Gegend und hielten dabei unsere Augen und Ohren offen. So gelangten wir an ein Gestellkreuz und waren noch unschlüssig, in welche Richtung wir uns wenden sollten. Da schrie mein Nebenmann ganz aufgeregt: „Da ist doch der Hundelaut!" Jetzt hörte ich ihn auch. Eigenartig hörte er sich an, eine Mischung aus Hetz- und Standlaut. Und wieder rannten wir, daß der Atem flog und standen schließlich vor dem Gatterzaun einer Douglasienpflanzung. Zwar fanden wir nicht das mit Sicherheit vorhandene „Loch im Draht", durch das Bock und Hund durchgeschlüpft waren. Aber darüber hinweg ging's auch.

Als ich vor dem stellenden und fassenden Hund den Fangschuß anbrachte, fiel eine Zentnerlast von mir ab. Ich schickte mich an, in dem Douglasreinbestand einen ganz „ungerechten" Bruch zu brechen, entdeckte dann aber doch noch ein Anflugkieferchen, dem ich ein Ästlein klaute. So blieb ich um eine kleine jagdliche Sünde leichter.

Während des Aufbrechens grübelten der Schütze und ich über die lange, stumme Pause nach, die uns der Hund während der Hatz bescherte. Eine plausible Erklärung fanden wir nicht, konnten höchstens annehmen, daß der Bock in seiner Not den Kulturzaun überfallen hatte und den Hund dadurch aussperrte und von der Fährte brachte. Danach suchte sich Grandel den passenden Durchschlupf, den sie erst nach längerem Suchen fand. Denn fährten- und spurlaute Hunde unterbrechen ja ihren Laut, wenn sie von der Wittrungslinie des Wildes, aus welchen Gründen auch immer, abgekommen sind, setzen die Musik aber gleich fort, wenn sie erneut gefunden haben.

Nachher rechnete ich mir aus, daß die Riemenarbeit zusammen mit der Hetze etwa drei Kilometer betragen haben durfte. Zwar kommt es gelegentlich zu längeren Suchen, aber drei Kilometer stellen doch eine ansehnliche Länge dar, wenn man die Strecke hinterher in Gedanken nochmals abgeht. Ja, dreihundert oder vierhundert Meter Fährtenlänge können schon recht schwierige Suchen ergeben, zumal sich diese Arbeiten im Regelfall in Jungwüchsen, Dickungen und anderer Deckung vollziehen, wobei frische Verleitfährten meist noch dazukommen.

Angesichts der eben geschilderten Nachsuche könnte ein Schweißhundführer leicht zu ungereimten Vorwürfen gegen den gelangen, dessen unfertiger Hund nicht nur ohne Erfolg geblieben ist, sondern die spätere Nachsuche erst recht erschwerte. Doch das wäre zu leicht. Schließlich will jeder Jäger seinen Hund einsetzen und durch Übung zu einem Schweißarbeiter heranbilden. Dieses Bestreben sollte anerkannt werden. Allerdings meine ich auch, daß der Jäger nur bei offensichtlich leicht erscheinenden Suchen seinen in der Schweißarbeit noch nicht absolut firmen

Hund an den Anschuß und auf die Fährte bringen sollte. Dabei bleibt immer noch die Frage offen, ob der „Durchschnittsjagdhund", der also nicht in erster Linie für die Rotfährtenarbeit gehalten wird, jemals auf der Wundfährte zu einiger Vollkommenheit gelangt. Denn fast ist es unmöglich, auf der Grundlage der in einem Durchschnittsrevier anfallenden Krankfährten einen wirklich sicheren Schweißhund heranzubilden. Es sei denn, man arbeitet mit ihm immer wieder die kalte gesunde Hochwildfährte, legt für ihn in zeitlich nicht zu großen Abständen mit Wildschweiß oder Aufbruchteilen von Mal zu Mal schwieriger werdende Kunstfährten und sucht den angekröpelten Hasen nach Hochwildart am Riemen nach. Durch diese Maßnahmen mag der Hund eine gewisse Reife erhalten. Aber im Hochwildrevier und dazu noch bei Schüssen, die bereits am Anschuß Schwierigkeiten vermuten lassen, sollte der Jäger jeden falschen Ehrgeiz daheim lassen und sofort den nächstbekannten Schweißhund herbeibitten.

7
Spätsommer — Feistzeit

Es ist August. Die Wanderimker haben ihre Bienenkästen und Körbe in die Heide gebracht. Noch einmal facht der Sommer seine ganze Glut an, läßt reifen und leitet die Ernte ein.

Der August ist der Monat des Feisthirsches, des mit Sagen und Legenden ausgestatteten Heimlichtuers. Streiten wir uns nicht darüber, was Wahrheit und was Dichtung ist, nicht darüber, ob die Unzuverlässigkeit des Feisthirsches in seinen besonders wachen Sinnen oder lediglich in seiner Trägheit zu suchen ist. Es genügt zu wissen, daß er überall und nirgends umhergeistert, daß er den Jäger vom grauen Morgen an bis hinein in die Nacht narrt, und daß ihm auf erlernte Weise nicht beizukommen ist. Doch muß sich der Jäger Zeit lassen können. Anfang August sind längst noch nicht alle Geweihe blank, höchstens die alten und reifen; die jungen haben es nicht so eilig, und die mittelalten sind noch ohne Politur. Ab Mitte des Monats kann sich der Jäger regen und blamiert sich nicht mit einer unfertigen Trophäe.

Im Nachbarkreis beschoß ein mir unbekannter Jäger während der auslaufenden Hochsommertage einen im reifen Hafer stehenden mittelalten Hirsch. Nach dem Schuß flüchtete das Wild, scheinbar gesund, und wechselte, vom Jäger beobachtet, in eine Kieferndickung ein. Da es bald finster wurde, unternahm der Schütze nichts mehr, schickte aber am anderen Morgen seinen Jagdaufseher hinaus, der nach entsprechender Erklärung den Anschuß oder gar die Wundfährte suchen sollte. Doch er fand weder das eine noch das andere, ließ daher seinen Hund am Feldrand vorsuchen. Hier nahm der Hund eine Fährte auf und folgte ihr, freiverloren suchend, in die angrenzende Dickung. Danach blieb der Hund sehr lange fort. Als er sich wieder bei seinem Führer einfand, wurde die Nachsuche abgebrochen, in dem Glauben, der Hirsch sei vorbeigeschossen.

Auf Umwegen wurde ich verständigt und um eine Kontrollsuche gebeten. Weil es gerade paßte, nahm ich die Dachsbracke ins Auto und fuhr hin.

Diesmal war der Schütze mit von der Partie und konnte mich ungefähr am Anschuß einweisen. Den Rest machte Grandel. Sie fand hoch an den Halmen abgestreiften Schweiß. Doch die Sonne hatte ihn inzwischen ausgetrocknet, und ich wagte nicht, ihn näher zu bestimmen. Die Hündin führte mich durch das Haferfeld. Ich erkannte noch ein paar Schweißspritzer an den Halmen und bald standen wir am Dickungsrand. Da ich hier keine Zeichen fand, folgte ich dem Hunde ins Holz. Wie mir der Jagdaufseher bestätigte, hatte er die gleiche Fährte zuvor mit seinem Hunde gearbeitet. Nachdem wir etwa hundert Meter zurückgelegt hatten, meldete sich meine Nase. Ich roch Rotwild.

Das war keine Einbildung. Tatsächlich rieche ich oft das Rotwild, wenn es nicht zu weit ist, auch außerhalb der Brunft.

Die Nase behielt recht; noch ein kurzes Stück, und wir standen vor dem durch Pansenschuß verendeten Hirsch.

Die Gesamtlänge der Suche betrug kaum zweihundert Schritt. Aber nun kam die Hauptsache: In Büscheln um den Hirsch herum lag ausgerupftes Haar. Von Raubzeug oder Raubwild oder gar von Sauen konnte dieses Rupfhaar nicht stammen. Dann wäre der Hirsch auch angeschnitten worden. So blieb keine andere Erklärung, als die, daß der Hund des Jagdaufsehers den Hirsch am Morgen bereits gefunden und an ihm herumgezupft hatte, ehe er zu seinem Führer zurückkehrte.

Später unterbreitete ich dem Jagdaufseher meine Vermutung, die er mit mir teilte. Kritiklos und gleichsam als Hilfe gab ich ihm den Rat, künftig nur mit dem Hund am Riemen nachzusuchen. Schon wenige Wochen nach dem Gespräch hörte ich, daß mit dem gleichen Vorstehhund eine kranke Sau nach längerer Riemenarbeit zur Strecke gekommen sei. Die Freude darüber war auch auf meiner Seite.

Wenn schon mit entsprechend veranlagten Hunden und erfahrenen Führern durch Freiverlorensuche eine Rotfährte gearbeitet wird, dann müßte der Hund mindestens zum Totverbeller oder Verweiser ausgebildet sein, um den Jäger auch an das Stück heranzurufen oder heranzuholen. Mit dieser Empfehlung rede ich keineswegs der riemenlosen Rotfährtenarbeit das Wort. Doch wenn schon mit freiem Hunde nachgesucht wird, dann muß gewährleistet sein, daß das Stück nicht nur vom Hunde, sondern auch vom Jäger gefunden wird.

Heutzutage mehren sich bedenklich die Berichte über ständig wachsende Wildschäden. Ob wahr oder weniger wahr, am Ende steht meistens die Forderung nach Verringerung der Wildbestände, vor allem des Rotwildes. Oft gibt man diesen Auslassungen sogar wissenschaftlichen Charakter und setzt ihre Glaubwürdigkeit dadurch gewissermaßen als selbstverständlich schon voraus.

Die ausgegebene Parole lautet aber nicht nur „Kampf dem Wild", sondern auch „Kampf dem Jäger". Fast scheint es, als würden selbst Teile der Forstleute von diesen Aggressionen ergriffen.

Zwar läßt sich nicht verhehlen, daß mancherorts das Rotwild eine Dichte erreicht hat, die sich nicht mehr mit den Belangen der Land- und Forstwirtschaft in Einklang bringen läßt. Dennoch muß man sich, wenn Klagelieder über eine bestimmte Wildart erklingen, genau umschauen. Und bei Licht besehen, werden dann interessante Feststellungen getroffen. Etwa die, daß gerade diejenigen Forstwirte eine Rotwildverdrängung bis an die Grenzen der Wildvernichtung fordern, die das schlechteste waldbauliche Fingerspitzengefühl besitzen und mit ihrem Tun Wildschäden geradezu herausfordern. Umgekehrt besitzt das Rotwild in jenen Wäldern eine gesunde Heimstätte, die von Wirtschaftern geführt werden, die mit Sachverstand und fast künstlerischem Einfühlungsvermögen ihren Waldbau betreiben.

Es gibt ungezählte begabte Forstleute, die ihre Wirtschaftswälder so aufzubauen verstehen, daß auch Wildwohnungen zustande gebracht werden. Hier gibt es auch keinen Platz für Emotionen, an deren Ende die Vernichtung oder Verdrängung eines vermeintlichen oder tatsächlichen Störenfrieds steht.

Wir leben in einer überbevölkerten Welt. Diese Welt wurde besonders durch das Kraftfahrzeug ziemlich verändert. Der Mensch ist befähigt, mit Hilfe seines Autos in kurzer Zeit größere Strecken mühelos zu überwinden. Die Fahrt ins Grüne ist für den Städter kein Problem mehr. Mit dieser Problemlosigkeit wächst aber auch der Naturhunger des Menschen, doch in gleicher Weise auch die Störung, nicht selten auch die Zerstörung der Natur. Es bleibt daher nicht aus, daß auch der Jäger mehr als ihm zuzumuten ist, von Naturfreunden — meist durch Gedankenlosigkeit — bei der Jagd und der Erfüllung seiner Aufgaben gestört wird.

Der so gestörte Jäger wird ärgerlich, und mancher von ihnen setzt Gegenmittel ein, die nicht gutgeheißen werden können. Es kommt zu Auftritten, die am Ende meist dem Jäger schaden.

Jäger zu sein, bedeutet keine Auszeichnung. Es bedeutet höchstens, ein Glied zu sein in der Kette der vielen licht- und lufthungrigen Menschen. Es heißt darum auch, sich den veränderten Verhältnissen anzupassen und den Ärger hinunterzuschlucken, wenn die eigene stille Stunde von anderen gestört wird.

Seien wir alle um der Wildbahn willen dankbar, daß sich unser Jagen noch innerhalb eines Reviersystems vollzieht. Vom Verhalten des Jägers wird es vielleicht abhängen, ob dieses System erhalten bleiben kann.

Die Aufgaben, aber auch die Einsichten des Jägers nehmen neue Formen an, und es lohnt, sich darüber Gedanken zu machen, daß die sogenannte Pachtfähigkeit fast nicht mehr genügt, um ein Jagdrevier im Sinne der heutigen Anforderungen erfolgreich unterhalten zu können.

Die jagdlichen Sitten und Gebräuche bedingen eine im Grunde konservative Einstellung des Jägers. Diese Art von Denken aber darf nicht verhindern, daß sich der Jäger in seiner jagdlichen und biologischen Bildung weiterentwickelt. Es ist schon schlimm, wenn ein Jäger die Fichte mit Tanne bezeichnet, wenn er die Saatkrähe nicht von der Rabenkrähe unterscheiden kann oder den Eichhornkobel mit einem Greifvogelhorst verwechselt. Auch wird eine Bildungslücke offenbar, wenn ein Jäger nicht weiß, über welchem Grundgestein sein Revier liegt, in welcher Tiefe das Grundwasser ansteht und wie hoch sich die in einem Jahr fallenden Niederschläge bemessen. Zwar ist es kein Drama, wenn der Jäger in diesen Dingen irrt, aber wenn er es weiß, wird er stets der bessere Partner des nichtjagenden Fragestellers sein.

Das Wissen des Jägers muß vollkommener werden, wenn er in unserer mit Kontroversen überladenen Zeit bestehen will. Er soll sich der kleinen Mühe unterziehen, den Lehrer mit seiner Klasse ins Jagdrevier einzuladen, um die Kinder in die vielfältigen Wunder der Natur einzuführen. Solche mit dem Herzen gegebene und von den Herzen aufgenommene Exkursion bringt der Jagd mehr Zins als fragwürdige Zuwendungen an den Gemeindesäckel oder Geschenke für den Jagdvorstand. Mit Geld kann man zwar sehr viel, aber zum Glück nicht alles erreichen.

Da ist auch noch das Problem der jungen Jäger, das schon auftritt, wenn sie nach bestandenem Jagdexamen keine Weiterbildungsmöglichkeit erhalten. Der in geregelten jagdlichen Verhältnissen lebende Jäger sollte sich verpflichtet fühlen, den jungen Leuten bei den ersten Schritten in die jagdliche Praxis Stütze zu sein. Es wird immer von Dingen geredet, mit denen der Revierinhaber nicht fertig wird, etwa von der Kaninchenplage, der Raubzeugpest, der Schwierigkeit oder gar Unmöglichkeit, den Fuchs kurzzuhalten oder Fallen aufzustellen. Ein wenig Nachdenken hilft weiter. Bei der Jagd verhält es sich wie bei allem anderen menschlichen Tun: Der ärgste Schaden entsteht fast immer durch die Trägheit der Gedanken.

In einem entfernt gelegenen Revier wurde auf einem Wildacker ein Damhirsch beschossen, der nach dem Schuß ohne zu zeichnen in der Düsternis des angrenzenden Holzes verschwand.

Als Kati und ich am folgenden Tage auf dem Wildacker standen, um den Anschuß zu suchen, gab es nichts mehr zu finden. Denn in der Nacht hatten Sauen den Wildacker heimgesucht und auf weiten Flächen umgestülpt, leider auch da, wo der Anschuß sein sollte.

In solchen Lagen überkommt den Schweißhundführer eine ziemliche Ratlosigkeit, ja Hilflosigkeit. Denn Pürschzeichen, deren Bestimmung und danach die entsprechende Einstellung auf die vorliegende Arbeit sind mitentscheidend für den Erfolg einer Nachsuche.

Um überhaupt einen Ausgangspunkt zu finden, ließ ich die Hündin kreuz und quer über den Wildacker suchen. Zwar zeigte sich die Hündin an vielen Punkten interessiert, aber trotz angestrengten Suchens war nichts zu entdecken. Verständnis hatte ich dafür, daß die Hundenase von der überall herumliegenden Sauwitterung beeindruckt wurde. Ich bemerkte auch, daß Kati immer wieder nach ihren Abschweifungen an ein und dieselbe Stelle innerhalb des umgebrochenen Bodens zurückfand und dort mit hörbar schnarrenden Nasenflügeln etwas Unsichtbares verwies. Erst sehr spät bemerkte ich, daß die Hündin von diesem Punkte aus eine imaginäre Fährte aufnahm und weiterzubringen versuchte. Ich folgte, obwohl ich mir davon noch nichts versprach. Dabei gelangten wir schließlich in den anliegenden Waldbestand, in dem noch Sturmholz haufenweise unaufgearbeitet herumlag. Kati zeigte sich hier derart zuversichtlich, daß ich glaubte, bald ein Pürschzeichen zu finden. Doch es verging Minute um Minute, ohne daß sich ein Zeichen finden ließ. Wenn ich nur gewußt hätte, ob der Damhirsch die Kugel überhaupt erhalten hatte! In wachsender Ungewißheit blieb ich hinter dem Hunde, kroch unter den Fallhölzern durch oder kletterte über sie hinweg. Dabei dachte ich, daß ein Wild, das so schwierige Wege nimmt, niemals krank sein konnte.

Darum trug ich die Hündin ab. Nicht um aufzugeben, sondern durch Vorsuche um den Wildacker herum vielleicht den „wirklichen" Einwechsel ins Holz zu finden. Also suchten wir hübsch den Rand des Ackers ab. Aber so wie ich es mir vorstellte, wollte es nicht klappen. Vielmehr schlich sich die Hündin wiederum auf die eben gearbeitete Fährte zurück, führte mich schnurstracks ins Sturmholz hinein, ließ mich unten durch und drüber weg kriechen und klettern und tat dabei so siegesgewiß, als läge die Fährte voller Schweiß und Krankwitterung.

Nachdem ich aber auf diesem Trimmdichpfad auch gar nichts, was nach Rotfährte aussah, entdecken konnte, trug ich zum zweiten Male ab, ließ die Hündin nochmals über den Wildacker schnuppern, hoffte, daß sie nicht wieder dieser vermaledeiten und falschen Fährte nachhing und dirigierte sie aus dem Hinterhalt mit List und Tücke. Doch ich blieb der Unterlegene. Nochmals hing sich Kati an die unkontrollierbare Fährte, die irgendwann im Niemandsland enden mußte. So dachte ich bei mir und kroch wieder unten durch und kletterte drüber hinweg, keuchte und schwitzte, stellte aber dennoch mit Genugtuung fest, daß sich die Hündin genau an die zuvor gearbeitete Fährte hielt. Aber so recht froh wurde ich dabei nicht. Denn eine kranke Fährte weist sich doch irgendwie aus, wenn auch nur durch ein winziges, unscheinbares Zeichen.

In dieser hoffnungslosen Lage hielt ich an, ließ die Hündin ablegen und steckte mir die Pfeife an. Meist qualme ich, wenn ich etwas zu überdenken habe. Aber hier half kein Nachdenken weiter, darum spielte ich mit dem Gedanken, nochmals abzutragen. Und die Häher um mich herum schimpften und kreischten.

Viel zu spät bemerkte ich, daß die Hündin mit hoher Nase in das Vorland hineinwindete. Der Wind stand direkt auf uns zu. Langsam, aber darum nicht weniger elektrisierend, fiel bei mir der Groschen. Schnell war die Pfeife in der Tasche verstaut, und noch schneller brachte ich die Hündin wieder auf die Läufe. Unter dem Anzug stieg ein gutes Gefühl in mir hoch. Der Riemen wurde freigegeben, und weit vor mir schlüpfte der Hundeleib durch tiefhängendes Geäst, bis es hell vor mir aufleuchtete. Die Bauchseite des Hirsches!

Ich weiß nicht mehr, wie lange ich neben dem Hirsch gesessen habe, weiß auch nichts mehr von den Gefühlen, die mich dabei überkamen. Aber eines weiß ich: Ich habe ein langes stummes Gespräch mit meinem Hunde gehalten und ihm Abbitte geleistet.

Der Hirsch hatte einen Steckschuß im kleinen Gescheide. An seiner Decke war kein Tröpfchen Schweiß zu erkennen.

Es mag eigenartig anmuten, daß ich immer nur Hündinnen führte und bis heute führe. Eine exakte Erklärung dafür kann ich nicht abgeben. Höchstens die, daß ich insgeheim immer Zuchtgedanken hege. Auch erscheint mir eine Hündin zugänglicher, leichter zu führen und anhänglicher. Allerdings glaube ich, daß bei gleicher Veranlagung ein Rüde draufgängerischer und beherzter sein kann als die Hündin.

In der folgenden Zeit hatte ich einige schöne Nachsucheerlebnisse mit der Dachsbracke. Sie fand einen Hirsch mit Pansenschuß nachdem sich zuvor auf der Wundfährte bereits ein Wachtel und ein Drahthaar bemüht hatten. Dann hetzte sie einen Rotspießer mit Keulenschuß zu Stande, dessen Spieße allerdings viel zu lang waren, um bei einer späteren Trophäenschau bestehen zu können. Am Ende der Brunft fand sie einen älteren Achter, der als gefehlt betrachtet worden war und durch puren Zufall nicht verluderte. Die Umstände erscheinen mir berichtenswert:

Gewiß ist es manchmal schwer, einen Brunfthirsch nachzusuchen, der während der Schußabgabe inmitten seines Rudels steht und dann mit dem Rudel zusammen fortflüchtet. So war es auch diesmal. Nach dem Schuß entstand im Rudel die übliche Verwirrung, aber Hirsch und Kahlwild blieben zusammen und setzten sich schließlich gemeinsam in Bewegung. Im Troll entschwanden sie.

Sowohl der Schütze als auch der begleitende Revierjäger hatten keine Schußzeichen beobachtet und waren sich einig, daß der Hirsch gefehlt sei. Da es früher Morgen war, eine Störung des Wildes also nicht so ernst zu nehmen war wie bei Dunkelheit, wurde der Anschuß sofort gründlich untersucht und auch die Fluchtfährten ausgegangen. Damit beschäftigte man sich wohl eine Stunde lang, fuhr dann beruhigt nach Hause und hoffte zuversichtlich, den standorttreuen Hirsch am Abend strecken zu können.

Was dann kam, war reiner Zufall. Am Vormittag traf ich an einer Tankstelle mit dem Schützen zusammen. Er erzählte mir von dem vermeintlichen Fehlschuß. Ich war in Eile und hörte nur mit halbem Ohr zu. Als ich losfahren wollte, begleitete mich der Erzähler zu meinem Wagen. Drinnen entdeckte er meine Dachsbracke. Seine Frage, ob ich ein wenig Zeit hätte, konnte ich nicht bejahen. Ich hatte wirklich keine Zeit. Dennoch schlug ich ihm seine Bitte um eine Kontrollsuche nicht ab und überrechnete schnell die mir zur Verfügung stehende Zeit: Je eine Viertelstunde Hin- und Rückfahrt, höchstens eine halbe Stunde Anschußuntersuchung und Kontrollsuche. Diese Stunde wollte ich abschreiben.

Auch Grandel zeigte am Anschuß überhaupt nichts. Langsam ließ ich sie in den Fluchtfährten suchen. Ein vor uns liegendes Fichtenaltholz mit viel bauchhoher Naturverjüngung wollten wir noch durchsuchen und dann die Kontrolle beenden.

Hier aber geschah es: An einem der voll bemantelten Bäumchen zeigte Grandel abgestreiften Schweiß. Ich sah ihn zuerst und erhielt einen kleinen Schock. Als ich „na, so was" sagte, war auch der Schütze heran und sekundierte: „Diese Schweinerei!" Wir hatten beide ein ungutes Gefühl. Ein Gewehr hatte ich nicht bei mir und bat daher meinen Begleiter, seines zu laden. Grandel zog derweil leichtfüßig durch den Fichtenjungwuchs, verwies zwar keinen weiteren Schweiß mehr, aber wir wußten ja auch so Bescheid. Alles Weitere ist schnell erzählt. In dem unübersichtlichen Fichtenanflug lag der Hirsch mit hohem Pansenschuß und längst verendet. Das Achtergeweih war stark und fast ausgereift. Wenn man bedenkt, daß der Hirsch um ein Haar verloren gewesen wäre!

Gemeinsam mit dem stummen und sehr nachdenklich gewordenen Jäger brach ich den Hirsch auf. Diese Nachsuche ging uns beiden nahe.

8
Ein hochkapitaler Hirsch und klagendes Schwarzwild

Die Laubwälder färben sich bunt. Pessimisten sprechen dann vom Sterben und Vergehen. Aber so leicht stirbt es sich nicht. Und selten macht der Tod für sich eine so schöne Propaganda, wie sie das Buntlaub zu bieten hat. Der Tod kommt meist so überraschend, daß keine Zeit mehr bleibt, sich mit ihm auseinanderzusetzen. Das ist nicht nur so bei Tier und Pflanze, es ist meist auch so bei den Menschen. Daß er kommt, weiß jeder. Wie er kommt, weiß niemand. Welches Glück und welches Leid zugleich. Aber bange machen gilt nicht. Der Tod kommt nicht als Knochengerippe mit dem Sensenbaum. Er kommt in vielfältiger Gestalt. Jäger und Förster dürften den Tod nicht überbewerten. Denn sie leben ja mit ihm gleichsam unter einem Dach. Und niemand empfindet seine andauernde Anwesenheit als unerträglich.

Am Vorabend eines sturm- und regenschwangeren Novembertages wurde ein hochjagdbarer Hirsch im Landkreis Lüneburg beschossen und flüchtete nach sichtbarem Zeichnen. Da sowohl der Schütze als auch ein Bekannter an eine kurze Totsuche glaubten, suchte man noch im letzten Licht mit einem schweißtüchtigen Vorstehhund nach, brach aber vernünftigerweise ab, als man den Hirsch nach längerer Suche nicht fand. Am nächsten Morgen wurde die Fährtenarbeit fortgesetzt, aber erneut abgebrochen, als der Hund ins Leere stieß. Kurz danach wurde ich angerufen, war aber draußen im Dienst. Also wandte man sich an den Kollegen Rassow, den vielfach erprobten und erfolgreichen Schweißhundführer. Aber der war auch nicht zu haben, hing derweil irgendwo in der weiten Heide einer kranken Sau nach.

Um die Mittagszeit war ich wieder im Hause, rief gleich beim Schützen an und setzte mich danach in Richtung Anschuß in Marsch. Das Wetter war scheußlich, der Wagen schlingerte durch die Sturmböen, und die Scheibenwischer kamen nicht gegen den peitschenden Regen auf. Das versprach eine Nachsuche zu werden, die sich im wahrsten Sinne des Wortes gewaschen hatte.

Als ich vor dem Jagdhaus eintraf, erwartete mich der Jagdaufseher „honoris causa", ein alter Bekannter von mir — früherer Hofbesitzer aus Posen —, der sowohl bei der Schußabgabe als auch während der vorangegangenen Nachsuche dabeigewesen war.

Während wir uns unterhielten, kam Kollege Rassow mit seiner „Amsel vom Sinntal" vorgefahren. Stundenlang hatte er der erwähnten Sau nachgegangen, dann aber aufgegeben, weil das Wild nach allen Anzeichen nur einen leichten Wildbretschuß hatte.

Sowohl Rassow als auch ich schoben uns nun gegenseitig die vorliegende Arbeit zu. Ein jeder gönnte dem anderen den möglichen Erfolg, handelte es sich doch um einen hochkapitalen Hirsch, dessen Finden immer einen Höhepunkt im Leben eines Schweißhundführers darstellt. Am Ende fiel durch Rassows Zutun das „Los" auf mich, weil, wie er meinte, ich zuerst zur Stelle gewesen sei und auch eine viel längere Anfahrt gehabt hätte. Er wünschte mir „Waidmannsheil" und setzte sich mit „Amsel" ab.

Schließlich fanden sich auch der Schütze und zwei weitere Jäger ein. Ich mahnte zur Eile, denn ein Novembernachmittag ist, noch dazu bei so scheußlichem Wetter, schnell vertan und erlaubt kein zeitraubendes Kolloquium.

Neben Kati hatte ich auch noch Grandel mitgenommen; im Falle einer Hetze versprach ich mir von der alterfahrenen Dachsbracke einen schnelleren Erfolg. Allen Schweiß hatte der Regen gründlich fortgewaschen. Ich fand nur ein winziges Stückchen Decke mit kurzem Haar und glaubte an einen hoch sitzenden Brustkernschuß.

Für die Fährtenarbeit hatte ich Kati ausersehen. Sie arbeitete sehr genau, mit einer Ruhe und Intensität, die beeindruckten. Grandel wurde von meinem Bekannten nachgeführt.

Über eine lange Strecke wurde die Suche zu einem „Blindflug". Wir fanden nicht das geringste Zeichen. Dennoch war ich überzeugt, daß die Hündin die Krankfährte hielt. So gelangten wir irgendwann an einen Laubholzbestand, bestehend aus Eiche und Buche. Und hier, auf dem frischen Fallaub, zeigte Kati ersten total verwaschenen Schweiß. Ich sagte zu meinen Begleitern: „Schweiß", glaube aber, daß es eher nach einem Aufschrei geklungen haben mag.

Der Schweiß blieb nicht, dafür aber die Zuversicht. An der Reviergrenze gab es kein Halt. In weiser Vorausschau hatte der Schütze auch den Nachbarn informiert und für alle Fälle um Wildfolge gebeten.

Wir durchquerten mehrere Kiefernstangenhölzer und schliefen schließlich in eine Badewanne hinein, dargestellt durch einen übermannshohen
Kiefernjungwuchs. Ich empfinde es jetzt noch nach, wie mir eine innere
Stimme „Aufgepaßt" zurief. Darum paßte ich auf, nahm den Riemen
kürzer und war dann gar nicht mehr überrascht, als der Hirsch wie
ein Spuk vor dem Hunde aufstand und polternd flüchtete. Ganz unnötig
erschien es mir, jetzt noch bis zum Wundbett zu arbeiten. Ich sah das mas-
sige Geweih, ich wußte, daß wir auf der richtigen Fährte waren, denn
nichts in der Welt hätte einen gesunden Hirsch veranlassen können, den
Hund so lange auszuhalten. Er wäre viel früher aufgestanden.

Einige Sekunden lang überlegte ich, ob ich Kati schnallen sollte. Doch
ich wollte mit der noch jungen Hündin nichts aufs Spiel setzen. Darum
rief ich nach Grandel, die schon begriffen hatte, worum es ging. Mit
einem Jodler wischte sie an mir und Kati vorbei, wurde auch gleich auf
der warmen Fährte laut, hetzte den Hirsch aus dem Jungwuchs hinaus,
über ein breites Gestell und drüben wieder in einen Jungwuchs hinein.
Dort war die schnelle Jagd zu Ende. Der Hirsch hatte sich gestellt. Alle
an der Nachsuche Beteiligten rückten eilig auf. Wie heißt es doch: „Da-
beisein ist alles." Einem der Jäger drückte ich Katis Riemen in die Hand.
Dann ging ich ganz langsam den Hirsch an. Noch einmal brach er Grandel aus, aber nur wenige Fluchten weit. Dann war ich heran. Höchstens
drei Meter trennten mich von Hirsch und dem verbellenden Hund. Der
Jungwuchs stand so dicht, daß der Hirsch sein Geweih gegen den ihn um-
tanzenden Hund nicht einsetzen konnte. Der Fangschuß war nur noch
eine Formsache. Der erste Schuß hatte den Brustkern hoch durchschlagen,
allerdings auch die Muskulatur eines Vorderlaufes gefaßt. Hierin lag
wohl auch die Ursache für die verhältnismäßig kurze Hatz begründet.
Wir alle waren zutiefst beeindruckt von dem ausgereiften und für hiesige
Verhältnisse kapitalen Geweih und kehrten erst in die Wirklichkeit zurück, als Kati und Grandel aneinandergerieten.

Eine Stunde blieb ich noch mit den Jägern im Jagdhaus. Dann fuhr
ich besinnlich zurück in die einsame Heide, reicher geworden durch ein
großes Erlebnis.

In den ersten Dezembertagen erhielt Kati ihre nächsten Arbeiten; einmal an einer weidwunden Bache, ein anderes Mal an einem Frischling.

Grandel indes hatte es besser. Denn da sie ja auch an Rehwild arbeiten
„darf", gab ihr die Zeit des Rickenabschusses manch jagdhundliches Allerlei, das sie oft daheim auf einem Schnuckenfell im Traum nachvollzog.
Dabei wurde sie richtig laut, und ihre Läufe zuckten, als befände sie sich
auf einer Hatz.

Doch auch Kati versteht sich aufs Träumen, wie alle meine Hunde zuvor und wohl alle Hunde überhaupt. Vielleicht ist der Hundetraum erst eine Errungenschaft, die sich aus dem Zusammenleben von Hund und Mensch ergeben hat, bedingt durch eine Verfeinerung der Sinne. Ich weiß nicht, ob die Verhaltensforschung in dieser Hinsicht schon etwas erfahren hat. Irgendwann werden wir wohl eine Antwort darauf bekommen.

Verhältnismäßig oft findet man bei Nachsuchen auf Sauen die Anschüsse auf oder in der Nähe von Kirrungen, ja Futterplätzen. Als Nachsuchender stellt man so etwas kritiklos fest, denkt aber dennoch darüber nach. Der jagdliche Laie wird hier vielleicht und verständlicherweise heftig reagieren und dem Jäger unwaidmännisches Verhalten vorwerfen. Ich meine, daß die Bejagung von Sauen an Fütterungen von zwei Seiten aus betrachtet werden sollte. Gelegentliches Ankirren von Sauen zum Zwecke der Bejagung kann nicht in Bausch und Bogen verdammt werden. Nur muß unterschieden werden, ob es sich bei diesen Überlistungsplätzen tatsächlich nur um vorübergehende Kirrungen oder aber um fest eingerichtete und während des ganzen Jahres betriebene Futterplätze handelt, die das Wild also auch in Notzeiten aufsucht. Es soll Reviere geben, in denen der Gesamtabschuß von Sauen ausschließlich an Fütterungen erfolgt. Ich hörte es selber von einem Jäger, der auf solche Art in einem Jagdjahr dreißig Sauen zur Strecke gebracht hatte. Hier hört jedes Verständnis auf, zumal es sich in diesem Falle um ein Jagdrevier handelt, das zum größten Teil aus landwirtschaftlichen Nutzflächen besteht, auf denen der Wildschaden erheblich ist, die Sauen also besser im Gebräch stehend bejagt werden sollten. Solcherart Jagerei wird beim Nichtjäger nicht nur Kritik an der Jagd auslösen, sondern dem Jäger auch alle Möglichkeiten nehmen, das Sinnvolle des Waidwerks zu vertreten. Auch das Schwarzwild muß einer Art „Bewirtschaftung" unterliegen. Denn niemand verfalle in den Irrglauben, daß Sauen infolge ihrer hohen Vermehrungsquote nicht auszurotten wären.

Jeder Jäger weiß, daß in rein landwirtschaftlichen Nutzungsgebieten das Schwarzwild in nennenswerten Beständen nicht mehr tragbar ist. Nun gut, mag es schwarzwildfreie Räume geben. Aber in vorzugsweise bewaldeten Gebieten brauchen Sauen heute nicht mehr mit allen Mitteln „bekämpft" zu werden, vielmehr sollten sie doch in gerechter Art bejagt und kurzgehalten werden. Außerdem brechen zu starke Schwarzwildbestände erfahrungsgemäß von selbst in sich zusammen. Dafür sorgt die Natur mit ihren manchmal grausamen Regulierungsmethoden. Dann zieht das Gespenst der Schweinepest durch die Lande. Und ehe der Jäger aufmerkt, hat die Seuche bereits um sich gegriffen.

Unser Heidegebiet hat unlängst die schlagende Faust dieser Pest erlebt. Die Feststellung der verheerenden Krankheit hat sich nicht lehrbuchmäßig ergeben. Ich selbst ahnte etwas, als ich in der ersten Maihälfte zu einer Nachsuche auf einen Überläufer gebeten wurde, der in der Nähe am Vorabend beschossen worden war. Am folgenden Morgen suchte der Schütze selbst mit seinem brauchbaren Jagdteckel nach. Als er nach mehreren Stunden noch immer keinen Erfolg hatte, rief er mich an. Gegen zehn Uhr war ich mit Kati am Anschuß. Erklärung des Sachverhalts. Der Überläufer stand bei Mondschein in einer aus acht Stücken bestehenden Rotte auf einer Kirrung inmitten weiträumiger Nadelholzdickungen. Nach dem Schuß flüchtete der Beschossene zusammen mit der Rotte. Schußzeichen wurden nicht beobachtet. Der Schütze blieb noch längere Zeit in seinem Schirm hocken und beobachtete einige Stücke Rotwild, die sich unmittelbar nach dem Flüchten des Schwarzwildes an der Kirrung labten. Dies erwähnte er mir gegenüber, um mich bei der Suche auf ein mögliches Changieren des Hundes vorzubereiten.

Nach langem Schauen entdeckte ich am Anschuß ein bohnengroßes Teilchen Darminhalts. Dann legte ich die Hündin zur Fährte, und wir folgten der gut im Boden stehenden Rottenfährte. Schweiß war nicht zu erkennen. Aber schon nach einhundert Schritt zog die Hündin in spitzem Winkel nach links und dann im Bogen zurück etwa in Richtung Anschuß. Auf der Nadelstreu zeigte sich jetzt ein wenig Schweiß. Die Fährte führte kaum dreißig Meter vom Anschuß entfernt in die gegenüberliegende Dickung. Gelegentlich verwiesener Schweiß verlangte kein Zurückgreifen und damit keinen zeitraubenden Aufenthalt. Sehr flott überbrückten wir fast einen Kilometer bis zum ersten und einzigen Wundbett, in dem der Überläufer verendet lag. Er machte einen stark abgekommenen Eindruck, sah eher aus wie eine Erstlingsbache, die ein halbes Dutzend Frischlinge zu säugen hatte. Natürlich machte ich mir Gedanken wegen dieses ungewöhnlichen Anblicks, versuchte auch beim Aufbrechen vergeblich einen Grund für den schlechten Zustand der Sau zu finden. Dem Schützen konnte ich nur empfehlen, das Wildbret untersuchen zu lassen. An die Schweinepest habe ich dabei noch nicht gedacht.

Die Untersuchung ergab aber nichts, was auf eine Krankheit hätte schließen lassen.

Fünf Wochen später erhielt ich zu später Stunde den Besuch zweier Jäger. Einer hatte bei noch gutem Büchsenlicht aus einer Überläuferrotte heraus eine Sau erlegt, der andere eine weitere beschossen. Er meinte, daß auch sie die Kugel haben müsse. Mit dem Hund des Jagdinhabers war bereits nachgesucht worden; dieser fand aber nichts, vermutlich irritiert durch die Witterung der erlegten Sau. Außerdem wurde berichtet, daß das gestreckte Stück nur noch „aus Haut und Knochen" bestünde.

Wir verabredeten uns für den frühen Morgen an der Reviergrenze und fanden das Stück sehr schnell. Es sah erbärmlich aus. Wir vermuteten sofort die Schweinepest.

Doch auch hier verlief die Untersuchung negativ. Wir standen vor einem Rätsel.

Bald aber mehrten sich aus den umliegenden Revieren die Berichte über verendet gefundene Sauen. Durchweg waren es schwache bis mittelstarke Stücke. Erst eine weitere veterinärmedizinische Untersuchung bestätigte die Vermutung: Schweinepest!

Das Sauensterben grassierte in einem Teil der Lüneburger Heide, hauptsächlich in den Gebieten westlich der Autobahn Hannover–Hamburg. Dagegen wurde aus dem östlichen Heidegebiet kein Fallwild dieser Art bekannt. Und schon bald konnte ich mit Kati in diesem Landstrich einen Überläufer nachsuchen, dem Kraft und Gesundheit gleichsam aus den silbernen Sommerborsten leuchteten.

Er war bei noch gutem Licht aus einer schwachen Rotte von Halbstarken auf einem Kahlschlag beschossen worden. Nach dem Schuß klagte er laut, flüchtete aber zusammen mit den anderen. Der Schütze rief mich sofort an und bat um möglichst baldige Nachsuche, weil es sehr warm war und er ein Verhitzen des Wildbrets befürchtete. Ich ließ mich breitschlagen, fuhr mit Kati hin, die den durch hohen Weidewundschuß bereits verendeten Überläufer nach knapp einem halben Kilometer in einem Horst unterständiger Fichten fand. Es soll nicht verschwiegen werden, daß Kati, obwohl reichlich genossen gemacht, dem Erleger die Saulunge aus der Hand schnappte und verschlang. Ich schämte mich meines verfressenen und im Augenblick gar nicht artigen Hundes.

Trotz dieser in beginnender Nacht vorgenommenen Nachsuche meine ich, daß unter keinen Umständen am späten Abend oder in der Nacht nachgesucht werden sollte. Nächtliche Suchen bringen selten etwas ein, beunruhigen nur das Revier und noch mehr das kranke Wild, das nicht selten aufgemüdet und weit flüchtig wird. Gelegentliche „Dunkelsuchen" sollten Ausnahme bleiben und die feste Regel, nur bei Tageslicht nachzusuchen, bestätigen. Ausnahmen könnten sich in dickungsreichen Revieren ergeben, in denen das auf einer Schneise beschossene Wild durch eine einzige Flucht im Busch verschwindet. Findet man dann am Anschuß Zeichen, die auf einen schnell wirkenden Schuß schließen lassen, beispielsweise Lungenschweiß, so kann auf kurzer Strecke schon einmal abends nachgesucht werden, vor allem während heißer Sommernächte, die keinem Wildbret guttun. Solche zweifelhaften Unternehmungen sollten sich auf kürzeste Entfernungen beschränken. Beginnt die Suche sich auszudehnen, dann muß Schluß gemacht werden, wenn's auch noch so schwerfällt.

Hier will ich nochmals auf das Klagen von Schwarzwild nach dem Schuß eingehen. Vor etlichen Jahren schrieb ich in einer Jagdzeitung über Schuß- und Pürschzeichen und erlaubte mir dabei, das Klagen des Schwarzwildes als sicheres Schußzeichen zu deuten. Ein Schwarzwildexperte war anderer Auffassung und erwiderte, daß er noch nie das Klagen einer Sau nach dem Schuß gehört habe, trotz ungezählter, von ihm erlegter Schwarzkittel. Nun, das mag sein. Dennoch glaube ich, sowohl aus meiner eigenen wie auch aus der Erfahrung vieler Jäger heraus, nochmals das relativ häufige Klagen bei Sauen nach dem Schuß als sicheres Schußzeichen anführen zu müssen. Ich bin daher sehr froh, daß K. Bergien als erfahrener Praktiker in seinem vorzüglichen Buch „Die gerechte Führung des Schweißhundes" (Verlag P. Parey) auch dieses Klagen erwähnt.

Der Sommer trieb seinem Höhepunkt zu. Und je länger die Tage und je kürzer die Nächte wurden, um so öfter folgte Grandel der kranken Rehbockfährte. Wenn ich dann mit der kleinen Hirschrotfarbenen vom Hof fuhr, schaute uns Kati mit fallenden Behängen und den typisch melancholisch blickenden Schweißhundaugen nach. Wenn ich Gewehr und Schweißriemen im Beisein der Hunde in den Wagen lege, dann erfassen die Tiere den Vorgang sehr genau.

Am Tag der Sonnenwende waren Grandel und ich schon frühzeitig draußen, um einen vorderlaufkranken Bock nachzusuchen. Der Schütze erwartete uns am vereinbarten Treffpunkt.

In der Nacht hatte es stark getaut, und die am Anschuß liegenden Knochensplitter waren so naß, als hätte es in der Nacht geregnet. Anfangs fanden wir viel Schweiß in der Wundfährte, der jedoch bald aufhörte. Es folgte eine nervenzermürbende Suche. Denn was hilft schon eine noch so eindrucksvolle Arbeit des Hundes, wenn die Gewißheit fehlt, sich noch auf der richtigen Fährte zu befinden.

So also wurde es hier auf der roten Rehfährte zur Selbstverständlichkeit, daß ich öfter als mir lieb war auf ein winziges Zeichen zurückgriff, das der Bock in seiner Fährte zurückgelassen hatte. Es geschah etwa fünf- oder sechsmal. Nachher wußte ich, daß diese Sicherheitsvorkehrungen nicht nötig gewesen wären. Grandel hatte richtig geführt.

In einer kniehohen Kiefernkultur wurde der Bock unmittelbar vor dem Hunde hoch. Erneut machte ich die Feststellung, daß sich Rehwild, besonders wenn es krank ist, wie ein Hase drückt. Ich erkannte einen pendelnden Lauf, schnallte die bereits lautgebende Hündin und betrachtete mit gemischten Gefühlen, wie schnell sich der Bock von dem kurzläufigen Hunde entfernte. Obwohl ich zur Beruhigung meinen eigenen „Lehrsatz" gebrauchte, daß die Nase eines Hundes immer schneller sein muß als seine Läufe, schaute ich mich schnell nach meinem Begleiter um und bat ihn, zum Wagen zurückzulaufen und zu einem uns bekannten Weg zu fahren, auf den die Hetze zusteuerte. Ich selbst ging ohne Hast der Hetze nach. Denn einholen konnte ich Bock und Hund doch nicht mehr.

Als ich nach längerem Geländemarsch den genannten Weg erreichte, traf ich auf den wartenden Schützen. Er war sehr aufgeregt, glaubte er doch, noch kurz vor meinem Eintreffen den Laut des Hundes gehört zu haben. Wir hielten uns daher nicht lange auf, sondern fuhren über Stock und Stein in die erfolgversprechende Richtung. Dabei gelangten wir an ein Einzelgehöft. Der Bauer wurde gründlich ausgefragt und erklärte uns glaubhaft, „gerade eben" das Bellen eines Hundes in der „Heidkoppel" gehört zu haben. Natürlich konnte ich mir unter der „Heidkoppel" gar nichts vorstellen. Der Schütze wußte etwas mehr, aber auch nicht alles. Um ganz sicherzugehen, fragten wir den Bauern, ob er nicht mitfahren wollte. Der Mann wollte. Das hatte ich mir gleich gedacht. Denn seine Augen waren die eines Jägers. Die Passion darin war nicht zu übersehen.

Vor der Heidkoppel hielten wir an.

Etwas unschlüssig standen wir herum. Von Grandel war nichts zu hören. Aber der Bauer wußte Rat. „Wir müssen nach dem Beukersen, das ist nicht weit", sagte er. Diesen Beukersen kannte auch der Schütze genau, ein alter Buchenbestand, der zugleich die Grenze zur offenen Feldmark bildete. „Da geht der Bock nicht drüber", erklärte der Bauer kategorisch.

Er behielt recht. Wir fuhren mitten in den weiträumigen Laubholzbestand hinein. Hier konnten wir die Augen schweifen lassen.

Jetzt fehlte uns nur noch Glück und nochmals Glück. Aber Hubertus, zu dem ich sonst gar kein so gutes Verhältnis habe, gab uns eine gute Stunde. Mit einem Mal ist Grandels Hetzlaut wieder da. Und kaum, daß wir drei aus dem Wagen herausgeklettert sind, erscheint vor uns der Bock, zwar ziemlich weit weg, aber auch schon ziemlich langsam. „Der will zurück in die Heidkoppel", sagte der Bauer und wiederholt, mit der Hand in Richtung Feld deutend: „Da geht der Bock nicht drüber." In seinen Augen glimmt ein Funken Stolz. Ich greife mein Gewehr und laufe dahin, woher wir gekommen sind.

An einem Holzabfuhrweg bin ich am Ende mit der Puste. Ich hoffe nur, daß der Bock noch nicht den Weg überfallen hat. Deutlich höre ich Grandel. Meine alte, bewährte Nachsuchenbüchse halte ich im Anschlag.

Der Hundelaut rückt näher. Gefühlsmäßig glaube ich, hier richtig zu stehen.

Rot schimmert es zwischen den Stämmen. Schon habe ich die Büchse angebackt und drücke ab, als der rote Fleck über den Weg will.

In meinem Schädel ist eine Leere, während ich langsam, ja zögernd zu dem erlegten Wild hinschreite. Als ich schoß, habe ich ja nicht einmal gesehen, ob es der kranke Bock auch war! So könnte es auch eine führende Ricke sein oder ein anderes Reh, dem gar nichts fehlte, das halt nur rot ist wie alle Rehe in dieser Zeit.

Vielleicht aber ist es doch die Stunde Huberti. Vielleicht. So gehe ich mit gemischten Gefühlen, halb Sieger, halb im Zweifel. Am Ende bleibt der Sieger. Es ist der Bock, den die Kugel faßte. Immer noch fährtenlaut hetzt Grandel heran, fällt fast über den gestreckten Bock und faßt dann kurz zu, als fürchte sie, er könne wieder entkommen.

Dann ist der Schütze da und auch der Bauer. Der Jäger sagt: „Waidmannsdank!" Der Bauer wiederholt: „Da geht er nicht rüber", und zeigt in Richtung Buchenwald.

Es ist gut, daß ich neben Kati noch Grandel habe, mit der ich krankem Rehwild folgen kann. Denn Kati bleibt auf der Hochwildfährte. Viele Jäger verstehen eine solche Einstellung nicht und sind manchmal außer sich, wenn der Führer eines Hannoverschen Schweißhundes es ablehnt, einer roten Rehfährte zu folgen. Das wird dann so gedeutet, als lebten die Hirschmänner noch in einer feudalistischen Zeitepoche und fänden es unter ihrer Würde, ein „niederes" Wild nachzusuchen.

Das ist natürlich dummes Zeug. Weder halten sich die Hirschmänner für feudal, noch benehmen sie sich so. Ihre Sorge gilt allein der Zuverlässigkeit des roten oder gestromten Hundes. Um manchmal Unglaubliches zu vollbringen, muß sein Spezialistentum erhalten bleiben. Denn längst wissen wir — und das betrifft alle Jagdhundrassen —, daß ein Hund um so vollkommener wird, je mehr er auf eine bestimmte Jagdart, ja auf eine bestimmte Wildart eingeschworen ist, je weniger er also die verschiedensten Arbeiten, die sich oft genug „beißen", durcheinander zu verrichten hat.

Wir wollen besonders im Hannoverschen Schweißhund einen Jagdhelfer besitzen, der gerade auf der von Natur aus schwierigen Hochwildfährte nicht versagt. Diese Schwierigkeit ist allein schon darin zu sehen, daß sämtliche Hochwildarten im Vergleich zum Rehwild härter sind, die also mit Verletzungen, mit denen das Reh ins Wundbett geht, noch meilenweit ziehen und dabei noch Widergänge und Knoten hinterlassen, so daß oft nur ein Meister auf der Rotfährte zum Erfolg kommt.

Zwar muß zugegeben werden, daß die „alten" Hirschmänner in ihren Führungsmethoden manchmal übertrieben haben und dadurch meist viel zu spät ihre Hunde der rauhen Praxis anvertrauten. Aus jener Zeit stammt auch die Mär von dem spätreifen Schweißhund. Aber leugnen läßt sich nicht, daß die von ihnen erprobten und weitergegebenen Regeln den Schweißhund in seiner exzellenten Art hinübergerettet haben in unsere Tage.

Aber neue Erkenntnisse erbringen auch neue Führungsempfehlungen. Dennoch: Trotz modernen Denkens in der Einarbeitung und im praktischen Einsatz unserer Schweißhunde muß ihr Arbeitsgebiet allein den Hochwildfährten vorbehalten werden. Die Zahl der im Jagdbetrieb stehenden speziellen Schweißhunde ist so gering, daß eine Erweiterung ihres Einsatzes auch auf die kranke Rehfährte weder diskutabel noch durchführbar ist. Auch dürfen wir nicht die anderen Jagdhundrassen vergessen, von denen die meisten bei entsprechender Erziehung und Führung lobenswerte Arbeiten auf der Schweißfährte leisten können.

Oft sind selbst jagdlich gut gebildete Jäger in bezug auf den Jagdhund erschreckend unwissend. Das ist gewiß kein guter Zustand. Ein gutes Verhältnis vom Jäger zum Hund läßt sich nicht erzwingen. Aber jagen ohne Hund ist schlechthin unmöglich. Wäre es daher letzten Endes nicht sinnvoller und dem Waidwerk dienlicher, wenn Leute, die mit einem Hunde nicht nur nichts anzufangen wissen, sondern ihn auch noch hochnäsig übersehen, der Jagd am besten fernbleiben?

9
Kreuzlähme, ein Moorbock und tanzende Teufel

Die Hirsche schieben ihr Bastgeweih, und das Mutterwild ist mit der Aufzucht der Nachkommenschaft beschäftigt. Jetzt hat der Schweißhund seine faule Zeit, wenn nicht gerade eine Sau einen schlechten Schuß erhält, der eine Nachsuche notwendig macht. Aber gerade in dieser Zeit werde ich zur Nachsuche auf einen Hirsch gebeten. Es ist ein Kolbenhirsch, der wegen der „Schleuderkrankheit“, einer Kreuzlähme, beschossen worden ist. Der Schütze gehört zum Kreis meiner früheren Forstanwärter.

Nur zu gern bin ich bereit. Die vierzig Kilometer bis zum vereinbarten Treffpunkt sind mit dem Wagen schnell überbrückt. Die Freude des Wiedersehens ist wohl auf beiden Seiten. Der Schütze versichert mir, den Anschuß nicht berührt zu haben, obwohl er, wie ich weiß, einen recht braven Jagdteckel führt.

Der Anschuß liegt auf einer Serradellasaat, zeigt nur tiefe Eingriffe, sonst nichts, keinen Schweiß und kein Schnitthaar. Der Schütze läßt die Möglichkeit eines Fehlschusses offen. Ich auch, lasse aber Kati den ganzen Riemen und folge ihr über den Acker in einen jungen Lärchenbestand. In der Nadelstreu des letzten Jahres erkenne ich die gut sichtbaren Eingriffe des Hirsches. Das ist aber auch alles. Pürschzeichen sind mit den Augen nicht zu entdecken, und auch der Hund verweist keine. Vorläufig noch nicht. Doch als wir den Lärchenbestand verlassen wollen, bleibt Kati stehen und reisert an einem tiefhängenden Lärchenzweig. Das muß etwas zu bedeuten haben! Tatsächlich finde ich abgestreiften Schweiß. Jedoch über den Sitz des Geschosses vermag ich nichts zu sagen. Insgeheim tippe ich auf Pansenschuß, doch dies mehr nach Gefühl. Wir überqueren einen übel zugerichteten Holzabfuhrweg. Tief stehen die Trittsiegel des Hirsches in dem schmierigen Waldhumus. In die vor uns liegende etwa dreißigjährige Kieferndickung führt uns die Hündin. Aber nur ein kleines Stück. Einige verhutzelte, unterständige Fichten hemmen

74

unseren Blick. In diesen Fichten endet die Nachsuche. Hier liegt der Hirsch. Den Pansenschuß erkennt mein Begleiter noch vor mir.

Die Freude über den unerwartet schnellen und glücklichen Ausgang der Suche steht auf unseren Gesichtern, als ich den Bruch breche und ihn dem Schützen überreiche.

Jagen ohne Freude ist nur die Hälfte wert. Wir jagen doch in erster Linie, weil wir Freude daran haben. Viele Jäger scheinen sich dieser Empfindung zu schämen. Da wird von allerlei geredet, wenn die Sprache auf die Triebfeder unseres Handelns kommt. Verantwortung für das Gleichgewicht in der Natur, der Jäger als Raubtierersatz, und wer weiß, was noch alles an Argumenten ins Feld geführt wird. Daß uns das Jagen in erster Linie Spaß macht, davon hört man wenig.

Ich kenne Menschen, die nebenberuflich wunderschönen Dingen in der Natur nachgehen, diese Dinge auch mit Exaktheit zu erfassen wissen und darüber die Welt vergessen. Ich habe unter diesen Menschen Freizeit-ornithologen erlebt, die mit verbissenem Gesicht Hunderte von Gelegen störten, obendrein die vielen anderen nicht zur Vogelwelt gehörenden Kinder der freien Natur in Angst und Schrecken versetzten. Alles, was diese Leute da draußen verrichten, tun sie mit zusammengebissenen Zähnen und fast geschäftlichem Eifer. Nur die Freude am Erlebten fehlt.

Ich erlebte und erlebe Greifvogelfanatiker, die einen Jäger, der je einmal ein Schießgewehr gegen einen Greif zu richten versuchte, steinigen würden, dabei aber mehr als einmal Greifvogelnestlinge aushorsteten, diese bedauernswerten Kreaturen an die Fesseln legten und nun in einem Schrebergarten oder noch schlimmeren Orten verkommen ließen. Ich kann mir nicht vorstellen, daß nur ein Funken Freude solches Tun begleitet.

Oft sprechen wir von der kindlichen Freude und meinen dabei das Glücksgefühl, das allein dem unverdorbenen und unverbildeten Kinder-gemüt eigen ist. Freude zu empfinden ist aber auch für den reifen Menschen eine höchst positive Erscheinung, die nicht schamhaft verdeckt zu werden braucht.

In den ersten Augusttagen bat mich ein Bekannter um eine Nachsuche auf ein Schmaltier, das von einer Jägerin beschossen wurde. Das Schmaltier stand zusammen mit Alttier und Kalb und flüchtete nach dem Schuß auch mit diesen zusammen. Eine mit dem schweißerfahrenen Vorsteh-hund des Jagdleiters vorgenommene Nachsuche blieb ohne Erfolg; auch herrschte keine Klarheit über die Verletzung des Wildes. Als man die Nachsuche abbrach, sprach man von einem leichten Wildbretschuß, der nimmer einen Suchenerfolg zuließ.

Nur die Jägerin war anderer Meinung, gab sich noch nicht geschlagen, und nur durch ihr Drängen kam der Anruf meines Bekannten zustande. Als ich losfuhr, hatte ich gar kein gutes Gefühl. Nachsuchen durchzuführen, belastet stets, wenn andere Hunde auf der Fährte waren.

Die Jägerin machte einen nervösen und abgespannten Eindruck. Immerhin war die Rotfährte schon über vierzig Stunden alt.

Im Jagdhaus gab es noch eine kurze Aussprache. Schweißhundführer müssen neugierig sein. Andernfalls erfahren sie oft zu wenig. Wohltuend empfand ich es, wie offen die Jägerin berichtete. Da wurde nichts beschönigt, nichts fortgelassen und auch nichts hinzugefügt. Am Ende wußte ich so ziemlich alles, vom Schuß angefangen, der nach Ausspruch der Dame „ein übler Patzer" war, bis zum Nachsuchenbeginn, der ohne Pürschzeichen vonstatten ging. Daß der suchende Vorstehhund schon mehrere Erfolge auf der roten Fährte für sich buchen konnte, steigerte meine Erfolgszuversicht keineswegs.

Doch wir hatten keine Zeit zu verlieren, und ich bat aufzubrechen.

Die Anschußuntersuchung ergab nicht viel. Nach langem Suchen fand ich einige kurze Schnitthaare, von denen ich glaubte, daß sie vom Vorderlauf stammen könnten. Sonst gab es nichts, keinen Schweiß, keinen Deckenfetzen und schon gar keine Knochensplitter.

Den fragenden Blick meiner Partnerin konnte ich nur mit Achselzucken beantworten. Kati dagegen zeigte mehr Toleranz und suchte so emsig, als befände sie sich auf einer brühheißen Fährte.

Als die Hündin nach zweihundert Schritt im scharfen Winkel eine Fichtendickung annahm, wurde mir von meiner Gefolgsfrau bedeutet, daß der Vorstehhund denselben Weg gegangen sei. Ich sagte nur „psst", weil mir gerade Kati etwas zeigen wollte. Das war so etwas Ähnliches wie Schweiß, der als länglicher Faden an den Fichtennadeln klebte. Nach der Höhe zu urteilen, konnte der Schweiß durchaus vom Lauf stammen. Nach fünfzig Schritt noch einmal Schweiß, wieder in gleicher Höhe abgestreift und vom Menschenauge allein nicht auffindbar.

Daß dieser Schweiß zuvor von dem Nachsuchenden nicht wahrgenommen wurde, kann damit zusammenhängen, daß der Vorstehhund nicht genug sichtbar verwies. Im allgemeinen ist das Verweisen von Pürschzeichen und Wittrungsklecksen dem Schweißhund eigentümlich. Nichtsdestoweniger muß jedes Verweisen belobigt werden. Der Hund soll wissen, daß sein Verweisen wichtiggenommen wird.

Das tat ich hier auch und tätschelte der Hündin den Hals. Aber das nützte nicht viel. Weiterer Schweiß wurde nicht gefunden. Zwar trug ich die Hündin nach einer Zeit ab und setzte sie am letzten Schweiß erneut an. Aber trotz gleichbleibender Suche gab es nichts mehr zu finden.

Ich habe noch zwei Stunden drangegeben und wußte dabei durchaus, daß die Kati die richtige Fährte hielt. Später gelangten wir in Rotwildeinstände, die voller Wild steckten. Hier mußte meine Hündin die Fährte verloren haben. Ich merkte es an ihrem Benehmen. Nochmals trug ich ab, aber jede Mühe war vergeblich. So gab ich auf, nunmehr selbst im Glauben, daß das Stück nicht nennenswert verletzt war. Dennoch war mir nicht wohl dabei.

Als wir nach langem Rückmarsch wieder bei unseren Fahrzeugen landeten, gab es keine Erklärung mehr. Ich sah nur in ein verheultes Gesicht.

Seitdem bin ich um die Erfahrung einer menschlichen Regung im Jagdbetrieb reicher geworden. Ob mir das helfen wird, die jagende Frau als Jägerin uneingeschränkt anzuerkennen, weiß ich heute noch nicht. Die hierfür erforderliche Toleranz aber will ich mir gewiß bewahren.

Schon weht der Wind über die ersten Stoppelfelder. In den Wäldern sammeln fleißige Frauen- und Mädchenhände den Segen der Blaubeerernte ein. Und der Rotwildjäger sammelt sich, wie „alle Jahre wieder" in Andacht und Hoffnung.

Mit dem Beginn der Rotwildjagd tritt auch der Schweißhund in Aktion. Noch hatte ich die Fehlsuche auf das Schmaltier nicht vergessen, da war auch schon die erste Nachsuche in diesem Jahr auf einen Feisthirsch fällig. Ein junger Grünrock aus der weiteren Nachbarschaft hatte am Abend den ersten Hirsch seines Lebens beschossen. Aber der Hirsch lag nicht. Obwohl das Licht noch gut war, fand der Jäger am Anschuß außer dem Ausriß keine weiteren Zeichen. Es war spät am Abend, als er mich anrief und um Nachsuche bat.

Schon in früher Morgenstunde trafen wir uns im Revier, suchten gemeinsam in mühevoller Kleinarbeit den Anschuß nach Pürschzeichen ab, blieben jedoch ohne jeden Erfolg. Darauf holte ich die seitwärts abgelegte Kati. Sie rutschte mit tiefer Nase auffallend schnell über die Eingriffe des Hirsches hinweg, verwies gar nichts und fädelte sich beängstigend schnell auf der Fluchtfährte ein. In dieser Manier arbeitete die Hündin nach meinen Erfahrungen stets eine kalte Gesundfährte. „Wieder nichts", dachte ich und hatte dabei das verheulte Gesicht der liebenswerten Jägerin mit dem verlorenen Schmaltier vor Augen. Nun, Tränen wird es diesmal nicht geben, ganz gleich, wie die Suche ausgeht. Aber das Weh um eine verlorene Suche kann auch einen Mann zermürben.

Die Hündin war ohne jeden Ernst, so jedenfalls empfand ich ihr leichtfüßiges Davongleiten. Das gab keinen Erfolg. Dieser Hirsch war gesund! Mutlos stapfte der junge Kollege hinter mir her.

Irgendwann in einer Nadelholzdickung hob Kati die Nase. „Da stecken Sauen drin", sagte der geplagte Schütze hinter mir. Das gerade hatte uns jetzt noch gefehlt! Also trug ich die Hündin ab. Aber zum Zurückgreifen gab es diesmal keinen „letzten" Schweiß. Ich wollte es besonders gut machen und fing noch einmal am Anschuß an.

Das Nervenspiel mit der leichtfüßigen Hündin begann von neuem. Ohne sich auch nur einmal zu verweilen, suchte sie hurtig voran. Sie zeigte nichts, reiserte nirgends und veranlaßte mich zu der Bemerkung, daß der Hirsch mit Sicherheit die Kugel nicht erhalten hatte. Dann befanden wir uns wieder in der Kieferndickung. Gleich folgte auch Katis hohe Nase wie vorhin. Sie windete vorwärts, als befänden sich dort alle Wohlgerüche dieser Welt. Doch diesmal sagte der Schütze nicht mehr: „Da stecken Sauen drin." Zum zweiten Male hätte ich ihm diesen Ausspruch auch nicht mehr abgenommen. Also trug ich auch nicht ab, sondern folgte verbissen dem Hunde.

Wo eigentlich die Sauen stecken sollten, schimmerte es uns rot entgegen. Nach wenigen Schritten sahen wir es ganz genau: Vor uns saß der Hirsch! Träger und Haupt waren hocherhoben. Einen Augenblick lang dachte ich an Hetze und wollte die Hündin schnallen. Aber nach diesem Augenblick wußte ich, daß dieser Hirsch nicht mehr hoch konnte. Schnell trat ich darum auf den Schweißriemen, zog die Büchse über den Kopf und gab den Fangschuß. Dann spürte ich, wie eine Hand meine Schulter berührte. Das ist das Glück eines Jägers, der seinen ersten Hirsch erhält wie ein großes Geschenk.

Wo saß der erste Schuß? Er hatte hoch den Trägeransatz gefaßt, steckte aber noch im Wildkörper, ergab also keinen Ausschuß. Hier hat das Geschoß versagt und nicht der Jäger. Ein gutes Hochwildgeschoß hätte ganz schnell gewirkt, das Wild entweder an seinen Platz gebannt oder es bald verenden lassen.

Aber die Freude war noch nicht zu Ende. Oberförster K., einer meiner Mitarbeiter aus dem „Bergischen", verlebte gerade mit seiner Familie Urlaubstage in der Heide. Er wohnte bei meinem Haumeister, den ich mir auch von dort „mitgebracht" habe. Der mußte nun her und teilnehmen an einer Stunde, die ein Jäger nicht alle Tage erlebt. K. kennt meine Grandel. Oft genug war der dabei, wenn die Dachsbracke rote Arbeit leistete. Kati war ihm noch fremd. Prompt kam auch seine Frage nach der Dachsbracke. Und dann erinnerte er mich an Dinge, die wir gemeinsam mit diesem Hunde erlebt hatten und die mir gar nicht mehr gegenwärtig waren.

Als ich nach Hause kam, lag bereits ein Anruf vor, daß im Nordteil der Heide ein Rehbock nachzusuchen sei. Ich rief zurück und war eine Stunde später am vereinbarten Treffpunkt. Diesmal begleitete mich die Dachsbracke.

Der Bock war am frühen Morgen treibend am Rande eines Haferschlags beschossen worden, drückte sich nach dem Schuß vorn tief herunter und flüchtete in das Getreidefeld.

Weil am Anschuß, wie der Schütze berichtete, viel Schweiß lag, ließ er unmittelbar nach dem Schuß seinen jagdlich viel geführten Spaniel frei verloren suchen. Später hetzte der Hund laut, kam aber nach etwa fünfzehn Minuten zu seinem Führer zurück.

Tatsächlich war der viele Schweiß am Anschuß nicht zu übersehen. Fast glaubte ich an einen Laufschuß, fand aber keinen Knochensplitter. Statt dessen zeigte mir Grandel ein fast haselnußgroßes Wildbretstückchen mit Decke und Haar. Ich brauchte lange Zeit, um zu erkennen, daß dieses Zeichen von der Rückenpartie stammte.

Über eine längere Strecke fand sich an den Halmen gut erkennbar abgestreifter Schweiß, hörte dann aber fast schlagartig auf. Nun, Schweiß braucht die Hundenase keinesfalls, um eine Wundfährte zu halten. Zwar ist das Zeigen, das Verweisen von Schweiß durch den suchenden Hund nicht nur eine schöne Geste, sondern wichtiges Hilfsmittel für ein reibungsloses Vorankommen. Aber die Fährtenarbeit selbst vollzieht sich ausschließlich auf der Wittrungslinie des kranken oder gesunden Wildes.

Wir fanden also keinen weiteren Schweiß. Ich spreche dann immer von einem „Blindflug", weil das menschliche Auge keinerlei Anhaltspunkt erhält. Weit vor mir hing Grandel fest in der Halsung. Über ihr schaukelten und wippten die Haferrispen. Dann endete das Haferfeld. Ein Kartoffelschlag nahm uns auf. An einer der grünen Stauden zeigte die Hündin wieder Schweiß. Es war nur ein kleiner Abstreifer, genügte aber, um die Richtigkeit des Arbeitsverlaufes zu bestätigen. So gelangten wir schließlich an eine Viehweide. Überlegend standen wir vor den Stacheldrähten, suchten dann den möglichen Durchschlupf, fanden ihn auch in Gestalt von Rehhaar, das in den Drahtverknüpfungen hängengeblieben war. Nun wollten wir durch den stramm gespannten Draht hindurchkriechen, konnten aber nicht, denn etwa zwanzig Rindviecher blockierten unseren Vorwärtsdrang und erregten ganz den Eindruck, als wollten sie mindestens den Hund auf die Hörner nehmen.

Die Weide erschien uns riesengroß, weit im Hintergrund glaubte ich Erlen festzustellen.

Durch diese Viehkoppel kämen wir mit dem Hund nie hindurch. Die Rinder würden ihn zu Tode trampeln. Also umschlugen wir das Grünland am Zaun entlang. Die Viehherde begleitete uns dabei, schnaubte furchterregend und stellte die Schwänze auf.

Irgendwann brachten wir das Rindvieh hinter uns. Der Bruchwald wurde Wirklichkeit. Ich ließ Grandel vorsuchen, denn erst mußten wir die Fährte wiederhaben. Sie tat es ziemlich lustlos und schielte ständig zu den Rindern zurück, die uns über den Zaun hinweg neugierig betrachteten.

Aber dann schien doch etwas gefunden zu sein. Die Hündin bewindete hingebungsvoll ein Grasbüschel. Ich sekundierte mit den Augen. Ohne jeden Erfolg. Schließlich zog Grandel in das Bruchland hinein. Ich folgte, teils hoffnungsvoll, teils ratlos. Wie heißt es doch: „Ein Königreich für ein Tröpfchen Schweiß." Aber die wenigsten Wünsche werden erfüllt. Bald plätscherten wir über einen schwammnassen Untergrund. Zwar bestreite ich, daß krankes Wild stets Wasserstellen annimmt, wenn es Gelegenheit dazu hat. Aber in diesem Falle hatte der Bock gar keine andere Wahl als Wasser und Sumpf. Denn die einzige vorläufige Deckung war für ihn das Erlenbruch. Obwohl es hier haufenweise Fliegen und Mücken gab. Aber was bedeuten diese Plagegeister schon gegenüber einer schmerzhaften Schußverletzung.

Der Bruchwald wird zum Moor. Sphagnummoose stehen in dichten Polstern. Auf einer höher gelegenen Stelle wächst ein kleines Wäldchen aus Gagelstrauch. Zielstrebig zieht die Hündin dorthin. Meine Ahnung trügt nicht. Als Grandel den ersten Jiffer tut, sehe ich es rot in den lederblättrigen Sträuchern aufleuchten. Das Schnallen geschieht blitzschnell.

Über Moorlöcher hinweg steige ich dem fährtenlauten Hunde nach, zünde mir zwischendurch eine Pfeife an, um die beißenden Insekten abzuwehren, bin aber längst aufgeweicht bis zu den Knien, repetiere dann eine Patrone in den Lauf und lausche dem Hundelaut.

Einen Schwur könnte ich nicht abgeben, daß Grandel den kranken Bock hetzt und nicht irgendein Reh. Denn eine rote Decke tragen sie jetzt alle. Dennoch ist eine merkwürdige Zuversicht in mir, von der ich nicht weiß, woher ich sie nehme.

Aus einem Moorloch kommt der Bock nicht mehr heraus; Grandel kommt allerdings auch nicht hinein. Bäuchlings schiebe ich mich an das Brackenwasser heran. Während mein Begleiter meine Hacken festhält, kann ich einen Lauf des Wildes fassen. Braunes Naß perlt über die rote Rehdecke. Und die Mücken sind da und die brütende Sonne. Als ich mich erhebe, sehe ich an mir herunter und gefalle mir gar nicht. In diesem Zustand dürfte ich mich in keinem Dorfe sehen lassen. Eine Festnahme wäre mir gewiß. Ein Moor ist halt kein Schaumbad.

Undurchdringliche Wacholderwälder —
hier kann eine Nachsuche zur Hölle werden.

Auf dem Rückweg müssen wir wieder an den Rindern vorbei. Ihr Verhalten aber ist anders geworden. Die schönen Augen des Viehs schauen uns teils neugierig, teils entsetzt an, uns, die Menschen, den Hund und das gestreckte Wild. Ob sie wittern, daß wir den Tod mit uns führen?

Ziemlich zu Anfang dieser Nachsuchenaufzeichnungen, im Kapitel „Katis erste Rotfährten", erwähnte ich eine Fehlsuche, auf die ich noch zurückkommen wollte. Im Ablauf der Zeilen ist es jetzt soweit. Denn genau einen Tag nach der Moorbocksuche nahm das Drama seinen Anfang. Nie zuvor habe ich so etwas Niederschmetterndes erlebt und hoffe mit allen Fasern meines Herzens, nie mehr Gleichartiges erleben zu müssen. Der Kelch ging nicht an mir vorbei, ich mußte ihn bis zur Neige leeren.

Ich erinnere an Grandels Hetze an einem geringen Hirsch, den ein Jungjäger während der Brunft beschossen und selbst vergeblich nachgesucht hatte, erinnere auch daran, daß die Dachsbracke während dieser Hatz durch zwei ansitzende Jäger fast zu Tode gekommen wäre. Diese Hatz liegt zwei Jahre vor der Moorbocksuche.

Daß derselbe Hirsch fast genau auf den Tag, nur ein Jahr später, von einem anderen Jäger erfolglos beschossen worden war, stellt nur ein Bindeglied in der Kette der hervorzuhebenden Ereignisse dar. Inzwischen war bekanntgeworden, daß der Hirsch den linken Vorderlauf infolge der Verletzung durch den Jungjäger nur noch steif aufsetzen konnte. Etwa in Höhe des Ellenbogengelenks hatte sich eine kindskopfgroße Beule gebildet.

Ein Jahr nach dem erfolglosen Beschuß kam der Hirsch im gleichen Revier im Trupp mit noch zwei weiteren Hirschen abends einem ansitzenden Forstmann. Das Büchsenlicht war bereits im Schwinden. Der junge Förster vertrat den Revierbeamten, der zwar Urlaub hatte, doch daheim geblieben war.

Als der Schuß fiel, zog der Hirsch entlang eines durch Nadelholzdickungen führenden Erdweges. Der Schütze erkannte ein schreckhaftes Zeichnen und beobachtete, wie der Beschossene in die linke Dickung hineinpolterte, während die beiden anderen nach rechts absprangen. Infolge der vorangeschrittenen Dunkelheit wurden Pürschzeichen nicht gefunden, jedoch die ungefähre Stelle des Anschusses verbrochen.

Gegen zweiundzwanzig Uhr rief mich der Revierbeamte an und bat um Nachsuche für seinen Kollegen. Am folgenden Morgen standen wir um halb sieben am Anschuß. Wir, das waren der Revierbeamte, der Schütze, der Haumeister des Reviers, meine Kati und ich.

Nachdem ich die Hündin abgelegt hatte, untersuchte ich den Anschuß.

Deutlich stand das Fährtenbild von drei Hirschen im weichen, unbenarbten Boden. Außerdem hatten sich in der Nacht in der näheren Umgebung des Anschusses noch weitere Fährten hinzugesellt, sowohl von Rotwild als auch von Sauen. Sonst fand ich nichts. Der jagderfahrene und mit Indianeraugen ausgestattete Haumeister sagte: „Dem fehlt nichts, der hat nichts abgekriegt."

Um es nun genau zu wissen, brachte ich Kati zum Anschuß. Im weiten Umkreis tupfte ihre Nase den Boden ab, aber ein sichtbares Zeichen brachte auch sie nicht ans Tageslicht. Da gab ich ihr den Riemen frei und ließ sie gewähren. Etwa dreißig Meter arbeitete sie den Weg entlang, überquerte ihn dann und schob sich anschließend rechts in die Dickung hinein. „Falsch", sagte der Schütze, „da sind die gesunden Hirsche rein." Also abgetragen und zurück zum Anschuß. Dann wiederholte sich dasselbe Spiel noch zweimal. Schließlich hatte ich gar keine andere Wahl mehr, als dem Hund nach rechts zu folgen, obwohl da hinein ja die gesunden Hirsche abgesprungen sein sollten.

Der Schütze sagte nur: „Eigenartig", begriff aber, daß ich meinem Hunde folgen mußte. Er blieb bei mir, während sich der Revierbeamte mit dem Haumeister absetzte, um sich an passendem Wechsel vorzustellen.

Als wir endlich losmarschieren konnten, ließ es sich mein Begleiter nicht nehmen, nochmals zu erklären, daß wir den gesunden Hirschfährten folgten. Zwar schloß ich diese Möglichkeit nicht aus, mußte vorerst sogar annehmen, daß auch der Beschossene gesund geblieben war, klammerte mich aber an den mir von Kati gereichten Strohhalm, wie ein Ertrinkender auf hoher See.

Inzwischen war die Sonne höher geklettert, und trotz der leidlich Schatten spendenden Dickung empfanden wir schon die aufkommende Hitze. Meine Sinne waren zum Zerspringen gespannt. Dabei suchte Kati so zuversichtlich, als befände sie sich auf einer mit der Kanne gegossenen Schweißfährte. Tatsächlich aber hatte sie auf langer Strecke noch kein einziges Zeichen angezeigt.

Es war nur zu verständlich, daß ich mich seit einer Weile mit dem Gedanken zum Abtragen beschäftigte. Dann aber kam der berühmte „elektrische Schlag". Ich merkte, daß der Riemen die Spannung verloren hatte. Kati verwies da vorn sehr eindringlich. Als ich mich zu ihr vorgetastet hatte und meine Augen an ihren Behängen vorbei auf den Boden blickten, kam der zweite Schlag. Da lag Schweiß! Handflächengroß war die Nadelstreu schweißbenetzt. „Gott sei Dank", konnte ich nur flüstern. Und mein Begleiter sagte: „Das kann doch nicht angehen!"

Es ging aber an. Nun wußten wir endlich, daß wir uns auf der richtigen, der roten Fährte befanden. Dennoch brauchten wir noch über eine halbe Stunde, um uns auf der Fährte aus der Riesendickung hinauszuquälen. Dabei fanden wir noch vier- oder fünfmal etwas Schweiß.

Draußen stießen wir auf den Revierbeamten. Der hielt schon die Hiobsbotschaft bereit, daß der Hirsch raus war. Er hatte ihn genau ansprechen können, doch für einen schnellen Schuß keine Zeit mehr gefunden.

Wir hielten Kriegsrat. Vor uns lag ein vom Sturm zusammengeknicktes, noch nicht aufgearbeitetes Kiefernstangenholz. Hier hinein war der Hirsch gezogen. Es war anzunehmen, daß er noch drinsteckte. Hinter dem Stangenholz lag die Reviergrenze.

In der Hoffnung, der Hirsch würde das etwa fünf Hektar umfassende Sturmholz so leicht nicht verlassen, wurde abermals vorgestellt. Diesmal ging der Schütze mit dem Revierbeamten los, während der Haumeister bei mir zurückblieb.

Nach einer Viertelstunde Wartezeit ließ ich Kati den Riemen. In kurzen Abständen zeigte sie uns frischen Schweiß. „Den bekommen wir", sagte der Haumeister. Und leichtfertig setzte ich noch hinzu: „Wenn nur alle Suchen so gut verlaufen würden."

Hätte ich dies doch nicht gesagt! Zwar wurde die Folge hinter dem Hunde in den zu Wällen und Reisigburgen zusammengeborstenen Holzstangen athletische Arbeit. Aber der Erfolg stand zweifelsfrei unmittelbar bevor.

Der Erfolg! Wie sparsam sollte man mit diesem Worte umgehen. Jetzt entschlüpfte er uns um Haaresbreite. Zwar kam der Hirsch auf knapp fünfzig Schritt dem Revierleiter, wurde auch beschossen, flüchtete allerdings ins Nachbarrevier.

Wiederum wurde beratschlagt. Ich empfahl, noch einige Schützen zum Vorstellen heranzuholen. Außerdem mußte für die weitere Folge das Nachbarforstamt verständigt werden. Von dort erhoffte ich noch weitere Jäger. Aber ohne Zeitverlust ging das nicht ab.

Also blieb ich allein zurück, während sich die anderen absetzten, um den Nachbarn zu verständigen und weitere Schützen zu besorgen.

Jetzt hätte ich Zeit zum Nachdenken gehabt. Nur nützte ich diese Zeit nicht. Für mich war der Hirsch so gut wie gefunden. Ich beschäftigte mich lediglich mit den vor uns liegenden Revierteilen, von denen ich wußte, daß auch sie arg unter dem schweren Novembersturm gelitten hatten, und daß mir bei der weiteren Folge noch mancher Schweißtropfen abverlangt werden würde.

Aus den erwarteten weiteren Schützen wurde nichts. Denn alle Beamte des Forstamtes waren unterwegs und nicht erreichbar. Mindestens jetzt hätte ich die Suche aussetzen müssen, den Hirsch noch kränker werden lassen sollen, um nach Stunden, vielleicht erst am anderen Tage mit genügend vorzustellenden Schützen erneut der Fährte zu folgen. Warum ich nicht so handelte, bleibt auch mir ein Geheimnis, belastet mich noch heute und macht diesen Nachsuchentag zu dem schwärzesten in meinem Schweißhundführerleben.

Wir setzten nach einer Stunde Wartezeit in gleicher Besetzung unsere Suche fort. In den weiten, manchmal unüberbrückbaren Windbrüchen zeigte Kati jetzt nur noch selten etwas Schweiß. Aber das tat nichts, befanden wir uns doch auf frischer Fährte, die ein Schweißhund auch mit „verbundener" Nase zu halten imstande ist. Dabei brannte die Sonne unbarmherzig auf uns nieder und bescherte uns die höchsten Tagestemperaturen dieses Sommers. Da Kati ziemlich durstig ist, schaute ich mich während der Arbeit ununterbrochen nach einer Wasserstelle um. Ich tat es vergebens. In diesem Heiderevier war das Wasser rar und in diesen heißen Augusttagen kaum noch zu finden.

Katis Wasserkanister befand sich in meinem irgendwo in der Wildnis abgestellten Fahrzeug.

Auch ging meine Hoffnung, ein Wundbett zu finden, nicht in Erfüllung. Auch in der vorangegangenen Nacht hatte sich der Hirsch nicht ein einziges Mal niedergetan. Sicher lag das an der Art seiner Verletzung.

Inzwischen stellten sich bei Kati erste Ermüdungserscheinungen ein. Wenn man seinen Hund genau kennt und ihn ständig während der Arbeit beobachtet, lassen sich solche Anzeichen nicht übersehen. Ich entschloß mich, nur noch bis an den nächstfolgenden Weg heranzuarbeiten und dann einen der Teilnehmer zu bitten, Wasser für meinen Hund heranzuschaffen.

Da aber kam ein Paukenschlag! In Richtung der vorgestellten Schützen fiel ein Schuß. Kati hob für einen Augenblick den Kopf und legte sich dann mit besonderer Heftigkeit in den Riemen. Aber noch viele Windwürfe mußte ich überklettern oder durchkriechen, ehe ich endlich bei dem Schützen angelangt war. Es war der Revierbeamte. Ihm war der Hirsch gekommen, langsam und vertraut. Wir gingen zum Anschuß. Hier lagen viele kleine Stücke einer undefinierbaren Knorpelmasse herum. Meine Vermutung, daß der Schuß genau in der großen Kallusbeule saß, die aufgrund der vor zwei Jahren erlittenen Verletzung entstanden war, wurde vom Schützen geteilt.

Die Hündin bekam ihr Wasser, und nach entsprechendem Vorstellen ging es auf der Fährte weiter. Der Nachmittag wurde zur Hölle. In ununterbrochener Reihenfolge hatte der Hirsch Knoten geknüpft und raffinierte Widergänge von oft beträchtlicher Länge angelegt. Diese Arbeiten forderten viel Zeit und Kraft.

Als wir merkten, daß ein Vorstellen in der üblichen Form nichts einbrachte, weil der Hirsch ohne Aufenthalt längst in weite Ferne weitergezogen war, einigten wir uns, die Suche vorerst abzubrechen, den Hirsch kränker werden zu lassen und am nächsten Morgen die Arbeit fortzusetzen. Aber die vor uns liegende, gut stubenhohe Kieferndickung wollten wir als Abschluß für diesen Tag noch mitnehmen.

Wieder zogen die beiden Jäger zum Vorstellen los. Ich wartete eine Zigarettenlänge und suchte an. Der Haumeister mit den Indianeraugen blieb bei mir.

Und endlich bekam ich einen Grund zum verhaltenen Jubel. Kati zeigte das erste Wundbett. Jetzt konnte eigentlich nichts mehr schiefgehen. Denn ein Wild, das menschliche Verfolger hinter sich weiß und sich dennoch niedertut, muß schwer krank sein. Wir glaubten, daß der Hirsch erst bei unserem Näherkommen aufgestanden war. Im Vertrauen auf die vorgestellten Schützen ließ ich die Hündin an der Halsung. Es dauerte auch gar nicht lange, als wieder ein Büchsenschuß krachte. Diesmal war dem Vertreter des Revierbeamten der Hirsch gekommen. Die Schußentfernung aber betrug fast zweihundert Schritt; der Schuß ging daneben.

Die vielen nun noch aufgetretenen Einzelheiten sollen außer acht gelassen werden. Nur soviel noch, daß die Fährte des Hirsches nunmehr keinen Schweiß mehr lieferte. Das Fährtenbild allerdings bekundete, daß der Hirsch alle vier Läufe aufsetzte, die Schalen des linken Vorderlaufes jedoch weit gespreizt im Boden standen.

Gegen neunzehn Uhr — in Anbetracht der neu entstandenen Situation brachen wir die Suche nicht ab — führte mich die Hündin an eine „Wand", ein undurchdringliches Verhau von kreuz und quer zusammengebrochenen Nadelhölzern. Ein Hase hätte da hindurchgekonnt, vielleicht auch ein Frischling, größeres Wild aber nimmermehr, schon gar nicht ein Hirsch, selbst wenn er kerngesund gewesen wäre. So dachte ich, und so dachten auch die anderen, die jetzt alle beieinanderstanden.

Also trug ich die Hündin ab, um wenigstens den für nächsten Morgen nötigen weiteren Fährtenverlauf festzustellen. Mehrmals setzte ich die Hündin da an, wo der Hirsch erfolglos beschossen worden war. Aber immer endete ihre Suche an der undurchdringlichen Gehölzmauer. Da wir während des gesamten Suchenverlaufs mehrfach auf gesundes Wild und damit auf frische Fährten gestoßen waren, kalkulierte ich nun auch ein Changieren der nach fast zwölf Stunden Riemenarbeit ermatteten Hündin ein. Und ein letztes Mal trug ich ab, mit dem Erfolg, daß Kati um keinen Meter von der mehrfach gearbeiteten Leitlinie abwich und zu guter Letzt wieder vor der undurchdringlichen Mauer stand.

Ich war mit den Kräften am Ende, erklärte nunmehr, daß die Hündin überfordert sei und empfahl endgültig, die Suche am nächsten Morgen mit frischer Kraft fortzusetzen.

Die Sonne begrüßte uns mit letzten Strahlen, als wir den Ort der letzten Tat verließen. Als wir am Morgen begonnen hatten, war sie gerade zu ihrer Tagesreise aufgebrochen.

In gemäßigtem Tempo fuhr ich heimwärts, durchdachte dabei die letzten zwölf Stunden und kam zu dem Resultat, daß bei nur einem Fünkchen Glück der Hirsch bereits zur Strecke gekommen wäre.

Meiner Frau fiel ein Stein vom Herzen, als ich endlich das Haus betrat. Schließlich war sie den ganzen Tag ohne Nachricht geblieben.

Doch wenn der Teufel am Tanzen ist, dann hört er so schnell nicht auf. Noch spät am Abend wurden mir einige dienstliche Termine für den nächsten Tag übermittelt, die unaufschiebbar waren und von mir selbst vorgenommen werden mußten.

So ergab es sich, daß die Suche am nächsten Morgen mit anderen guten Hunden fortgesetzt werden mußte. In wechselnder Reihenfolge waren es drei. Doch keiner von ihnen brachte die Fährte weiter. Allerdings nahm auch keiner Katis zuletzt und mehrfach gearbeitetes Fährtenstück an, welches zu der genannten Sturmholzbarrikade hinführte.

Nachdem ich alle meine dienstlichen Verrichtungen hinter mich gebracht hatte, fuhr ich nochmals mit Kati hinaus. Es ging bereits auf den Abend zu. Wiederum legte ich die Hündin da an, wo der Hirsch zum letzten Male beschossen worden war. Nicht der leiseste Anflug von Hoffnung war in mir. Außerdem war das Gelände inzwischen von derart vielen Rotwildfährten durchzogen, daß selbst die Nase eines Schweißhundes überfordert sein mußte.

Innerlich zerrissen wandelte ich hinter meinem Hunde her. Und fast erschrak ich, als wir plötzlich wieder, wie mehrfach am Vortage, vor der Burg aus Sturmholz und Stubben standen. Dieser Wall hatte eine unüberschaubare Tiefe und eine Breite von etwa vierhundert Schritt. „Ach, Kati", sagte ich müde und verzweifelt, „ach, Kati." Ich gab auf.

Dann fuhr ich zum Revierbeamten. Er erzählte mir Einzelheiten über die Suche mit den anderen Hunden und war überzeugt, daß der Hirsch nur noch durch Zufall erlegt werden konnte. Dann nahm er die Revierkarte zur Hand und rechnete mir vor, daß wir am ersten Suchentag über zwanzig Kilometer auf der Rotfährte zurückgelegt hatten. Ich gab dazu keinen Kommentar. Denn fünfhundert Meter mit Erfolg arbeiten wiegt immer noch mehr als Kilometer ohne Nutzen. Seelisch geknickt fuhr ich nach Hause.

Meine Frau sah mir den Kummer an und versuchte, meine schwarze Stimmung wenigstens in einen Grauton zu bringen. Am Ende stand dann wieder der öfter gehörte Satz: „Wenn du mal nicht zurückkommst, dann weiß ich wenigstens, wo ich dich bestimmt finden werde, nämlich auf irgendeiner Hirsch- oder Sauenfährte." Vielleicht kommt es mal so.

Aber die Zeche stand immer noch offen, die Zeche um den nicht gefundenen Hirsch. Acht Tage später habe ich sie bezahlt. Der Hirsch wurde verludert gefunden. Keine dreihundert Meter hinter der Sturmholzbarrikade. Es war ein Drama, das Geschehen im Ganzen und das Verenden des Hirsches im einzelnen.

Es fällt mir schwer, darüber zu berichten. Ohne jeden Zweifel war der Hirsch über die unüberbrückbar erscheinenden Sturmholzwälle geklettert und hatte sich dann bald niedergetan. Gepeinigt von Fliegenschwärmen schlug er mit dem Haupt um sich. Dabei mußte es geschehen sein, daß sich eine seiner Geweihstangen unter einem Wurzelanlauf verfing, und zwar so fest, daß sich der Hirsch mit eigener Kraft nicht mehr befreien konnte. So fand er ein schauriges Ende. Als man den Verluderten barg, war es unmöglich, die Geweihstange zu befreien.

Das also ist die Geschichte eines angeschweißten Hirsches, der gleichsam vor einem Schweißhund den Ludertod erlitt. Diese Geschichte wird mir eine Lehre sein bis an mein Lebensende.

Der Schütze hat seine Trophäe erhalten. Sie soll ihn erinnern an einen glutheißen Augusttag und auch an einen Schweißhund, der an einem einzigen Tage mehr leisten mußte als viele Schweißhunde in einem Jahr, und der dennoch ohne Erfolg geblieben ist.

10

Sauen per Zufall und 12 Stunden auf der Wundfährte

Auf dem Schnuckenfell in der Zimmerecke räkelt sich Kati und erinnert mich daran, daß ich gar nicht soviel über das unterschiedliche Verhalten der Jäger, sondern über die Arbeit auf der roten Fährte sagen wollte.

Der August hat seinen Abschied noch nicht genommen. Mit letzten heißen Sommertagen liegt er über den Wäldern, der Heide und den Mooren, und die sonnendurchflutete Luft zittert vor Hitze.

Sehr spät am Vormittag erreichte mich die Bitte, einen Überläufer nachzusuchen. Zuerst glaubte ich an einen Scherz, weil in der Landschaft, in der nachgesucht werden sollte, überhaupt keine Sauen vorkamen. Dort verwaltete ein Bekannter einen größeren landwirtschaftlichen Betrieb, dessen Jagdflächen einen guten Niederwildbesatz aufweisen. Doch Sauen gibt es da nicht. Weil der Wald fast völlig fehlt und damit die für einen Sauenbestand nötigen größeren Einstandsdickungen.

Und doch waren sie plötzlich da, die Sauen. Woher sie kamen, weiß niemand. Unter dem Schein des Vollmondes taten sie sich in einem Haferschlag gütlich, dessen Seite bereits angemäht war.

Zufällig war der Sohn des Verwalters in gleicher Stunde draußen. An Sauen dachte der junge Mann mit dem ersten Jagdschein bestimmt nicht. Darum trug er auch kein Schießgewehr bei sich, mußte es erst aus dem Hause holen und seinen Vater dazu, der den schnell gestammelten Sauenbericht aber nicht glauben wollte.

Nachher aber war alles reine Wirklichkeit. Auf dem breiten Mähstreifen hielt eine starke Überläuferrotte Nachlese, und außerdem schmatzten noch einige Stücke für die Jäger unsichtbar im Hafer. Auf allen vieren krochen Vater und Sohn bis auf etwa dreißig Schritt an die Rotte heran. Doch ehe der Jungjäger schußfertig war, zogen die Sauen rasch näher und standen, als der Schuß brach, fast unmittelbar vor dem Schützen. Dann stob das Wild in das Meer von Halmen hinein.

Da sich der junge Mann seines Schusses sicher war und das beschossene Stück verendet im Haferschlag vermutete, auch einer möglichen Verhitzung des Wildbrets vorbeugen wollte, holte man schnell den eigenen Vorstehhund und suchte sofort nach; allerdings ohne Erfolg.

Bei Tageslicht fand man am Anschuß Wildbretschweiß und bat einen in der Nachbarschaft wohnenden Jagdteckelzüchter und -führer um Hilfe. Der ließ sich die für ihn einmalige jagdliche Gelegenheit nicht entgehen, machte allerdings den Fehler, zugleich mit zwei Teckeln vom Anschuß an frei verloren zu suchen. Später wurden die Hunde mehrmals in der Feldmark laut, ohne daß der Anlaß hierfür ergründet werden konnte. Nach sechs Stunden harten körperlichen Einsatzes gab der Teckelführer auf, da sich nirgends Schweiß finden ließ und sich daher auch keine Anhaltspunkte für den Fährtenverlauf ergaben.

Als eine Stunde später Kati und ich am Anschuß standen, war auch der passionierte und sympathische Teckelmann zur Stelle. Er wollte mit seinen Hunden an der Führerleine trotz der bereits durchgestandenen Strapazen an der Suche teilnehmen.

Auch ich fand am Anschuß nur Wildbretschweiß und grübelte vergeblich über den Sitz des Geschosses nach.

Kati führte durch den Haferschlag, dann über Roggenstoppel, durch ein Zuckerrübenfeld und zuletzt durch Wiesen und Weiden. An den Stacheldrähten fanden wir an mehreren Stellen ausgerissene Borsten, leidliche „Pürschzeichen" als einzige Kontrolle für den Fährtenverlauf.

Zwar befanden wir uns in einem ausgesprochenen landwirtschaftlichen Nutzungsgebiet, gelangten aber später an mehrere Aufforstungshorste, die ein vernünftiger Mann vor Jahren hier anlegte, wahrscheinlich, um schlechtere Bodenpartien sinnvoll zu nutzen und zugleich dem Niederwild mehr Deckung zu schaffen. Diese Remisen bestanden aus Fichte, Sitkafichte und Erle, waren etwa zwanzig Jahre alt und gutwüchsig.

In einen solchen Horst arbeitete die Hündin jetzt hinein. Ich zwängte mich hinter ihr in das stachlige Wilddickicht und dachte einen Augenblick darüber nach, wie schön es doch jetzt wäre, den Hund kurzerhand zu schnallen und frei suchen zu lassen. Alle naselang blieb ich in dem verästelten Gestrüpp, in dem auch die Brombeere bis in Bauchhöhe um sich krallte, wie in einem zähen Brei stecken. Die Bäumchen standen auch allzu eng, waren in einem Verband von etwa fünfzig mal fünfzig Zentimeter gepflanzt worden. Hier hinein einem starken Keiler auf der Rotfährte folgen zu müssen, käme einer Selbstverstümmelung gleich. Aus diesem Schraubstock aus Stachelbäumen und Dornengestrüpp käme man, würde die Sau annehmen, nur schwer wieder weg.

Erleichtert atmete ich auf, als mich das stickige Verlies endlich freigab und auf ein bereits vom Schälpflug bearbeitetes Ackerstück entließ. Hier stand die Saufährte gut sichtbar in der weichen Krume! Ich streichelte Kati: „Nur weiter so." Und hier, wo man wieder schauen und atmen konnte, entdeckte ich auch den Landwirt, seinen Sohn und den Teckelführer. Sie hatten vorhin die Remise umschlagen und noch vor mir und meinem Hunde die Saufährte in dem gepflügten Acker festgestellt.

Wir vereinbarten, auch in der weiteren Folge so zu verfahren. Dann wühlte ich mich mit Kati noch zehn-, zwölf- oder gar fünfzehnmal durch viel zu eng gepflanzte Wildremisen. Überall standen Brombeeren dazwischen und rissen Kati Nase, Lefzen und Behänge blutig. Hier müßte doch der kranke Überläufer zu finden sein!

Doch dauerte es insgesamt vier Stunden, bis die Sau vor dem Hunde hoch wurde. Ich bemerkte sie viel zu spät, schnallte dann aber die Hündin. Sie hetzte bedächtig, ganz anders als Grandel, die jetzt Gift und Galle „spucken" würde. Kati ist nicht so beschaffen. Sie fühlt sich am wohlsten, wenn sie die Halsung und den Riemen verspürt. Aber jetzt hetzte sie, ihr Fährtenlaut klang zögernd. Ich hatte das Empfinden, als wartete sie auf mich. Aber so schnell konnte ich nicht folgen. Ich wickelte mir den Schweißriemen über Nacken und Schultern, lud die Büchse durch und versuchte, so schnell ich konnte, in dem zähen Bewuchs voranzukommen.

Doch den Fangschuß wurde ich nicht los. Der fiel weit von mir. Später erfuhr ich, daß ihn der Vater des jungen Jägers in guter Manier abgab, als die Sau vor dem Hunde aus dem Dickicht rutschte.

Damit ist die kleine Geschichte, wie ein junger Jäger zu seiner ersten Sau kam, erzählt. Ich bin sicher, daß er nie vergessen wird, daß es gute Jagd ohne gute Hunde nicht geben kann.

Aus dem Vogelbeerbaum, der als Lückenbüßer in einer nicht anders zu nutzenden Ecke des Gartens steht, holen sich die Amseln, Drosseln und anderes gefiedertes Volk ihren Anteil. Von Tag zu Tag verringerte sich der knallrote Fruchtbestand in der fiederblättrigen Baumkrone. Dieser Zustand zeigte die auslaufende Feistzeit unseres Rotwildes an. Zwischenzeitlich fielen für Grandel noch einige Nachsuchen auf den roten Bock an. Auch zwei Laufschüsse waren dabei. Vor derartigen Nachsuchen habe ich immer einen gewissen Respekt. Zwar gibt es bei kurzen Laufschüssen fast stets viel Schweiß am Anschuß und auf den ersten paar Schritt während der Fährtenfolge. Später aber hören alle Pürschzeichen auf, die eine sichere Kontrolle der Suchenarbeit ermöglichen. Außerdem zieht laufkrankes Wild rasch weiter, wenn keine anderen Körperpartien vom Geschoß getroffen worden sind. Auch ist es bei einer Hetze vom Hunde nicht immer leicht einzuholen und zu stellen. Darum stellen erfolgreich abgeschlossene Nachsuchen bei Laufschüssen immer eine Krönung der Fährtenarbeit dar.

Es ist keine gute Empfehlung der jagdlichen Lehre, den Hund bei erkannten Laufschüssen sofort zu schnallen. Viel zu oft wird von diesem Rat in der jagdlichen Praxis Gebrauch gemacht. Nur selten führt ein solcher Einsatz mit dem freiverloren suchenden Hund zum Erfolg. Das hat zwei Gründe. Zum ersten stimmt es gar nicht, daß der geschnallte und nun führerlose Hund „mit ziemlicher Sicherheit" die warme Krankfährte hält, falls sie — und das ist bei Laufschüssen fast immer der Fall — über weite Strecken verläuft. Häufig tun das die meisten auf Niederwild spezialisierten Vorstehhunde nicht. Dennoch werden sie immer wieder für solche Arbeit eingesetzt, weil der Unsinn vom sofortigen Schnallen des Hundes bei Laufschüssen nicht ausrottbar ist und von Generation zu Generation gedankenlos weitergegeben wird. Zweitens aber — und das erscheint mir noch schwerwiegender — ist auch laufkrankes Wild „krankes" Wild und wird sich irgendwo niedertun, um im Wundbett noch kränker zu werden, falls es in Ruhe gelassen wird. Eine nach entsprechender Wartezeit gestartete Nachsuche am Riemen mit einem gut veranlagten und geführten Hund wird in vielen Fällen einfacher zum Wundbett führen. Unterzieht man sich außerdem noch der Mühe, bei solchen Nachsuchen einige Schützen zum Vorstellen herbeizurufen, dann gibt es meist auch den sicheren Erfolg. An dieser Stelle möchte ich auch noch bemerken, daß viele Nachsuchen scheitern, falls die eingesetzten Jagdhunde in ihrem täglichen Beruf mit Suche, Stöbern, Karnickeljagd und anderen „Flüchtigkeiten" belastet werden.

Zwar ist es verständlich, wenn ein Jäger versucht, nach schlechtem Schuß seinen eigenen, nicht auf Schweiß spezialisierten Hund einzusetzen. Aber dieser Jäger sollte dann im Lesen von Schuß- und Pürschzeichen so gut bewandert sein, daß er abwägen kann, wann er einen solchen Einsatz wagen kann. Sind nach der Deutung der Pürschzeichen Schwierigkeiten bei der Folge zu erwarten, dann sollte der nicht fährtengewohnte Hund und vor allem die verflixte Eitelkeit zurückgestellt und der nächstbekannte Schweißhundführer verständigt werden.

Dann würde weniger Wild in verschwiegenen Dickungen verludern, und dem Wild blieben viele Schmerzen erspart. Aber es gäbe auch mehr Freude am Jagen. Und es schmückte manche Trophäe mehr das Jägerhaus, statt in der Nadelstreu dem Mäusezahn anheimzufallen.

Die Freude am Erlebten und Vollbrachten sollten wir uns nicht durch eigene Schuld trüben. Solche Freude ist doch Bestandteil des menschlichen Daseins und nicht nur dem Jäger vorbehalten.

Als ich Anfang September am Abend nach Hause kam, sagte ich zu meiner Frau, daß ich „so eine Ahnung" hätte. Allein wegen dieser Ahnung verschob ich einige für den nächsten Tag vorgesehene Termine auf später. Ich tat dies so gründlich, daß es kein Durcheinander geben konnte, selbst wenn ich plötzlich sterben würde. Als ich jedoch spät zu Bett ging, schien es dann doch so, daß ich mir die Mühe des Verplanens umsonst gemacht hatte. Mein Gefühl hatte mir einen Streich gespielt. So schien es jedenfals.

Fast schlief ich schon, da schrillte das Telefon. So wie ich war, stürzte ich in den Nebenraum. Mein Nachbar war an der Strippe. Derselbe, bei dem ich einst einen Hirsch verludern ließ.

Am Abend hatte ein Jagdgast bei ihm einen Hirsch beschossen. Viel mehr wußte man nicht, eben nur, daß der Schuß heraus war. Dabei sollte der Hirsch eine „leichte" Flucht nach vorn getan haben. Für eine Anschußuntersuchung hatte bereits das Licht gefehlt. Nun, die leichte Flucht hat nicht allzuviel zu sagen. Die gibt es auch, wenn das Geschoß ins Leere geht.

Ich dachte nach und konnte nicht einschlafen. Darum hörte ich auch, wie es draußen zu regnen begann, wie der Regen immer heftiger wurde und die Tropfen zuletzt regelrecht gegen die Fensterscheiben prasselten. Das hört sich bei uns „dahinten in der Heide", in dieser absoluten Stille, besonders aufregend an. Nun war ich mit meinen Gedanken schon mitten in der Nachsuche. Ich bedauerte Kati, vielleicht aber bedauerte ich auch mich.

So schlief ich schlecht und träumte viel wirres Zeug durcheinander. Redlich froh war ich, als ich am Morgen das Bett endlich verlassen konnte.

Am Forsthaus erwartete mich schon der Revierbeamte und sein Gast, ein Jäger aus Schleswig-Holstein.

Am Anschuß war alles fortgewaschen, was hätte vorhanden sein können. Aber nach längerem Suchen verwies Kati dann doch ein fingernagelgroßes Deckenstück mit kurzem Haar. Ganz sicher war ich bei der Bestimmung dieses Zeichens nicht, meinte aber schließlich, daß es vom Oberlauf stammen könnte. Damit aber schwand die Chance eines Erfolges bei der vor uns liegenden Suche. Denn höchstwahrscheinlich handelte es sich nur um einen Streifschuß.

Langsam tastete sich die Hündin in die hohen Bickbeerstauden. Alle paar Schritt steckte ihre Nase voller Wasserstaub, den sie dauernd hinausprustete. Nach hundert Schritt bekam ich große Augen. Kati verwies, schnell war ich bei ihr und sah einen Knochensplitter vom Lauf. Ein paar Meter weiter lag noch einer, vom Regen sauber abgewaschen und erschreckend nüchtern leuchtend. Da hatten wir's! Und ich glaubte an einen Streifschuß! Behutsam zockelte die Hündin vor mir durch das nasse Kraut. So brachten wir etwa achthundert Meter hinter uns. Dann standen wir an der Reviergrenze. Der Hirsch war in die Kieferndickung gezogen. Wir aber mußten warten. Zwischendurch benachrichtigte der Revierbeamte das zuständige Forstamt.

Nach etwa einer Stunde war es geschafft. Die Schützen rollten an. Ich zählte zwölf. Allesamt wollten sie sich nützlich machen. Auch ein Hund war dabei, ein hochläufiger Drahthaar, der als Bringselverweiser einen guten Ruf genoß.

Hier, im „feindlichen Revier" fand Kati ersten Schweiß, oder besser gesagt, rotgefärbtes Regenwasser. Aber da war auch schon der Drahthaar vor ihrer Nase und stahl ihr die Schau. Das dumme Mädchen merkte es nur nicht, hob die Nase und blickte interessiert dem Freiverlorensucher nach. Aber zum Glück verschwand dieser bald irgendwo in der ausgedehnten Dickung. Haumeister M., der mich damals schon begleitet hatte, als der später verluderte Hirsch nachgesucht wurde, war bei mir. M. war ein zurückhaltender Mann, der nicht viele Worte machte. Doch als der Drahthaar wieder bei uns auftauchte, mit langen Sätzen durch das Dickicht preschte und Kati dabei fast über den Kopf sprang, daß sie darüber ihre andächtige Suche vergaß, rief er lautstark: „Muß das denn sein!" — „Das muß sein", sagte ich ganz gegen meine Überzeugung und wunderte mich über meine Ruhe. „Den brauchen wir vielleicht noch zur Hetze", fügte ich hinzu, um auch für die nächste Zeit den Langbeinigen vor dem Haumeister zu entschuldigen. Sehr wohl aber war mir bei alledem nicht. Kannte ich doch meine sensible Hündin!

Eine Viertelstunde später hörten wir weit vor uns Hetzlaut. Der kam von dem Langbeinigen. „Nun hat er den Hirsch", dachte ich und war sogar ein wenig froh, auch wenn Kati nicht zum Erfolge kam. Stutzig machte mich nur, daß meine Hündin in eine ganz andere Richtung hinarbeitete. Aber der Hirsch mochte später einen Bogen geschlagen haben. Dann fielen drei Schüsse. Sie waren für mich ein bißchen Erlösung, aber auch so etwas wie Enttäuschung. Jetzt wußte ich wieder, wie gern ich Kati und mir den Hirsch gegönnt hätte. Die Eitelkeit läßt sich aus unserem Dasein doch nicht ganz verbannen. Ganz gleich, ob Hilfsarbeiter oder Professor, die Eitelkeit scheint mit dem Wissen und Können eher zu wachsen.

Aber dann war es doch nichts gewesen! Die drei Schüsse wurden auf einen gesunden Hirsch abgegeben, obwohl sie dem Kranken hätten gelten sollen. Der Drahthaar hatte ihn in der Dickung hochgemacht und in voller Fahrt vor die Schützen gebracht.

Und Kati hält die rote Fährte. „Goldmädel", sage ich ganz leise, aber nicht leise genug für den Haumeister. „Was sagen Sie?", fragte er. Da schäme ich mich für das „Goldmädel" und erzähle ihm etwas ganz anderes. Denn wer geht schon gern mit seinen Gefühlen hausieren?

Irgendwo scheint die rote Fährte ein Ende gefunden, sich in Nichts aufgelöst zu haben. Kati zieht Kreis um Kreis, greift mehrfach selbständig zurück, bleibt wieder in ihren Kreisen und findet noch einen winzigen Schweißrückstand in der Nadelstreu. Dann wendet sie und führt in der Fährte zurück, einhundert Meter, zweihundert Meter. Ein Widergang von nie gekannter Länge! Jetzt aber heißt es aufgepaßt. Denn nach allgemeiner Erfahrung stiehlt sich krankes Wild rechtwinklig von solchem Widergang in die Büsche. Der suchende Hund aber überschießt zu leicht den verschwiegenen Abgang des Wildes.

Und dies geschieht im Augenblick. Kati paßt nicht auf und überschießt den vom Hirsch eingelegten rechtwinkligen Haken. Zwanzig, dreißig Schritt geht sie zu weit. Zwar gefällt mir irgend etwas an der Arbeit der Hündin nicht, nur weiß ich nicht, was es ist. Aber da erkennt Kati ihren Irrtum. Fast erschreckt verhofft sie, wendet mit leichtem Sprung auf der Hinterhand, überschießt noch einmal, zieht zwei, drei Kreise, findet dann den Anschluß und hängt sich gierig an die Fährte. Bald finden wir frischen Schweiß. Ich schalme eine kleine Kiefer mit dem Jagdmesser an. Vielleicht müssen wir auf diesen Punkt noch einmal zurückgreifen. Die Fährte ist brühwarm. Mächtig legt sich die Hündin in den Riemen.

Von uns unbemerkt zieht der Hirsch jetzt vor uns her, kommt den vorgestellten Schützen, die bereits drei Schuß auf den gesunden Hirsch verfeuert haben und sich gerade über ihr Mißgeschick unterhalten. Und just da tritt der Kranke auf die Bühne, zeigt seinen kaputten Lauf, eräugt die Menschen, erkennt die Gefahr und flüchtet eilig über eine dünn mit Anflugkiefern bestockte Heidefläche. Wenig später ist anstelle des Hirsches Kati da. Und erst jetzt wird allen klar, daß fast ein gesunder Hirsch zur Strecke gebracht worden wäre.

Weiter weg stehende Schützen werden zusammengerufen. Inzwischen ist es Mittag geworden. Die Regennacht ist in einen heißen Sommertag übergegangen. Auf einem Heidberg lege ich Kati ab, suche für sie nach Wasser, finde aber keins in diesem weiten, sandigen Kiefernrevier. Dabei hat es die ganze Nacht geregnet.

94

Dann wird wiederum vorgestellt. Mühelos huscht die Hundenase über die warme Fährte. Der Führer des Drahthaar hat seinen Hund an einen der Schützen abgegeben, gesellt sich zu mir und hilft mir mit geschultem Blick beim Lesen von Pürschzeichen. Ich bin sehr froh darüber. Denn dieser Jäger besitzt große Erfahrung und hat ein feines Gespür für alle jagdlichen Dinge. Nicht zuletzt darum ist er auch mit seinem gut veranlagten Bringselverweiser so erfolgreich geworden.

Trotz der warmen Fährte ist die Folge nicht sehr leicht. Mehrfach wechselt Rotwild vor uns über die Rotfährte. Kati nimmt dies interessiert zur Kenntnis, versucht auch gelegentlich einen Ausbruch, den ich energisch unterbinden muß. Dabei sagt mein Begleiter, daß „ein Hund eben auch nur ein Mensch" sei. Ich lache, bin aber im Augenblick mit dem Verhalten meiner Hündin gar nicht einverstanden. Eine Ewigkeit dauert es, bis wir endlich aus den unübersichtlichen Nadelholzdickungen hinausgelangen.

Aber das Rennen ist noch längst nicht gelaufen. In einem ausgesprochenen Rot- und Schwarzwildbestand scheint die Fährte verloren. Der kranke Hirsch hat seinen ungestümen Verfolger längst erkannt und versucht, ihn durch Widergänge, Bogen und andere instinktive Tricks abzuschütteln. Es ist wie in einem Labyrinth. An allen möglichen und unmöglichen Stellen finden wir einen Hauch von Schweiß. Hinzu kommen die unglaublich vielen Verleitfährten, die das durch uns rege gemachte Wild hinterläßt. Über eine Stunde lang kriechen wir durch die nicht enden wollenden Dickungskomplexe, immer wieder von etwas Schweiß genarrt, den wir schon gar nicht mehr verbrechen, weil wir stets drei-, viermal an denselben Stellen vorbeikommen.

Endlich führt uns die Hündin aus den unter tropischer Hitze brütenden Dickungen. Wir gelangen auf einen schmalen, mit Wacholder und einigen Anflugkiefern bestockten Heidestreifen. Hier liegt wieder Schweiß, aber ganz unregelmäßig über die ganze Fläche verstreut. Ich finde keine Erklärung dafür, denn diese Freifläche hätte der Hirsch — noch dazu am hellichten Tag — in aller Regel fluchtartig überfallen. Warum er es nicht tat, bleibt sein Geheimnis.

Irgendwo führt die Hündin wieder in die Dickung zurück, die wir längst durchmessen haben. Ich wage gar nicht mehr zu denken. Doch dann kommt der Geist wieder. Kati verweist erneut Schweiß. Es ist zum Jauchzen, aber auch zum Verzweifeln. Ein Widergang. Erneut stehen wir auf dem Heidestreifen von vorhin. Und sind so klug wie zuvor.

Kati verläßt die Heide, überquert einen weichen Sandweg. Da steht die Fährte! Aber alle vier Schalen sind deutlich sichtbar. Das kann niemals der Kranke sein! Ich trage in tiefer Resignation die Hündin ab.

Inzwischen haben sich die vorgestellten Schützen eingefunden. Einer sagt: „Meine Herren, geben Sie sich keine Mühe, den Hirsch bekommen wir nie, der heilt die Verletzung leicht aus." Niemand gibt eine Antwort. Da ruft ein den Weg abfährtender Jäger: „Hier steht noch eine Fährte!" Und in einem fast tranceähnlichen Zustand führe ich den Hund an die ausgerufene Fährte heran. Sie wird untersucht und auch gearbeitet. Aber auch hier stehen alle vier Schalenabdrücke im weichen Sand. Also abtragen! Der Mann von vorhin sagt nochmals: „Den bekommen wir nie!"

Es ist siebzehn Uhr. Seit sieben sind wir ununterbrochen auf der Rotfährte. Zehn lange Stunden. Auch dem Drahthaar hängt die Zunge weit aus dem Fang.

Oberförster P., den ich schon als Jungen kannte, braust los und besorgt einen Kübel Wasser. Auch bringt er Zigaretten mit. Meine eigenen sind schon vor Stunden in den nassen Dickungen aufgeweicht. Die Hunde stürzen sich über das Wasser, die Menschen verharren in gespannter Erwartung. Doch dann hält es mich nicht mehr. Nochmals untersuche ich die „erste" Fährte auf dem Sandweg, die zu dem Kranken so gar nicht passen will. Auf einmal hat es die Hündin sehr eilig. Hundert Meter, zweihundert Meter. Aber es gibt keinen Tropfen Schweiß. Dann ist auch der Drahthaar wieder da. Der Haumeister sagt: „Der hat uns gerade noch gefehlt!" Ich selbst aber bin so sehr jenseits von Gut und Böse, daß ich nur auf meine Hündin achte. Sonst ist mir alles gleichgültig. Ich möchte die Hände falten und um ein Tröpfchen, nur um ein winziges, einsames Tröpfchen Schweiß bitten. Aber wie soll man die Hände falten, wenn man den Schweißriemen damit hält.

Nachher geht es auch ohne Händefalten. Kati steht. Ich bin bei ihr. Schweiß. „Schweiß", rufe ich, „Schweiß." Das Glück, von dem ich sonst nicht allzu viel halte, ist ganz plötzlich da. Ich bitte den Haumeister, den Schützenhaufen zu veranlassen, sich irgendwo weit vorzustellen. Derweil stecke ich mir eine Zigarette zwischen die Lippen, höre den Drahthaar vor, neben und hinter mir durch das Holz brechen und denke, daß wir ihn vielleicht noch zu einer Hetze brauchen könnten. Sein Führer erscheint und versichert, daß mein Hund einsame Spitze sei und daß der Hirsch nicht mehr fortkommt.

Dann ist der Haumeister wieder da. „Weiter, Dicke", sage ich. Aber beim nächsten Schweiß heißt es dann doch wieder „Goldmädel".

Der Drahthaar hält sich dicht bei Kati. Vor einem Windwurfhorst von Stubengröße hebt er die Nase. Da ist auch schon sein Führer da, schreit: „Achtung!" Ich gebe der Hündin den ganzen Riemen. Da bricht und kracht und poltert es.

„Deutschlands größtes Schwein ist tot", schrieb zutreffend eine große Zeitung, als dieser Keiler im September 1972 im Bezirk Lüneburg zur Strecke kam. Die kurze Rotfährte arbeitete der Verfasser mit seinem Schweißhund. Bei dem Gewaff des 182 kg schweren Hauptschweines sind die ungewöhnlich starken Haderer bemerkenswert. Näheres stand in „Wild und Hund", 75. Jahrgang, Seite 363.

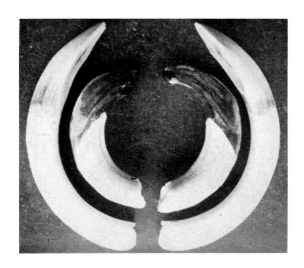

An den Hirsch da drinnen habe ich nicht geglaubt. Der andere hat recht gehabt, hatte die richtige Ahnung. Ich bewundere sein Naturtalent. Vor uns fällt ein Schuß. Kati wird schneller, und auf einmal weiß ich, daß es zu Ende ist.

Die Hündin steht auf dem gestreckten Hirsch, der in dem lockeren Sand eines Waldweges liegt. Daß ich nochmals „Goldmädel" sage, ist weder Sentimentalität noch romantisches Entzücken. Es ist der Stoß- seufzer eines Jägers, der am Ende seiner Kräfte ist.

Die Uhr zeigt die neunzehnte Stunde. Alle sind sie zur Stelle, die Jäger, die den Tag miterlebten, wenn auch auf Vorposten und verurteilt zu stundenlangem Warten.

11
Probleme am Anschuß

Die Heide ist verblüht. Längst haben die Imker mit ihren Bienenkörben das Weite gesucht. Nicht ohne — wie in jedem Jahr — nachdrücklich zu bekunden, daß „es sich nicht gelohnt habe". Aber das ist sicher nur eine Schutzbehauptung. Der Preis für den Heidehonig muß allein aus ideellen Gründen gehalten werden. Überhaupt: Das Geschäft mit der Heide wächst von Jahr zu Jahr, mir kommt es manchmal vor, daß es leichter ist, vom Naturschutz als für den Naturschutz zu leben.

Mit solchen Gedanken schritt ich im letzten Licht über die Heide und ließ mich von einer schwingenschlagenden Nachtschwalbe begleiten.

Doch diese Gedanken änderten sich schnell, als ich nach Hause kam. Hier lag bereits ein Anruf, besser Notruf, eines Jägers vor, dem ein hochjagdbarer Hirsch nicht den Gefallen tat, nach dem Schuß auf der Strecke zu liegen.

Also fuhr ich am nächsten Morgen mit Kati los. Der Revierbeamte, zugleich Schütze und „Belasteter", erwartete mich zusammen mit seinem Vorarbeiter an der Gartenpforte seines Hauses.

Ich erfuhr, daß man es gestern kurz nach dem Schuß bereits mit dem Teckel versucht habe, doch es gab keine „Fährte". Der Teckel, gut auf Schweiß abgeführt und auch mehrfach auf der natürlichen Rotfährte bewährt, wollte es in diesem Falle nicht tun.

Tatsächlich fanden wir auch am Anschuß keine Zeichen, mindestens waren keine zu erkennen. Der Hirsch hatte neun oder zehn Stück Kahlwild bei sich, als der Schuß brach. An einem so entstehenden Durcheinander kann schon eine Teckelnase versagen. Auch Kati wird sich hier erst mal durchwinden müssen. Außerdem wußten wir nicht, ob der Hirsch die Kugel überhaupt bekommen hatte. Der Schütze wollte ein deutliches Zeichen, eine weite, tiefe Flucht erkannt haben. Nun ja, die Aussage eines so erfahrenen Rotwildjägers hat Gewicht.

Kati nahm sich viel Zeit, tupfte die vielen Rotwildfährten gründlich ab, zog ins Holz, aber kaum einen Steinwurf weit, dann kehrte sie wieder zum Anschuß zurück und schien „nachzugrübeln". So etwa sah ich es. Über ihre Stirn zogen sich — sonst nur selten sichtbar — „Sorgenfalten". „Nun mach' schon", sagte ich. Aber der Anschuß erschien wie mit Leim übergossen. Die Hündin klebte darauf und fand keinen Anfang.

„Der Hirsch scheint gesund", sagte ich. Doch das war voreilig von mir. Denn nun löste sich Kati aus den verwirrenden Fährten, zog flott über eine Schneise und verwies an einem Faulbaumbusch irgend etwas. Fast gleichzeitig standen der Haumeister und ich neben ihr. Und gleichzeitig erkannten und riefen wir: „Schweiß!". „Gott sei Dank", dachte ich. Ein jagdbarer Hirsch! Was mußte der Schütze in diesem Augenblick empfinden! Doch er brauchte sich nicht lange zu grämen. Nach wenigen hundert Metern wurde der Riemen schlaff. Hinter einem Fichtenanflughorst lag der Hirsch. Als erster schaute ich in die hochaufragenden Geweihstangen. Was für ein Hirsch!

Der Schütze wußte sich nicht zu halten vor Freude. Ich gönnte ihm den Jubel, und noch mehr gönnte ich ihm den Hirsch. Einen besseren, ausgereifteren wird er kaum mehr in diesem Revier bekommen. Und dann überkam mich eine tiefe Nachdenklichkeit.

Wieder und wieder griff ich in die starken Geweihstangen, und Kati war mit der Nase dabei. „Der ist von dir", sagte ich leise. Und in mir war dabei ein klein wenig Wehmut und ein Quentchen Traurigkeit. — Wer kennt sich schon aus in den Empfindungen eines Jägers?

Wenn ich von „Grandel" als der roten Dachsbracke spreche, dann stellt diese Bezeichnung nur ein Kürzel dar. Eigentlich müßte ich sagen: Die „Alpenländisch-Erzgebirgler Dachsbracke", und würde damit zugleich ihrer Herkunft gerecht werden. Denn neben diesem Hunde gibt es ja auch noch die „Rheinisch-westfälische Dachsbracke", eine kleine Ausgabe der Olper Bracke. Während ich die „rote" Dachsbracke gefühlsmäßig neben dem Hannoveraner und dem Bayerischen Gebirgsschweißhund zu den Schweißhunden zähle, ordne ich die Westfälische Dachsbracke den „jagenden" Hunden zu. Zwar läßt sich nicht bestreiten, daß diese niedrige Bracke bei entsprechender Führung und individueller Veranlagung auch auf der Rotfährte zu führen ist. Nur meine ich, daß ihre züchterisch gestellte Aufgabe im Brackieren und im Stöbern liegt.

Häufig werden in Anzeigen „Dachsbracken" zum Verkauf angeboten, ohne einen Hinweis, um welche Art es sich handelt. Es wäre besser, die angebotenen Hunde klar zu bezeichnen, um dem kynologisch unerfahrenen Jäger die Verwendung des Hundes besser aufzuzeigen.

Daß bei der Prüfung für „rote" Dachsbracken auch das Brackieren verlangt und entsprechend bewertet wird, soll auf die vielseitige Verwendung des kleinen Schweißhundes hinweisen. Die hervorragende Eignung dieses Hundes für die Arbeit auf der roten Fährte wird damit keinesfalls eingeschränkt.

Darin ergeht es ihr wie dem Jagdteckel, der oft in der Bodenjagd Verwendung findet, obwohl er — entsprechende Abstammung und Führung vorausgesetzt — als erstklassiger kleiner Schweißhund zu gebrauchen ist.

Wenn ich mir die unterschiedlichen Jägertypen betrachte, dann weiß ich, daß für jeden einzelnen der entsprechende Jagdhund zu haben ist, gleichsam als maßgeschneiderter Jagdbegleiter. Wenn auch die Revierverhältnisse, der Wildbestand, Hoch- und Gebirgslagen für den Hundeeinsatz eine wichtige Rolle spielen, so erscheinen mir diese Dinge sekundär. Hauptsächlich trifft der Jäger die Auswahl seines Hundes doch nach subjektiven Gesichtspunkten. Damit ist auch schon erklärt, warum so oft Fehlinvestitionen bei der Hundewahl vorkommen. Ich kenne viele Reviere, die, obwohl ein Jagdhund da ist, letztlich doch „hundelos" sind, weil das Können dieses Hundes auf ganz andere Revierverhältnisse zugeschnitten ist.

Auch empfinde ich es als unwaidmännisch, wenn gelegentlich Verkäufer von Jagdhunden unseriöse, ja irreführende Angaben bei der Anpreisung ihrer Hunde machen. Es stellt aber nicht nur einen Verstoß gegen die anständige jägerische Einstellung dar, wenn Jäger an Jäger Hunde verkaufen, die zu allem taugen, nur nicht zur Jagd.

Liest man die Anzeigen im „Hundeteil" einer Jagdzeitung, dann kommt man aus dem Staunen nicht heraus, und das nicht nur bei Angeboten, sondern auch bei den Gesuchen. Da erwarten beispielsweise Jäger von dem gesuchten Jagdgefährten, der „höchstens" im ersten Feld stehen soll, daß dieser Allesapporteur, Verlorenbringer, Totverbeller oder Totverweiser, sicher auf Schweiß, obendrein aber auch noch „scharf", kinderlieb und einiges mehr sein soll. Was stellen sich diese Leute vor, die einen Hund mit solchem Wissen und Können im ersten Feld erwerben wollen? Zumindest wissen sie nicht, daß ein Hund im zweiten Lebensjahr bei aller möglichen Tüchtigkeit, allerbester Vererbung und Erziehung immer nur ein Anfänger sein kann, der noch viel lernen und viel Praxis hinter sich bringen muß, um in ein paar Jahren endlich das zu sein, was man schon heute von ihm verlangt. Ich kann mir vorstellen, daß Jäger, die nicht die Zeit und manchmal wohl auch nicht die Fähigkeit besitzen, sich einen brauchbaren Jagdhund vom Welpen her selbst heranzubilden, sich einen voll zu gebrauchenden Vierläufer beschaffen möchten, mit dem sofort gute Jagd zu machen ist. Aber solche Wunderhunde hat uns die Natur noch nicht beschert, und sie wird solche Wesen auch künftig nicht produzieren, auch dann nicht, wenn Kunstzeugung, Brutkasten und Retorte von überspannten und am Rande der Verantwortung wandelnden Wissenschaftlern zu Bestandteilen unserer Hundezucht gemacht werden.

Bleiben wir mit unseren Hunden also fest auf dem Boden der Tatsachen, die uns Jäger die freie und weitgehend noch unverfälschte Natur täglich vorführt. Bleiben wir dabei und gehen wir davon aus, daß auch die Natur nicht vollkommen ist, immer noch Wünsche offen läßt, auch gar nicht vollkommen sein kann. Sonst brächte sie uns ins Paradies. Das aber wäre ähnlich dem legendären Schlaraffenland, in dem am Ende nur noch Taugenichtse, Schlemmer und Faulpelze scheinbares Glück genössen.

Denn Freude und Glück allein sind keine Lebenselixiere und kein Mittel, mit der Härte des Daseins fertig zu werden. Freude ist nicht mehr als ein Rosenstrauß, der mit Duft und Farbe erfreut, zuletzt jedoch zum Welken verurteilt ist. Dann kommen die Konflikte, die wir allesamt zum Leben brauchen. Sie festigen uns und können großartige Lehrmeister sein. Das tun sie besonders dann, wenn sie mit überraschender Härte über uns hereinbrechen.

Der Kalender zeigte den dreißigsten September. Dieser Tag ist für mich zur jagdlichen Geschichte geworden. Es liegt einige Jahrzehnte zurück, als ich an einem dreißigsten September meinen ersten Hirsch erlegte. Viele folgten im Laufe der Jahre, und einige Male war es wieder der dreißigste September, der sie mir bescherte. Heuer bescherte mir der dreißigste September keinen Hirsch, mindestens keinen, den mein Geschoß traf. Aber ich will der Reihe nach erzählen.

Am Abend zuvor beschoß ein Jäger in einer Privatjagd bei schwindendem Büchsenlicht einen geringen Hirsch, der allein zog und wahrscheinlich irgendeinem Brunftplatz zustrebte, um an dem allgemeinen Liebesreigen teilzuhaben.

Der Hirsch zeichnete nach Meinung des Schützen gut. Mit dieser Beobachtung aber begann für den Jäger ein schwerwiegender Konflikt. Denn eben wegen des beobachteten guten Zeichnens des Hirsches glaubte der Schütze, das Wild unweit des Anschusses zu finden und suchte sogleich in die Nacht hinein mit seinem schweißerprobten Teckel nach. Der Teckel hielt, wie sich anderen Tages herausstellte, die Rotfährte genau. Doch weil der Hirsch trotz längerem Suchen in der Nacht nicht gefunden wurde, brach der Schütze die Arbeit ab und setzte sie am nächsten Morgen fort.

Einwandfrei hielt der Teckel die kranke Fährte. Nur wußte der kleine Hund nichts von Jagdgrenzen. Die kannte allein der Jäger, nur beachtete er sie nicht, wohl infolge von Passion und Finderwillen. Und schwupps überschritt er die Grenze zum Staatswald. Zwar trug er kein Gewehr bei sich, aber eine „verbotene Wildfolge" wurde dennoch daraus. Außerdem hatte der gequälte Jäger mit dem Schweißriemen in den Fäusten nicht den aufmerksamen Nachbarn einkalkuliert. Dieser Forstmann war nicht nur ein ganz erfahrener und gewitzter Jäger, sondern hörte, wie man so sagt, auch „die Flöhe husten". Die hörte er bereits, als am Vorabend ein Schuß fiel. Und da er wußte, daß krankes, in nämlicher Privatjagd beschossenes Wild im Regelfall noch die großen, staatlichen Dickungen zu erreichen versucht, kontrollierte er am Morgen sorgsam die Grenzschneise. Hier fand er die Spuren des Teckels, auch die Sohlenabdrücke des Mannes, machte sich seinen Vers darauf und schlug Alarm.

Nachher geschah sehr viel, vielleicht sogar viel zuviel um diese dumme Sache. Und gegen Mittag erhielt ich Nachricht, den Hirsch mit meinem Hunde nachzusuchen. Auch über das bisher Geschehene wurde ich informiert. Als ich dann am Anschuß stand, war mir gar nicht wohl in meiner Haut. Mit gemischten Gefühlen suchte ich nach Pürschzeichen und fand einige, die auf einen Weidewundschuß hindeuteten. Als ich eine halbe Stunde später an der Grenzschneise zum Staatswald ankam, stand schon ein Haufen Jäger herum. Es herrschte eine gespannte Stimmung. Am liebsten hätte ich den Nachbarn gebeten, von hier aus die Suche mit eigenem Hunde fortzusetzen, zumal er einen vorzüglichen Schweißarbeiter besaß. Aber dann blieb die weitere Folge doch an Kati und mir hängen. Alle anwesenden Jäger schwärmten zum Vorstellen aus, da die Möglichkeit bestand, daß der Hirsch noch nicht verendet war und weit vor dem suchenden Hund fortziehen könnte.

Dann wurde Dickung um Dickung die Rotfährte gearbeitet. Nur gelegentlich fand sich ein Tröpfchen trockener Schweiß. Immer wieder mußte vorgestellt werden. Das kostete viel Zeit und nagte auch ein wenig an meinen Nerven. Zuletzt ging es in ein ganz widerwärtig sperriges Dickicht, in dem sich wohl vor Jahren ein Dendrologe versucht haben mußte, denn was es an Waldbäumen gibt, stand hier bunt durcheinandergepflanzt beisammen. Von meinem Hunde sah ich überhaupt nichts mehr; den hatte der bürstendichte Unterwuchs fest in sich aufgesogen. Und dann folgte Knoten um Knoten. Hier mußte der Hirsch lange Zeit herumgezogen sein, vielleicht in der Absicht, sich ein Wundbett zu suchen. Aber er fand keins in dem stacheligen Zeug. Unermüdlich löste Kati alle Schlingen und Ösen und führte endlich aus der verwirrenden Botanik hinaus. Doch als sie ihren Kopf in das anschließende freie Kiefernaltholz steckte, rief einer der vorgestellten Schützen: „Hirsch tot!" Was war geschehen? Eigentlich gar nichts, nur soviel, daß der Schütze, eben im Begriff, seinen Stand als Vorposten zu beziehen, auf den im Altholz liegenden verendeten Hirsch stieß.

Damit endete eine erfolgreiche Nachsuche ohne den verdienten Erfolg für den Hund. Kati überstand es schnell, weil ich mindestens in diesem Augenblick klug genug war, die Suche nicht einfach abzubrechen, sondern die Hündin bis zum Hirsch weiter suchen ließ. „Es ist dein Hirsch", sagte ich, und Kati legte sich neben den Verendeten, als brauchte sie meine tröstenden Worte nicht.

Was danach kam, wird mir immer in Erinnerung bleiben, weil es ohne „Waidmannsheil" für den Schützen abging. Obendrein wurde der Hirsch, beziehungsweise das Geweih, auch noch eingezogen. Aber ich selbst habe eine dauernde Erinnerung an diese Nachsuche, denn der unglückliche Schütze durchschnitt mir eine Fingersehne, während ich ihm beim Aufbrechen half.

Auf dem Rückweg zu den Wagen sagte mir einer der anwesenden Jäger: „Das haben Sie nötig gehabt! So einem Kerl hilft man nicht." Einen Augenblick lang habe ich geschwiegen, habe dann aber gefragt, ob es einen Jäger gäbe, der ohne Fehler sei. Eine Antwort darauf habe ich bis heute nicht erhalten, obwohl ich mit dem Mann inzwischen häufig bei jagdlichen Anlässen zusammengetroffen bin.

Damals gab es keine Totenwacht und auch keinen besinnlichen Ausklang des Jagdtages. Darum habe ich selbst ganz für mich allein ein ganz klein wenig nachgeholfen und mir daheim Schumanns „Träumerei" vorgespielt. Damit fand ich mein Gleichgewicht, damit entfernte ich mich aber auch von der Wirklichkeit, die auf mir lastete.

Sehr früh am Morgen klingelte mich das Telefon aus den Federn. Es war ein alter Bekannter, dem ich seit vielen Jahren sowohl jagdlich als auch privat verbunden bin.

Er präsentierte mir gleich zwei Sauen auf einmal. Eine wurde von ihm beschossen, eine andere von seinem Jagdfreund. Zwei Sauen nach einer so kurzen Nacht! Das kann zuviel sein. Außerdem mußte ich vorweg noch einige dienstliche Angelegenheiten erledigen, die unaufschiebbar waren. Also fing ich sofort damit an.

So wurde es zehn, ehe ich am ersten Anschuß stand. Ich fand weder Schweiß noch Borste, fragte daher den Schützen, ob er ein Zeichnen nach dem Schuß beobachtet hatte. Doch er zuckte mit der Schulter. Meine Frage war auch dumm gestellt. Denn Sauen zeichnen schlecht oder gar nicht. Aber da hatte sich Kati schon den Riemen aus meinen Händen gefädelt, war bereits im Unterholz verschwunden, so daß mir nichts übrigblieb, als ihr zu folgen.

Kein Schweiß. Das schien höchstens eine Kontrollsuche zu werden. Dann präsentierte sich uns eine Sitkafichtendickung. Wer die Sitka nicht kennt, der kann nicht ermessen, welche Schwierigkeiten sie dem hinter dem Hunde suchenden Jäger bereiten kann. Die Sitka hat keine Nadeln, sondern Stacheln.

Also hinein ins fragwürdige Vergnügen. Kati ging es dabei besser als mir, denn wo sie hindurchmußte, hatte sich der Bestand schon weitgehend gereinigt. Also schliefte sie flott dahin. Dann verhielt sie und reiserte mit Gefühl an einem trockenen Ästchen. Ich tastete zu ihr vor, „reiserte" ebenfalls, allerdings mit den Augen und fand — es war nicht zu fassen, trockenen Schweiß. So also schaute meine „Kontrollsuche" aus. Langsam, ganz langsam quälte ich mich hinter dem Hunde vorwärts. Dann fanden wir ein Wundbett. Es war kalt. Kati hob die Nase. Das sollte sie eigentlich nicht tun. Nun ja, zu dicht lag die Sau vor uns, denn kaum zwanzig Schritt, und wir standen vor dem verendeten Schwarzkittel, einem Überläufer. Ein Zipfelchen vom kleinen Gescheide lugte aus der Schwarte.

Ich schlang den Schweißriemen hinter den Tellern um das Haupt und zog die Sau so aus der Dickung. Warum sollte ich auch noch dem Schützen die Stachelfichten zumuten?

Der zweite Anschuß war aufschlußreicher. Hier lag immerhin etwas Schweiß. Er war aber bereits so angetrocknet, daß ich eine Aussage über den Sitz des Geschosses nicht wagte. Auch fragte ich nicht mehr nach dem Zeichnen, dafür aber nach der Geschoßart. Es war ein Geschoß vom Kaliber 8×68. „Mit dem kann man auf Elefanten schießen", sagte der Jäger. Auf Elefanten kann man auch mit dem Pusterohr schießen, dachte ich insgeheim, hütete mich aber, meine Gedanken laut werden zu lassen.

„Such verwundt." Der Kiefernjungwuchs war eine Erholung im Vergleich zu den Stachelschweinbäumen. Überall fanden wir Schweiß.

Ein Fuchsbau lenkte die Hündin für einige Augenblicke ab. Aber was tat's schon. Uns konnte kein Unheil mehr widerfahren. Denn wirklich „überall" lag Schweiß.

Dann standen wir vor der halbwüchsigen Sau. Der Bruch, den der Schütze Kati zuteil werden ließ, fiel etwas zu groß aus. Aber ich verkleinerte ihn nicht. Vielleicht hatte er genau die Abmessung, die mit dem Verdienst des Hundes übereinstimmte.

Ich steckte mir die Pfeife an und schaute den Jägern bei der roten Arbeit zu. Das macht manchmal auch etwas Spaß. Während der Arbeit sagte mein Bekannter: „Fast zwanzig Jahre lang haben Sie meine schlechten Schüsse wieder zurechtgerückt. Ich will keinen Dank sagen, der kommt bei Ihnen ja doch nicht an. Aber reden wollte ich schon immer mal darüber."

Wenn dieser Mann wüßte, welche Sternstunden mir die Arbeiten auf der roten Fährte bereitet haben! Und irgendwo habe ich es schon einmal gesagt: „Wenn die Jagd nichts mit Hunden zu tun hätte, ich glaube, ich wäre nur ein halber Jäger."

Es war später Nachmittag, als ich in die Heide zurückfuhr. „Dahinten in der Heide", so sagt meine Frau. Aber das „Dahinten" bedeutet keinen Stoßseufzer, ist bestenfalls ein Ausgleich dafür, was uns verlorenging in dem weiten Land an der Oder. Doch nun sind wir hier, ganz weit hinten in der Heide. Wir wollen das Beste daraus machen. Dennoch werden die Gedanken nicht eingesperrt, und wenn sie wollen, dürfen sie fliegen, wohin sie können, auch in das weite Land an der Oder mit seinen Wäldern, Hirschen, Böcken und Sauen.

12
Ein verfressenes Mädchen

Über Nacht kam der erste Reif. Obwohl der Tag davor noch voller Sonne war. „Der Sommer ist vorbei", sagte der Schnuckenschäfer, dem ich am Morgen vor seinem Schafstall begegnete. Als ich ihm lachend erwiderte, daß es da draußen jetzt erst richtig schön wird, schüttelte er verständnislos den Kopf. Im stillen dachte er vielleicht über mich: „Der spinnt ja!" Dann sagte er fast ärgerlich, daß ihm zwei Sommer lieber wären als ein Winter. Als ob ich vom Winter gesprochen hätte! Der kommt ohnehin, und wir werden ihn hinnehmen wie alles andere, was auf uns zukommt, ohne daß wir es fernhalten können. Aber lieber zwei Sommer als einen Winter, wie der Schäfer meinte, dann würde ich nicht mitmachen. Denn wie könnten wir uns auf den Frühling freuen, wenn wir zuvor nicht wochenlang durch Schlamm und Dreck und Eis und Schnee schreiten müßten. Es hat schon alles in der Welt einen guten, festen Platz, der Winter wie der Sommer, der Herbst wie der Frühling. Und damit auch die Hitze und die Kälte, der Regen und der Schnee, die Sonne und der Sturm. Und auch der Mond! Obwohl er erst dann sein mehr oder weniger volles Gesicht zeigt, wenn die meisten Menschen zu Bett gegangen sind.

Auch für die Jagd hat der Mond seine Bedeutung. Das wird zwar nicht gern laut gesagt, aber es stimmt dennoch. Mondscheinjagd muß nicht in Schinderei ausarten. Schinden kann man auch am Vormittag um zehn bei der Hühnersuche oder am Nachmittag um drei bei der Blattjagd. Schinden kann man auf der Jagd zu jeder beliebigen Tages- und Nachtzeit. Schinderei hängt nicht mit der Tagesstunde zusammen, sondern stets mit dem Menschen, der zu Entgleisungen bereit ist. Natürlich können solche Entgleisungen auch nachts und bei Mondschein stattfinden.

Aber niemand kann einem Jäger, der bei gutem Büchsenlicht auf Sauen ansitzt, Vorwürfe machen. Einige Traumreviere gibt es ja noch, in denen der Jäger so ziemlich alles bei gutem Tageslicht erleben und — so es sein kann — erlegen darf. Aber wer hat schon solch ein Traumrevier! Meist sieht es anders aus. Die Sauen gehen zu Schaden, pflügen die Kartoffeläcker um, suhlen sich im milchenden Hafer, skelettieren die Maisstauden und stülpen das Grünland um. Nur üben sie all diese Tätigkeiten nicht bei Sonnenschein aus, sondern eben zur Nachtzeit. Und manchmal scheint dabei der Mond.

Wer mag dann noch den Mondscheinjäger verunglimpfen! Aber auch das Rotwild ist in den meisten Revieren zum Nachttier geworden, zieht mit einsetzender Dunkelheit aus den Tageseinständen in die Feldmark. Wie soll es bejagt werden? Also wird das Mondlicht auch hier zur Hilfe genommen, um wenigstens den Kahlwildabschuß schlecht und recht zu erfüllen.

Wenn man die Probleme bedenkt, die der Mond dem Jäger stellt, dann weiß man auch, daß der Mond zu Übertreibungen neigt, daß er sogar zum Irrlicht werden kann. Und wenn man berücksichtigt, daß es am nächtlichen Himmel auch Wolken gibt, die das Mondlicht ab und zu verdunkeln können, so daß es geboten erscheint, den Hahn in Ruh' zu lassen, wenn man das alles weiß und bedenkt, dann kann die Mondscheinjagd eine ganz anständige Sache sein, für die sich kein Jäger zu schämen braucht.

Schlimm wird es nur, wenn mit Hilfe von Kirrungen bei Mondschein den Sauen haufenweise der Garaus gemacht wird. Denn ein Jäger, der sich die borstigen Schwarzkittel erst heranfüttern muß, um sie endlich totschießen zu können, erfüllt seinen Auftrag miserabel.

Auch dürfte es so gut wie unmöglich sein, etwa einen Hirsch bei Mondschein anzusprechen, um ihn zu erlegen. Rein zufällig kann es einmal glücken. Aber in der Regel glückt es leider nicht. Der Mond schneidet auf und stellt jedes Wild anders, im Regelfalle stärker und reifer dar, als es in Wirklichkeit ist. Da nützt dem Rotwildjäger keine auch noch so große jagdliche Erfahrung.

Optimal mögen für den Jäger das Zusammentreffen von Mondlicht und Schnee sein. In solchem Zaubergarten wird gelegentlich sogar ein Hirsch richtig angesprochen.

Über Nacht kam der erste Reif. Und Mondlicht herrschte auch. Dabei erlegte ein Jäger am Rande einer Nadelholzdickung ein Rotkalb und beschoß gleich darauf das Alttier, das nach dem Knall mit langer Flucht im Dickicht verschwand. Das Kalb lag. Nur wußte man nicht, was mit dem Alttier geschehen war. Also wurde das Kalb an Ort und Stelle aufgebrochen und anschließend abtransportiert.

Ein leidlich auf der Rotfährte erfahrener Hund wurde am folgenden Morgen zur Nachsuche auf das Alttier eingesetzt, konnte sich aber von den herumliegenden Aufbruchteilen des Kalbes nicht trennen und war daher nicht gewillt, der Fährte des Tieres zu folgen.

Danach rief mich der Revierbeamte an, erzählte mir sehr genau den Hergang und bat um eine Kontrollsuche. Ich sagte sofort zu, fuhr aber voller Zweifel hinaus.

Die Kati ließ ich vorerst im Wagen und schaute mir allein die Bescherung am vermeintlichen Anschuß an. Dieser Anschuß entpuppte sich als eine Sackgasse. Zwar fand ich Andeutungen von Eingriffen, die aber nicht unbedingt von dem Alttier stammen mußten. Das war alles. Andere Zeichen gab es nicht.

„Das wird hart", sagte ich zu dem etwas ratlos schauenden Forstmann, ging dann zum Wagen und ließ die Hündin heraus. Zwar versuchte ich, die Aufbruchstelle vom Kalb weit zu umgehen, um gleichsam durch Vorsuche auf die Fluchtfährte des Tieres zu stoßen. Dennoch verstand es Kati, das verfressene Mädchen, irgendeinen herumliegenden Aufbruchteil zu erwischen und hastig hinunterzuschlingen.

Nunmehr lancierte ich die Hündin mit List und Tücke und vielen guten Worten in die Dickung, um da drinnen irgendwo die Fährte des Tieres zu schneiden. Und siehe, es gelang. Vierzig, fünfzig Schritt folgten wir der in der Nadelstreu gut sichtbaren Fluchtfährte. Erleichtert atmete ich auf. Doch viel zu früh! Denn nun führte das Hundel im weiten Bogen wieder aus der Dickung heraus und stand mitten im Aufbruchplatz des Kalbes. Das hatte ich nicht vorausgesehen!

Zwar habe ich gelernt und erfahren, daß ein Hund am Schweißriemen mit Liebe und Güte behandelt werden muß. Und ich habe mich immer danach gerichtet. Hier allerdings vergaß ich mich und fauchte, ja giftete die Hündin an, daß sie in sich zusammenfuhr und mich entsetzt anschaute. Zwar bedauerte ich sofort meinen Ausbruch, stellte aber gleichzeitig fest, daß meine scharfen Worte ihren Zweck nicht verfehlt hatten. Langsam, ganz langsam schlich sich die Hündin davon, steckte ihre Nase mit Gefühl in die Eingriffe des Tieres und legte sich in den Riemen, als hätte sie eine brandheiße Fährte vor sich.

Zwischendurch erzählte mir mein Begleiter, daß in der Dickung ein starkes Brunftrudel steckte, das er am frühen Morgen beobachtet hatte. Auch das noch!

Aber nachher ging alles besser als gedacht. Brav hielt die Hündin das erste Fährtenstück von vorhin, überfiel einen Wall, der vor Jahren durch das Zusammenschieben von Stubben zustande gekommen war und nun, völlig nutzlos, eine Wildnis von spätblühenden Traubenkirschen trug. Auf diesem Wall zeigten sich deutlich die abgerutschten Fährteneindrücke eines Tieres. Also weiter. Mehrfach überstiegen wir noch eingegrünte Stubbenwälle, und auf allen fanden wir die nämlichen Trittsiegel.

Plötzlich fing meine Nase intensiven Brunftgeruch ein. „Das ist das Brunftrudel", dachte ich, „und das Tier hat sich, weil es gesund ist, diesem wieder zugesellt." Nur aufgeben wollte ich noch nicht. Das schlug aber der inzwischen zu mir gestoßene Schütze vor, weil er plötzlich davon überzeugt war, vorbeigeschossen zu haben.

Nun ja, sollte er recht haben, dann würde uns der Hund schon wieder aus der Dickung herausführen. Dann war zum Aufhören immer noch Zeit. Aber die Hündin führte uns nicht aus der Dickung heraus. Weil sie nämlich in der Dickung vor dem Stück stand. Pansenschuß — und kein Tröpfchen Schweiß weit und breit. Während des Aufbrechens schlug sich Kati voll bis zum Überlaufen und ich sagte weder: „Pfui" noch: „Schäm' dich." Doch der Schütze, der einen Vorstehhund besaß, fragte ganz beiläufig, ob ich bei solcher Erziehung nicht Angst hätte, einen Anschneider heranzuziehen.

Nun, ich will kein Besserwisser sein. Aber was ein Schweißhund darf, das darf ein Vorstehhund noch lange nicht. Umgekehrt ist es natürlich genauso. Ich versuchte, darüber zu plaudern, doch blieb es beim Versuch. Denn schnell war das Stück aufgebrochen, und wir mußten es erst einmal aus der Dickung bringen.

Dennoch soll immer wieder über den Wert oder Unwert des Genossenmachens gesprochen werden. Unsere Jagdhunde sind keine Maschinen, sondern Tiere wölfischen Ursprungs. Bei aller Hochachtung vor ihren Leistungen und bei allen freundschaftlichen Gefühlen für sie dürfen wir uns nicht einbilden, daß unsere vierläufigen Weggenossen allein aus herzlicher Zuneigung zum Menschen ihren täglichen Aufgaben nachkommen. Vielmehr unterliegen sie ganz natürlichen Reaktionen, die allein von Instinkten gesteuert werden. Alle tierischen Instinkte aber sind ausgerichtet auf Selbsterhaltung und Erhaltung der Art. Gerade der Selbsterhaltungstrieb fördert die großartige Ergänzung und das manchmal selbstverständlich erscheinende Zusammenspiel zwischen dem Menschen und seinem Hund. Ein abrichtungsfähiges Tier wird um so leichter die ihm gestellten Aufgaben lösen, je mehr angenehme Dinge mit dieser Aufgabe verbunden sind. Andererseits wird das Tier versagen oder nur schwer zu einer vom Menschen gewünschten Leistung zu bewegen sein, wenn es dabei keine Annehmlichkeiten zu gewinnen gibt. Das schließt zwar nicht aus, daß ein Tier auch durch Schmerzempfindung zur Unterordnung und Erfüllung einer Aufgabe gezwungen werden kann. Aber dieser Unannehmlichkeit muß stets eine Annehmlichkeit folgen. Der Selbsterhaltungstrieb des Tieres muß in aller Regel eine Bestätigung erfahren. Der Hund wird einer Wildfährte folgen, weil sie ihm Beute verheißt. Er wird einer Wund- oder Krankfährte noch intensiver folgen, weil diese ihm leichtere Beute in Aussicht stellt. Erst der durch den Menschen, jedoch zum Nutzen des Menschen „verbildete" Hund, also auch der Jagdhund, hat durch die Züchtung einiges von seinen Urinstinkten verloren. Denn er hat es seit Jahrhunderten nicht mehr nötig, sich seine Beute selbst einzufangen. Das krasse Gegenteil ist der Fall: Seine Beute wird ihm vom Menschen stets fortgenommen, ja der Hund überläßt dem Menschen freiwillig seinen Fang. Die Gegenleistung des Menschen besteht in der Fürsorge und Fütterung seines Meutegenossen. Es bedarf keiner weiteren Erklärung, um erkennen zu lassen, daß die „Psyche" des Wolfabkömmlings weitgehend gestört ist. Zu unserem Nutzen aber sind wir gezwungen, diese Störung nicht mehr zu korrigieren, ja einen Rückfall in wölfische Urinstinkte drastisch zu unterbinden.

Dies gilt allgemein für unsere Jagdhunde. Einzige Ausnahme ließe sich beim Schweißhund rechtfertigen. Er allein kann im wahrsten Sinne des Wortes noch teilhaben an der von ihm gemachten, aber für den Menschen bestimmten Beute. Daher können wir unseren Gefährten noch mit gutem Gewissen und ohne Angst vor einer aufkommenden „Zerreißprobe" zwischen Mensch und Tier mit vollen Händen nach erfolgreicher Rotfährtenarbeit „zum Genossen machen". Ja, wir fördern durch diese Handlung sogar seine „Gier", auf schwieriger Fährte besonders gut zu bestehen.

Zwar können, je nach Veranlagung des Hundes, Probleme eintreten, die aber erst vom Jäger hochgespielt werden. Eines dieser Probleme kann zum Beispiel sein, daß der stets genossen gemachte Schweißhund sich einmal selbst bedient, also anschneidet. Das Wort „Anschneiden" hat in Jägerkreisen nicht nur einen bitteren Beigeschmack, es wirkt sogar kriminell. Ich möchte nicht die Zahl von sogenannten „Anschneidern" wissen, die kurzerhand vom instinktlosen Jäger in die ewigen Jagdgründe befördert worden sind.

Daß ein Niederwildhund weder zum Anschneider noch zum Totengräber werden darf, steht außerhalb jeder Diskussion. Darum wird man hier besondere Maßstäbe anlegen müssen.

Einen speziellen Schweißhund aber an seiner Beute nicht teilhaben zu lassen, wäre unüberlegte Hundeführung. Anschneiden muß er darum noch lange nicht. Denn wie vollzieht sich denn die Arbeit auf der Rotfährte? Doch stets am Schweißriemen, also stets im Beisein des Menschen.

Mindestens so lange, bis das zu suchende Stück entweder verendet gefunden wird oder vor dem suchenden Hunde aus dem Wundbett aufsteht. Erst von da an bleibt der geschnallte Hund sich selbst überlassen. Doch was geschieht weiter? Im Normalfall wird der hetzende Hund das Wild einholen und stellen. Stärkeres Wild wird verbellt, und dadurch der Jäger herbeigerufen. Nur schwächeres Wild, etwa das Reh, kann niedergezogen und abgetan werden. Doch hier steht mindestens der Hannoversche Schweißhund nicht mehr zur Diskussion, da er prinzipiell und aus guten Gründen nicht an Rehwild arbeitet.

Bei anderen Hunderassen, beispielsweise bei Vorstehhunden, die auf Schweiß arbeiten, könnten beim Niederziehen eines Rehes Komplikationen auftreten, falls der nun „herrenlose" Hund zur Mahlzeit schreitet. Dennoch wird das die Ausnahme bleiben. Denn im Auf und Ab einer Hetze folgt der Jäger ohne Verzögerung seinem Hund, und selbst das Niederziehen eines Rehes geht nicht lautlos ab. Ich meine daher, daß der aufmerksame Jäger meist bald an Hund und Wild erscheint, also seinen Hund unter Kontrolle nimmt. Ich gestehe aber, daß ein kräftiger, scharfer Hund, der sich wie ein Raubtier auf das erbeutete schwache Wild stürzt und Mahlzeit hält, nicht erstrebenswert sein kann. Im übrigen sollte man versuchen, das mögliche Anschneideverlangen eines korrekt am Riemen arbeitenden Schweißhundes nicht überzubewerten. Allerdings verstehe ich unter dem „üblichen" Anschneider keine reißende Bestie, sondern einen Hund, der, nachdem das Wild gefunden, erst mit dem Rupfen beginnt und, sich selbst überlassen, schließlich im Wildbret landet. Aber dies ist streng zu unterbinden.

So imponierend ein scharfer Fährtenhund auch sein mag, so wenig wird es der Jäger begrüßen, wenn sein Hund das gestellte Wild niederzieht oder es auch nur versucht. Bei Hirsch und Sau würde er bald schwere Verletzungen erleiden, und selbst ein Alttier kann seine Läufe als gefährliche Waffe gebrauchen. Fast alle unsere speziellen Schweißhunde haben aber soviel Jagdverstand, daß sie zwar das Wild stellen, ja mitunter auch hart bedrängen, vom Niederziehen aber Abstand nehmen.

Auch habe ich das Gefühl, daß gerade in jenen Jägerkreisen die Angst vor dem Anschneiden grassiert, die sich auf der Wundfährte im Regelfall der freien Suche bedienen und stets getrennt von ihrem Hund die Folge antreten. Dies aber ist so und so kein reelles Handwerk. Denn Schweißarbeit ist Riemenarbeit und nichts anderes. Darüber kann auch der freiverloren suchende Hund nicht hinwegtäuschen, selbst dann nicht, wenn er gelegentlich auch unter schwierigen Verhältnissen etwas findet. Bei besonderen Erschwernissen muß er versagen, etwa bei Suchen, die über viele

Kilometer gehen und darüber hinaus keinen Tropfen Schweiß zeigen. Warum? Nun, unser Hund ist kein Wolf mehr. Er ist in die Abhängigkeit des Menschen geraten. Hierin mag ein wenig oder auch sehr viel menschliches Glück liegen. In dieser Zusammenarbeit, diesem Zusammenspiel mit dem Menschen ist aber auch ein Teil jagdlicher Ethik verankert.

13
Bunt sind schon die Wälder

„Bunt sind schon die Wälder", heißt es in einem Lied, das ich aus meiner Jugendzeit kenne. Bunt sind schon die Wälder —. Es ist Herbst. Der Herbst bringt immer ein bißchen Wehmut und Melancholie. Er lädt aber auch zum Besinnen ein. Herbst ist Küselwind und erstes Frösteln, ist auch Rückblick und Erinnern.

Bunt sind schon die Wälder. Ich summte die Melodie, während ich durch die herbstliche Landschaft fuhr. Ein Rotkalb war nachzusuchen. Irgendwo im Südteil des Truppenübungsplatzes und vierzig Kilometer von meiner Behausung entfernt war es am Abend beschossen worden, als es mit dem Alttier über einen Waldweg zog.

Nachgesucht wurde es bereits. Denn der Schütze war gut ausgerüstet und besaß einen fährtensicheren Hund, der es im allgemeinen auch „macht". Nur hier wollte es nicht gelingen. Wer weiß, woran es lag?

Nun fuhr ich mit gemischten Gefühlen dorthin. Kati schlief neben mir auf der Fußmatte des Beifahrersitzes. Sie wußte nichts von meinen Gedanken. Ein guter Hund war halt vorher schon da. Wie gut muß erst der folgende sein! Oder: Wieviel Glück muß er haben!

Der Schütze erwartete mich wie abgesprochen an einem Wegekreuz. Er sagte: „Viel Hoffnung habe ich nicht."

Dann fuhren wir zum Anschuß. Der war eigentlich gar keiner. Fährteneindrücke waren zwar da. Aber sonst nichts. Doch ein kniehoher Anschußbruch gab immerhin einen Anhaltspunkt.

Kati ließ ich im Wagen zurück. Sie war inzwischen erwacht. Aber da Gewehr und Schweißriemen im Wagen zurückblieben, benahm sie sich gesittet. Lange kroch ich am Anschuß herum. Ich fand nichts. „Das wird nichts", sagte der Schütze. Fast glaubte ich es auch. Dann ging ich zum Wagen und holte Hund, Riemen und Gewehr.

„Such' verwundt! Such' voran."

Vor mir lag ein verlodderter Jungwuchs aus Kiefer, Fichte, Birke und Faulbaumgestrüpp. Dazu schoß ganz in der Nähe die Artillerie und, wie ich meinte, noch irgendein Teufelswerkzeug mit Raketen. Der Lärm war unvorstellbar. Fast fühlte ich mich zurückversetzt in die Zeit des letzten Krieges. Dennoch: Bunt sind schon die Wälder. Mit Begleitmusik. Die nervenstarke Kati verblüffte mich. Sie hielt die Fährten von Alttier und Kalb. Das sah ich zwar nicht, aber ich wußte es. Der fürchterliche Krach um uns herum berührte sie überhaupt nicht.

In dem weiträumigen Jungwuchs war das Alttier hin- und hergezogen, das Kalb trottete vermutlich hinter ihm drein. Der Schuß hatte das Wild sicher nicht beunruhigt. Auf Truppenübungsplätzen wird ja immer geschossen.

Ich konnte mir vorstellen, was sich Stunden vorher hier abgespielt hatte: Das Tier zog naschend durch den Jungbestand, mal hierhin, mal dorthin, keinen Wechsel haltend, höchstens eine ungefähre Richtung. Das Kalb, falls krank, hielt sich noch instinktiv an das führende Tier. So wird es gewesen sein. Aber ich spann den Gedanken noch weiter: Irgendwann setzt sich auch ein krankes Kalb vom Mutterwild ab. Was aber, wenn Kati das nicht merkt und der Fährte des Tieres nachhängt?

Aber wir müssen weiter suchen, hin und her, kreuz und quer, so wie ein naschendes Wild herumzieht. Und die Artillerie schießt aus allen Rohren.

Wir gelangten an einen von Kettenfahrzeugen aufgewühlten Weg. Hier müßten doch Fährteneindrücke zu finden sein! Ich lege die Hündin am Wegerand ab, beuge mich über den zerwühlten Erdboden, tue drei, vier Schritt. Dann hab' ich es. Zwar nur angedeutet in dem zerkrümelten Boden, aber doch klar erkennbar als Fährten von Tier und Kalb.

„Wir können aufhören", sagt mein Begleiter. „Der Schuß sitzt irgendwo in der Botanik."

Aber dann machen wir doch weiter, gelangen in ein Kiefernaltholz mit kniehohem Blaubeerteppich. Durch die aufgerissene Wolkendecke lugt die Sonne, blinzelt, als verspotte sie die beiden Jäger mit dem Fährtenhund da unten, die einem Phantom nachjagen und dem Herrgott die Zeit stehlen.

Nur Katis Rücken ragt aus den Blaubeerstauden heraus. Hin und wieder finde ich einen roten Tropfen. Aber dann ist der rote Tropfen nur ein verfärbtes Bickbeerblättchen. Es kann ja auch nicht anders sein. Sonst hätte die Hündin längst verwiesen. Später, viel später, tut das Herz einen Hüpfer. Die Hündin verweist irgend etwas. So schnell wie jetzt war ich selten bei ihr. „Laß sehen!" Sie läßt. Aber ich erkenne nur eines der ungezählten Blättchen, mit denen sich jetzt im Herbst das Blaubeer-kraut zu schmücken pflegt. „Ach, Kati —." Ich feuchte den Zeigefinger an, fahre über das Rot. Die Fingerkuppe bleibt ohne Farbe. Aber Kati zeigt mit ihrer Nase noch immer auf diesen magischen Punkt. Nochmals benetze ich das Blatt, fahre dann mit dem Taschentuch darüber hin — und — das Leinen zeigt einen purpurnen Schimmer! „Schweiß", sage ich ganz langsam. Da reißt des den Jäger hinter mir nach vorn in die Knie. Nochmals wird das Blatt angespeichelt, diesmal von ihm. „Das ist Schweiß", sagt er mit belegter Stimme, und ich bemerke, wie seine Hände zittern.

Aber das Ende ist noch längst nicht da. Daneben finden wir bei der weiteren Folge nichts mehr, was die Hände oder die Stimme erheben las-sen könnte. Und dann ist alle Herrlichkeit zu Ende. An einem Gatter-zaun ist die Welt für uns mit Brettern vernagelt. Zwar versucht die Hün-din immer und immer wieder durch das Drahtgeflecht hindurchzuschlüp-fen. Aber ihre Versuche sind nicht nur vergeblich, sondern auch über-flüssig.

Ich trage sie ab, gehe mit ihr den weiten Weg zurück bis zu dem schweißigen Blaubeerblättchen, sage: „Nun mach schon", und gebe ihr den Riemen frei.

Irgendwann stehen wir wieder vor dem Gatterdraht und finden kei-nen Weg.

Ich stecke meine Pfeife in Brand. Kati zieht derweil in Riemenlänge am Zaun hin und her.

Küselwind kommt auf. Und die Artillerie schießt aus allen Rohren. Plötzlich hebt die Hündin die Nase wie ein Pointer. Dann durchfährt es sie mit sichtbarem Ruck. Mit einem Hüpfer über die Hinterhand wendet sie sich vom Drahtzaun ab, zieht im stumpfen Winkel zurück in den Be-stand, hat ganz schnell wieder ihre Nase im Blaubeerkraut, zieht hundert, zweihundert Schritt, verhält, zieht dann im weiten Bogen durch das Starkholz, verweist dauernd Dinge, die wir nicht kennen können, stößt einen Knurrlaut aus, als hätte sie eine im Kessel sitzende Sau vor sich, mogelt sich um einen Riesenwurzelteller einer geworfenen Fichte herum und steht — vor dem verendeten Kalb.

Der Jäger ist bei mir. „Das habe ich nicht erwartet. So etwas bringt nur ein richtiger Schweißhund fertig."

Natürlich verrate ich ihm nicht meine Gedanken. Denn die Pointer-nase der Hündin vorhin am Gatterzaun hat mir ganz und gar nicht ge-fallen. Ich versuche zu rekonstruieren: Das Alttier war mit dem Kalb tatsächlich bis an das Gatter gezogen, dann hier längere Zeit herumgetreten, bis es zuletzt den knapp mannshohen Draht überfiel. Nur das Kalb hatte weder die Kraft noch die Fähigkeit dazu, äugte sicher dem Mutterwild nach, wandte sich dann ab, zog zurück in das Altholz, um sich niederzutun und zu verenden.

So mag es gewesen sein, so mag es sich hier draußen in der Wildnis abgespielt haben.

Lange bin ich mit meinen Gedanken allein. Bis das Stück aufgebrochen ist. Der Schütze überreicht mir den Bruch. Ich stecke ihn Kati gern an die Halsung. „Bunt sind schon die Wälder."

Als ich am Abend meine Gedanken über das Nachsuchenerlebnis zu Papier brachte, überkamen mich bei dem Wort „Gatter" seltsame Erinnerungen. Ich habe mehrere solcher Erinnerungen. Die erste liegt viele Jahre zurück. Damals war ich junger Forstanwärter und durfte die Sohlen meiner Jagdstiefel noch im Paradies einer sogenannten Heimat ablaufen. Daß ich sie redlich ablief, sei versichert. Anläßlich eines solchen „Ablaufens" hatte ich ein für mein noch kindliches Gemüt schauriges Erlebnis. Schon Tage vorher verspürte ich an einer bestimmten Stelle im Revier einen alles durchdringenden Aasgeruch. Aber so sehr ich auch schnupperte, die Ursache hierfür konnte ich nicht herausfinden. Erst der Zufall brachte Aufklärung. Denn am nämlichen Tag war ich mit „Dina", der Langhaarhündin, unterwegs, um einen altkranken Rehbock zur Strecke zu bringen. Es war mehr eine Suche aufs Geratewohl, denn eine Krankfährte hatten wir nicht, nur den ungefähren Einstand des Bockes, den Forstarbeiter bestätigt hatten. Jedenfalls führte mich die Langhaarige an ein Drahtgatter, das eine Roteichenkultur vor Wildverbiß schützen sollte. Wieder wehten mir Schwaden von Verwesungsgeruch entgegen, und auch die Nase der suchenden Hündin blieb von diesen Gerüchen nicht verschont. So war es nur zu verständlich, daß sie zielstrebig den Ausgangspunkt des Gestanks ansteuerte. So gelangten wir an einen Ort des Grauens. In dem Drahtgatter hing ein Stück Rotwild. Es muß sich hier beim Überfallen des Hindernisses mit den Hinterläufen verfangen haben. Kopf und Hals ruhten auf dem Erdboden und waren bereits vom Fuchs stark angeschnitten. Der ganze Wildkörper aber war übersät von fetten, weißlichen Maden. Ein Bild des Ekels und des Jammers.

Den Bock haben wir auf dieser Zufallssuche natürlich nicht bekommen. Dafür humpelte er mir wenige Tage später auf einer engen Waldschneise entgegen. Er ließ mir genug Zeit, um den alten Hahndrilling von der Schulter zu bekommen und den Schuß loszuwerden. „Dina" war an meiner Seite und verfolgte den Ablauf der Handlung nervenfest und wohlgesittet.

Im Laufe der Jahre habe ich noch des öfteren in Gatterdrähten auf-
gehängtes Wild gefunden. Immer war der Anblick gräßlich und immer
war anzunehmen, daß das Wild erst nach längeren Qualen verendet war.

Gatter werden immer nötig sein, um wertvolle Waldkulturen vor
der Schere des Wildes zu schützen. So gesehen schützen Gatter nicht nur
den jungen Wald, sie schützen auch das Wild, das sonst möglicherweise
von monotonen Waldbauern bis auf ein Minimum reduziert werden
würde. Aber nie sollte ein Gatter zur Wildfalle werden.

Wir wissen, daß unser Wild, vorzugsweise das Rotwild, treu zu den
alten, bekannten Wechseln steht. Diese Wechsel werden selbst dann noch
eingehalten, wenn sie durch menschliche Aktionen gestört oder wie beim
Straßenbau und natürlich auch Gatterbau unterbrochen werden. Darum
werden sich alte, eingespielte Wechsel selbst über Wildgatter hinweg,
wenn es die Höhe erlaubt, behaupten. Das Wild überfällt das Gatter,
kennt aber leider die Gefahren nicht, die ihm dabei drohen.

Darum sollten rotwildsichere Gatter stets eine solche Höhe haben, die
es dem Wild unmöglich macht, den Zaun zu überfallen. Außerdem sollte
jedes aus Draht bestehende Gatter — und das sind heute wohl alle —
obenauf eine durch Holzstangen markierte Höhenbegrenzung erhalten,
um bei möglichen Sprüngen eine Fehleinschätzung des Wildes auszuschließen.

Wenn Gatter ihren Zweck erfüllt haben, müssen sie so rasch wie möglich beseitigt werden. Sonst stellen sie die klassischen Wildfallen dar.
Wenn man als Schweißhundführer viele Reviere durchwandert und seine
Füße auch dahin setzen muß, wo unter normalen Umständen kaum ein
Mensch hinkommt, dann erkennt man, daß viele Waldbauer sehr schnell
bei der Hand sind, zum Teil sehr kostspielige Gatterzäune zu errichten,
es aber vergessen oder unterlassen, zur gegebenen Zeit das Gatter spurlos
zu beseitigen. Selbst jagende Forstwirte benehmen sich darin oft nicht besser als die, denen das Wild schnuppe ist und es zum Teufel wünschen.

Doch um das Bild vom gelobten und verhaßten Gatterdraht abzurun-
den, muß ich erwähnen, daß mir im Laufe der Jahre gerade die alten,
verfallenen und so zum Wildschreck gewordenen Gatter manchen Jagd-
erfolg, sowohl bei Nachsuchen als auch während normaler Jagdausübung,
beschieden haben.

Ich habe dabei die Erfahrung gemacht, daß sich gerade Sauen gern in
noch altumgatterte Dickungen einschieben, um da Tageseinstand zu nehmen, wenn der Zaun nur die nötigen Löcher aufweist. Und selbst Rotwild schlüpft bei entsprechender Lochgröße gern in den vermeintlich sicheren Einstand.

Da fällt mir noch eine kleine Gattergeschichte ein, bei der ich ungewollt zum Hauptakteur wurde, und die für Geilfus oder Poortvliet ein hübsches Motiv geliefert hätte.

Es war im „Bergischen". Der Bau der sogenannten Ruhrgasleitung verschonte auch das von mir verwaltete Forstamt nicht, ja noch schlimmer, die Leitung führte durch das Gatterrevier des Forstamtes hindurch.

An einem sonnigen Aprilmorgen marschierte ich die Bautrasse entlang. Grandel lief neben mir und beschäftigte sich mit den vielen, überall herumstehenden Dam- und Schwarzwildfährten.

Im Zuge der Bauarbeiten wurden natürlich auch größere und kleinere Holzeinschlagarbeiten nötig. Da das anfallende Buschholz infolge der Trockenheit nicht verbrannt werden konnte, lag es überall in Haufen und Wällen herum. In einen solchen Wall schlüpfte Grandel vor meinen Augen hinein. Aber kaum, daß sie drinnen war, flog sie auch schon wieder in hohem Bogen heraus, gefolgt von einer starken Bache, die in dem Astholz wohl ihre Kinderstube eingerichtet hatte. Ich sah, wie die sich verteidigende Hündin mehrmals von dem Gebrech der Bache gefaßt wurde und rannte laut rufend auf das Borstenwild zu. Der Erfolg war, daß die Sau zwar von dem Hunde abließ, nun aber blitzschnell mich annahm, so daß ich nur durch Glück und Schnelligkeit den aufbrausenden Mutterinstinkten des Wildes entkommen und mich auf dem nahen Wildgatterzaun in Sicherheit bringen konnte.

Als ich nun sehr nutzlos oben im Gatterdraht hing, kam gerade ein Trupp von Bauarbeitern des Weges, die das Schauspiel schon vorher mitangesehen hatten. Sie begannen aus sicherer Entfernung zu feixen. Das aber hätten sie lieber nicht tun sollen. Denn die immer noch höchst erregte Bache nahm ohne auf den giftenden Hund zu achten, die Männer an und stürmte in Windeseile auf sie zu. Diesmal kam es zur Massenflucht, die auf den ausgelegten überdimensionalen Rohren endete. Wie eine Traube verharrten die Männer auf dem runden und rutschigen Metall. Nun hatte ich die Schadenfreude auf meiner Seite. Aber die Bache hielt sich dann nicht mehr lange auf, sondern schliefte, als wäre nichts gewesen, wieder in ihren Buschberg ein.

„Dunnerwetter", sagte anschließend der Bauführer, ein baumlanger Ostfriese, „Dunnerwetter, und mit solchen Biestern müssen Sie dauernd zusammenleben." Wie gesagt, Geilfuß und Poortvliet hätten daraus etwas Hübsches machen können. Und das ist kein Jägerlatein!

Grandel hat ihre Schwarzwilderfahrungen zuallererst im Wildgatter sammeln können. Gatterwild ist zumeist, selbst in größeren Jagdgattern, kein „echtes" Wild mehr. Es verändert rasch seine Gewohnheiten, empfindet wohl auch seine Abhängigkeit vom Menschen. Das beginnt mit der täglichen Fütterung und endet damit, daß Gatterwild, besonders das Schwarzwild, an Instinkten verarmt. Das zeigt sich in vielerlei Formen. Einmal vergißt das Wild die natürliche Fluchtdistanz, und hier beginnt die Aufgabe des Selbsterhaltungstriebes eines Wildtieres. Der Selbsterhaltungstrieb nimmt neue Formen an, die sich darin äußern, daß Gattersauen besonders unseren Jagdhunden gegenüber zu ganz gefährlichen Gegnern werden und daß sie, krank geschossen, den Menschen viel rücksichtsloser annehmen, als sie es in der freien Wildbahn je tun würden.

Ganz allgemein gesehen sind die Veränderungen des Wildes durch Gatterhaltung so einschneidend, daß sich der biologisch noch unverbildet gebliebene Mensch jeder Wildeingatterung gegenüber mindestens skeptisch verhalten wird. Großgatter, wie beispielsweise das riesige Sollinggatter, können hier nicht miteinbezogen werden, weil das dort einstehende Wild weder „eingesperrt" ist, noch in völliger Abhängigkeit vom Menschen lebt.

Die restlose Aufgabe der Persönlichkeit des Wildes aber wird ausgelöst durch Kleingatter, wie sie heute überall aus dem Boden schießen. Außerdem wird das Wild hier zum bloßen Geschäft herabgewürdigt. Das ist eine Schande. Aber genauso ist es eine Schande, wenn in zoologischen Gärten unter extrem wildfremden Verhältnissen mannigfaltige Wildarten gehalten werden. Dabei ist es völlig gleichgültig, ob der Urheber solcher Einrichtungen ein Scharlatan oder ein wissenschaftlich gebildeter Mensch ist.

Ein Stück Wild gehört nicht in die Zirkusmanege. Was dort mit den Bären, den Tigern, den Seelöwen und Elefanten getrieben wird, ist eine Ohrfeige in das Gesicht des aufgeklärten Menschen. Hier vermisse ich die sonst so regen Tierschützer, die doch immer gleich zur Stelle sind, wenn es darum geht, den Jäger an die Leine zu nehmen. Ich suche aber auch vergeblich nach fruchtbaren Gesetzen, die den Tierschindern ein für allemal das Handwerk legen.

14
Allerheiligen und St. Nikolaus

Mit diesen schwarzen Gedanken ging ich zu Bett. Vorher suchte ich mir noch irgendeinen Lesestoff. Löns' „Zweites Gesicht" fiel mir, vielleicht gar nicht so zufällig, in die Hände. Mit fünfzehn habe ich es zum ersten Male gelesen. Damals bin ich nicht froh danach geworden. Froh wurde ich auch jetzt nicht. So schlief ich in einer Verfassung ein, mit der ich wenig zufrieden war.

Der nächste Tag war „Allerheiligen". Der Himmel zeigte sich grau, und es regnete aus allen Löchern. Früher, daheim, fiel um diese Zeit meist schon der erste Schnee. Ja, daheim war eben einiges anders. Oder erscheint es heute nur so?

Gegen zehn kam ich ins Haus, um das Lederschuhzeug gegen die Gummistiefel auszutauschen. Wald und Heide waren schwammnaß.

Wie gut, daß ich noch einmal zurückkam! Denn da lag bereits ein Anruf vor. Eine Nachsuche auf eine Sau wartete auf mich. Darum zog ich mich gleich richtig an, Regenzeug von oben bis unten. Ich konnte mir vorstellen, wie es in den Dickungen aussah. Meine Frau bereitete inzwischen ein Päckchen mit Marschverpflegung vor. Sie hat halt immer Angst, daß ich mal irgendwo draußen verhungern würde. Dabei weiß sie oder ahnt mindestens längst, daß allein die verfressene Kati Nutznießerin der Sonderrationen ist.

Diesmal ging es in die „alte Heimat", wenn ich es so ausdrücken darf. Es ist zwar keine Heimat im wörtlichen Sinne, aber doch ein Gebiet, in dem ich fast zwei Jahrzehnte als Forstmann und Jäger wirken durfte. Hier kenne ich jeden Weg und Steg, und zweieinhalbtausend Hektar Neu- und Wiederaufforstungen sind hier unter meinen Augen und mit meinen Händen entstanden. Und stets habe ich daran gedacht, wenn die kleinen Pflanzen in den Boden gesenkt wurden, daß sie eines Tages guten Wald geben würden. Und stets war in Gedanken das Wild miteinbezogen.

Ich dachte an Dickungen, in denen Sauen stecken und in denen Hirsche und Kahlwild Oasen der Ruhe finden würden. Das ist längst eingetreten. Nun stand ich hier draußen. Auf einem von Wald umgebenen, abgeernteten Zuckerrübenfeld, auf dem noch die Blatt- und Rübenhaufen herumlagen, war um Mitternacht bei schlechtem Mond die Sau beschossen worden. Sie zog in einer Rotte von sieben oder acht Stück über den Acker. Der später einsetzende Regen verwusch den Anschuß gründlich. Weil der Schütze auf den Schuß hin lautes Klagen vernahm, deutete er dies mit Recht als sicheres Schußzeichen und suchte am Morgen mit dem auf Schweiß gut eingearbeiteten Hund des Jagdaufsehers nach.

Der Hund hielt, wie wir annahmen, anfänglich auch gut die Rotfährte, die natürlich wegen des strömenden Regens keinerlei Pürschzeichen zeigte, gelangte später jedoch an ein Rotwildrudel und hatte dann nicht mehr den Nerv, auf die kalte Wundfährte zurückzufinden. Eine Erscheinung, die selbst bei erprobten Schweißhunden nicht auszuschließen ist.

Es kann daher bei der Abführung künftiger Fährtenhunde nicht genug Wert darauf gelegt werden, die künstliche Fährte dahin zu legen, wo mannigfache Verleitfährten den arbeitenden Hund nicht nur gelegentlich, sondern dauernd belasten. Dabei muß zugegeben werden, daß ein Fährtenhund, der auch die Rotfährten von Rehwild zu arbeiten hat, viel eher von gesunden Fährten „verleitet" wird als zum Beispiel der Hannoveraner, der nur der Hochwildfährte zu folgen hat, für den also das Rehwild infolge anerzogener Abstinenz tabu ist.

Das Reh kommt in unseren Revieren von allem Schalenwild am häufigsten vor. Es wird also in der Regel auch die häufigsten Verleitfährten hinterlassen. Zum zweiten scheint gerade die Rehwildwitterung einen besonderen Reiz auf jede Jagdhundnase auszuüben. Rehwild kann einen Jagdhund, der nicht feste Nerven besitzt, „kopflos" machen, ähnlich wie dies beim Stöberhund durch das Kanin bewirkt wird. Ganz unsinnig ist es daher, wenn manchmal behauptet wird, der Hannoversche Schweißhund dürfe aus feudalistischen Hinterlassenschaften nur am „edlen" Hochwild arbeiten und müsse daher das „gemeine" Reh meiden. Fährtensichere Hochwildspezialisten können Höchstleistungen nur erbringen, wenn ihnen die Verleitung durch das Reh erst gar nicht in den Sinn kommt. Alte, ganz abgeklärte und nicht zu erschütternde Schweißhunde dürfen schon einmal einer wunden Rehfährte folgen. Aber für den jüngeren und jungen Hochwildfährtenhund bilden Rehwildnachsuchen eine große Versuchung. Diese Aussage bezieht sich nicht nur auf den Hannoveraner, sondern auf alle Jagdhunde, die auf der roten Hochwildfährte abgeführt sind und dieser unter schwierigsten Verhältnissen stets gerecht werden sollen.

Der Schütze wies mich auf dem ungefähren Anschuß ein und meinte, daß ich nach Pürschzeichen nicht mehr zu suchen brauchte. Das hätte er bereits erfolglos getan. Der Regen hatte „alles" fortgewaschen. Daß ich dennoch nach Zeichen fahndete, bedeutete keine Besserwisserei. Es entspringt sicher nur der Gewohnheit. Als ich nach längerem Suchen auch nichts fand, meinte der Jägersmann: „Ich hab's doch gleich gesagt!"

Kati verstand das nicht und verwies gleich darauf zwischen Dreck, Wasser und Rübenresten einige längere Schnittborsten und obendrein noch ein borstenfreies, graues, fingernagelgroßes Schwartenstück. Der Schütze: „Das hätte ich nicht erwartet!" Ich dachte für mich: „Hoffentlich geht nicht alles wieder im Wasser unter!"

Denn es regnete, als gösse eine Division unglücklicher Engelein ihre Tränen über uns herab.

Wir „durchrannen" einen fast zwanzigjährigen Lärchenbestand. Es waren Japanlärchen. Die hatte ich damals nach Räumung eines brauschen Kiefernanflugbestandes gepflanzt, weil mir der Boden für den Anbau der europäischen Lärche zu leicht erschien. Ich erinnerte mich noch ganz genau.

„Hier bin ich heute morgen mit dem Hund auch gewesen", sagte der Jäger hinter mir. Dabei reiserte Kati an den untersten trockenen Lärchenästen, dabei aber lief mir auch das Regenwasser in den Kragenbund, daß es gar nicht schön war.

Zwanzig Minuten später tauchten wir in ein Kiefernaltholz ein. Kati hob die Nase und versuchte dabei einen stürmischen Ausfall. „Da vorn springt Rotwild ab", sagte mein Begleiter. Da ließ ich die Hündin für fünf Minuten auf den Keulen sitzen, zur Sammlung und auch aus erzieherischen Gründen. Danach nahm ich den Riemen ganz kurz, merkte, daß die Hündin immer noch viel Interesse für die warmen Fährten zeigte, sagte „mußt nicht" und „laß das" und überwand so, mehr Glück als Können, die erste große Verleitung.

Kati hatte sich schnell wieder beruhigt. Ich gab ihr mehr Spielraum und sagte ihr dabei, daß sie ein braves Hundel sei. Sie schaute sich nach mir um, wedelte mit der Rute und suchte dann weiter, als wäre nichts geschehen.

Immer wieder Dickungen, Dickungen. Ein Sandweg schnitt unseren Weg. Undeutlich zeichnete sich auf ihm eine Schwarzwildfährte ab. Hoffentlich ist es unsere Sau!

Dann müssen wir durch eine Wildnis von Faulbaumgestrüpp. Eine starke, breitkronige Wurfkiefer versperrt uns den Weg. Kati kann unter ihr hindurch, ich selbst muß klettern. Doch da —, warum geht die Hündin nicht weiter? Reglos verharrt sie an einer Stelle und berührt mit dem Rücken den geworfenen Baumstamm. Schnell krieche ich zu ihr, meine Augen sind neben ihrer Nase. Dann hab' ich es! Da liegt ein total verwässerter Schweißklecks, den der Wurfbaum vor endgültiger Auswaschung bewahrt hat. Ich atme tief. Die Mühen waren nicht umsonst. Wir sind auf der richtigen Fährte!

Später müssen wir noch durch eine verlassene Viehweide. Im Stacheldraht hängen Sauborsten. Dann wieder Wald, unzählige Fichten von Weihnachtsbaumgröße nehmen uns auf. Hier könnte sich eine kranke Sau ihr Sterbezimmer ausgesucht haben. Ein langer Widergang bringt nochmals Unruhe in die Suche. Aber wir sind in der allerletzten Etappe.

Unter den Bodenästen eines der Weihnachtsbäumchen liegt die verendete Sau. Der Jäger ist nicht mehr hinter mir, sondern über dem Schwarzkittel, steht im Wettstreit mit der Kati.

Der Regen will nicht nachlassen. Das ist Allerheiligen. Und wieder denke ich daran, daß es daheim um diese Zeit oftmals schon geschneit hat.

Auf der Heimfahrt, in leichter Dämmerung und über holprige, von Wasserpfützen übersäte Waldwege hinweg, saß plötzlich ein Hase vor meinem Gefährt. Ich konnte nicht einmal sagen, woher, von welcher Seite er kam. Er war plötzlich da und dachte nicht daran, die Fahrbahn zu verlassen. Vielmehr hoppelte er vor meinem Auto her, daß ich die Fahrt verlangsamen mußte. Zweiter Gang, dann der erste. Langsamer ging es nicht mehr. So ein törichter Hase! Auf einer Landstraße oder gar auf der Autobahn wäre er längst als Hasenengel im Hasenhimmel gelandet. Ein komischer Hase! Komisch auch deshalb, weil er nicht, wie es sich für einen ordentlichen Hasen gehört, beide Löffel aufrecht trug, sondern nur einen. Der rechte ist abgeknickt und hängt über den Seher herab. Die Natur tut so etwas nicht. Die schafft aufrechtstehende Hasenlöffel. Zur Sicherung der Hasenexistenz. Mir erschien es ziemlich sicher, daß hier ein Jäger seine Hand im Spiel hatte, irgendwann, irgendwo Hasenschrote auf den Hasenlöffel losschickte. Dann war der Hase plötzlich fort, genauso schnell, wie er gekommen war.

Der Hase mit dem Knicklöffel erinnert mich an eine Episode aus meiner Jugend. Dabei ist es gar keine jagdliche Geschichte.

Als Junge hielt ich daheim auch Kaninchen. Eines von ihnen, eine wildfarbene Häsin, besaß auch so einen abgeknickten Löffel wie der Hase auf der Wasserpfützenwaldstraße. Ich hatte ihr den Namen Lotti gegeben. Das hatte aber nichts zu bedeuten. Bedeutungsvoll war allein das Knickohr. Lotti brachte mindestens zweimal im Jahr kleine Lottis und Lotterbuben zur Welt. An die erinnere ich mich aber nicht mehr. Sie wurden zu gegebener Zeit auch allesamt geschlachtet. Das war nicht grausam. Kleine Kälbchen werden ja auch geschlachtet und verspeist. Obwohl sie doch so wunderschöne große Augen haben. Verspeist werden sie trotzdem.

Die Lotti hatte also einen abgeknickten Löffel. Und immer, wenn ich nach Haus fuhr, freute ich mich auch auf das Wiedersehen mit der Häsin. Meine Eltern haben sie viele Jahre lang gleichsam für mich aufbewahrt. Solange es möglich war.

Die Lotti ist uralt geworden, nach meiner Rechnung etwa zehn Jahre. Dann aber wurde sie dennoch geschlachtet, und dazu noch von fremden Menschen, die überhaupt nichts mit ihr zu tun gehabt hatten. Ich nehme an, daß diese Menschen einfach Hunger hatten. In dieser Zeit war der Hunger stets mit von der Partie.

„Vorbeischießen ist immer noch besser als krank schießen", lautet ein Jägerspruch. Der Schütze weiß manchmal nicht, ob er getroffen oder vorbeigeschossen hat. Das hat durchaus seine Richtigkeit. Darum gibt es letztlich die Kontrollsuchen. Sie ergeben sich viel häufiger als gemeinhin angenommen wird. Und Kontrollsuchen müssen sein. Nicht nur, um das Gewissen des Jägers zu beruhigen. Außerdem bringen sie manchmal ungeahnte Überraschungen mit sich.

Am Nikolaustag bat mich ein Bekannter aus alten Tagen um eine solche Kontrollsuche. Im Morgengrau dieses Wintertages beschoß er ein Rottier, das in einem schwachen Rudel von vier Stücken durch das Holz bummelte.

Er selbst war der Ansicht, daß der Schuß „irgenwohin in die Bäume gegangen ist", denn die gestochene Büchse konnte nicht abwarten, bis das Fadenkreuz im Ziel stand. Beim Nachpürschen hatte er außerdem das komplette Rudel an ganz anderer Stelle in eine Dickung hineinziehen sehen.

Also schien ein Fehlschuß ziemlich sicher zu sein. Doch aus anerzogener Gewohnheit bat er mich, Anschuß und Fluchtfährten mit dem Schweißhund zu untersuchen. Leider stand ich sehr unter Zeitdruck, wurde dann auch noch von dienstlichen Pflichten stundenlang aufgehalten, und so verrann ein Teil des ohnehin kurzen Wintertages.

Kati konnte ich nicht einsetzen, da sie wegen eines Darmkatarrhs in tierärztlicher Behandlung war. Also half Grandel aus, und wir fuhren endlich gemeinsam los. Der Anschuß war nicht zu finden. Mindestens standen da, wo er eigentlich sein müßte, keine Fährteneindrücke. Zwar grummelte die Dachsbracke an dieser Stelle interessiert herum, aber zu entnehmen war diesem Verhalten nichts.

„Da gibt's nichts zu finden", sagte mein Bekannter. Ich dachte ebenso, empfahl aber dennoch, den Einwechsel in die Dickung zu untersuchen.

Aber auch hier deutete nichts auf eine Wildverletzung hin. Die Fährten waren gut zu erkennen. Grandel folgte ihnen aufmerksam. Alle vier Stück waren hübsch zusammengeblieben. Lange Zeit blieb die Hundenase in der Rudelfährte. „Das wird nichts", sagte ich, „das Stück ist heil geblieben." Währenddessen führte Grandel auf einen Waldweg hinaus. Wie im Bilderbuch ließen sich hier alle vier Fährten erkennen.

Die Hündin drängte weiter. Dennoch wollten wir jetzt Schluß machen. Die Kontrolle war für alle Beteiligten beruhigend ausgefallen. Mehr ließ sich nicht tun. Doch wieder war es Grandel, die durch ihr eifriges Verhalten eine Zugabe auslöste. Also folgten wir ihr noch ein Stück auf der Fährte. Wir zogen durch einen hiebsreifen Mischbestand aus Kiefer und Fichte. Auf größeren Bestandslücken hatte sich außerdem eine Menge Fichtenanflug angesiedelt, der horst- und truppweise das Auge erfreute. Leichter Nieselregen setzte ein. Mein Bekannter drängte zum Abbruch der Suche. Ich schloß mich seiner Auffassung an, wollte nur noch die vor uns liegenden zwei- bis dreihundert Meter überbrücken, um an eine mir bekannte Waldstraße zu gelangen. Wir beschlossen also, daß sich mein Begleiter gleich jetzt zu seinem Fahrzeug absetzen, dann mich und Grandel an der genannten Waldstraße abholen sollte.

Dann war ich mit meinem Hunde allein. So habe ich es am liebsten. Ich steckte meine Pfeife in Brand und schritt wohlgemut hinter dem roten Hunde her. Meine Gedanken waren nicht mehr bei der Fährte. Vielmehr huschten sie ein paar Jahre zurück, als in der Familie der Nikolaustag noch nach altem Brauch begangen wurde. Inzwischen sind die Kinder aus dem Nikolausdenken herausgewachsen. Aber ich wußte dennoch genau, daß alle vier am Abend beim Nüsseknacken und Punschtrinken versammelt sein würden.

Doch was war das? Warum ging es nicht weiter? Warum schliefte Grandel in eines der unterständigen Fichtenhäuschen ein?

Dann bewegten sich die Zweige. Die Hündin schien sich da drinnen mit etwas Besonderem zu beschäftigen. Eine frohe Ahnung überkam mich, und ich kroch in das vom Nieselregen eingeweichte dichte Zeug.

Das Schmaltier war verendet. Lange Zeit benötigte ich, um das Einschußloch an den Dünnungen zu finden. Am Haar klebte nicht ein einziger Tropfen Schweiß. So etwas gibt es also auch.

An der Waldstraße wartete ich mit einem guten Gefühl unter dem Nachsuchenanzug auf den Jäger. Der kam dann auch, hielt neben mir mit laufendem Motor und war erstaunt, daß ich keine Anstalten zum

Einsteigen machte. „Kommen Sie mit", sagte ich. Und dann erlebten wir gemeinsam, wie seltsam es manchmal auf der Jagd zugehen kann.

Während wir das Tier aufbrachen, sagte der Schütze bedächtig: „Sie kommen mir vor wie der Knecht Ruprecht!" — Fast kam ich mir selbst auch so vor und war ein bißchen froh, weil der Mann wußte, daß Nikolaustag war.

Bei einer späteren Betrachtung dieser Nachsuche fanden wir keineswegs die Regel bestätigt, daß sich krankes Wild vom Rudel oder dem Trupp absetzt. Mindestens erschien uns das Verhalten dieses Schmaltieres sonderbar. Allerdings ließ sich vermuten, daß das beschossene Stück zunächst mit dem Rudel geflüchtet war und später zurückblieb, sich „absonderte" und nur zufällig beim Weiterziehen in der Rudelfährte blieb, bis es sich in die Jungfichten einschob und verendete. Aber wie dem auch sein mag, ein solcher Abschluß einer „Kontrollsuche" ist schon bemerkenswert und kommt nicht oft vor in einem Jägerleben.

Kurz vor Weihnachten wurde ich wieder zu einer Kontrollsuche gebeten. Diesmal war ein Hirsch beschossen worden, der sich bei sehr schlechtem Licht an einer Sauenkirrung eingestellt hatte.

Kati hatte ihre Darmkrankheit längst auskuriert. Der Schütze erwartete uns an dem vereinbarten Treffpunkt.

Während wir gemeinsam zum Anschuß gingen, erzählte er mir seine Geschichte. Er sagte alles, eben auch, daß es für einen sicheren Schuß schon viel zu dunkel gewesen war. Darum war der Hirsch auch nicht anzusprechen, und wohin er nach dem Schuß flüchtete, ließ sich auch nicht erkennen. Er, der Schütze, habe am Morgen bereits den Anschuß gründlich untersucht, doch nichts gefunden. Allerdings waren in der Nacht die Sauen dagewesen und hatten die Futterstelle durcheinandergerührt.

Das sah ich dann auch, legte Kati ab und nahm mir die Kirrung gründlich vor. Trotz größtem Bemühen fand auch ich nichts. Also brachte ich die Hündin an den Futterplatz. Sie zeigte sich interessiert, vielleicht darum, weil hier überall noch die Schwarzwildwitterung stand. Als sie weiterzog, folgte ich ihr ohne Bedenken. Doch schon nach dreißig Schritt haben wir den ersten Halt. Wieder standen wir vor einer Kirrung. Die aber war nicht von Sauen angenommen. Und augenblicklich änderte sich das Verhalten der Hündin. Sie verwies ein Büschel langes Schnitthaar. Es stammte vom Träger. Daran gab es keinen Zweifel. Nur der Schütze hatte sich bei der Bestimmung des Anschusses geirrt. Nicht an der ersten, sondern viel weiter, an der zweiten Fütterung hatte der Hirsch gestanden. Doch solche Fehleinschätzungen können „zwischen Dunkelwerden und Siehstmichnicht" schon vorkommen.

Lange blieben wir auf der Fährte des Hirsches, dem das Geschoß nicht viel mehr angetan hatte, als ihm ein Büschel Haar vom Kragen zu stehlen. Nach fast zwei Stunden Riemenarbeit, wobei wir mehrfach zum Anschuß zurückgriffen, setzte ich dieser Suche ein Ende.

„Der Hirsch ist gesund geblieben." Der Schütze wollte das nicht einsehen: „Aber da liegt doch soviel Schnitthaar am Anschuß, so viel Haar!"

Lange Zeit unterhielten wir uns über Pürsch- und Schußzeichen und auch darüber, daß ein Jäger mit seinem Schweißhund niemals leichtfertig eine Wundfährte aufgibt. Niemals.

Ich habe es schon gesagt: Schweißarbeit ist so etwas wie eine Eidesverpflichtung.

15
Nachsuchen mit und ohne Schweiß

Am Tag vor Heiligabend sollte ein Rotkalb nachgesucht werden. Ich war ein wenig kribbelig, denn lange würde es nicht mehr hell bleiben. Dezembertage sind allzu kurz. Es schien, daß die Suche am folgenden Tag, am Heiligen Abend, fortgesetzt werden müßte.

Gern hätte ich die Suche mit Kati unternommen. Grandel, die Dachsbracke, hatte genug Abwechslung, denn alle roten Rehfährten gehören ihr ohnehin. Aber Kati war nicht im Hause. Sohn Peter war mit ihr in die Heide gewandert. Auf die Rückkehr der beiden konnte ich nicht warten, denn Peter schaut nicht immer rechtzeitig nach den Tagesstunden.

Ich packte also meine Siebensachen in den Wagen, Grandel dazu, sagte meiner Frau, daß ich mit Einbruch der Finsternis wieder im Hause wäre und fuhr los.

Der Anschuß sah nicht gut aus. Von Jungfräulichkeit konnte keine Rede mehr sein, denn mehrere Hunde hatten sich bereits auf ihm versucht. Grandel sträubten sich die Nackenhaare. Aber was sein muß, muß sein: Kriechend untersuchte ich den Anschuß.

Lange Zeit fand ich nichts. Und im stillen bat ich alle Hunde, die vorher ihr Können unter Beweis stellen wollten, um Verzeihung. Solange, bis mir Grandel ein winzig kleines Teilchen Darminhalt zeigte. Ich konnte es nicht gleich glauben. Aber so etwas nimmt die Nase wahr, und wenn man will, kann man daran auch schmecken. Das Schmecken ließ ich bleiben. Die Dachsbracke zog mächtig voran und zeigte mir nach kurzer Suche Schweißtröpfchen.

Nach einem halben Kilometer müdeten wir das Kalb aus dem Wundbett auf. Inzwischen war die Dämmerung fortgeschritten. Als ich Grandel schnallte, wünschte ich mir keine Hetze in die Nacht hinein. Der Heilige Abend stand vor der Tür.

Das Kalb schien mit seinen Kräften am Ende zu sein. Bereits nach kurzer Hatz hörten wir Standlaut. Zwei- oder dreimal brach das Wild der Hündin noch aus. Aber Bedenken hatte ich keine mehr. Ein Stück Wild, noch dazu ein Kalb, das sich dem Hunde so schnell stellt, ist meist am Ende seiner Kräfte und damit am Ende seines Lebens.

Der letzte Standlaut erklang aus einer dichtstehenden Roterlenaufforstung. Zwar fehlte um diese Zeit deckendes Laub, aber der Dichtstand der Bäumchen machte vorerst einen Schuß unmöglich.

So kam, was kommen mußte. Das Kalb brach bei meinem Heranpürschen nochmals aus und flüchtete in eine Dickung aus Kiefer, Fichte und Lärche. Hier stellte es sich wieder dem hetzenden Hund.

Als ich mitten im Dickicht stand, stellte ich fest, daß Kimme und Korn nicht mehr zusammenzubringen waren.

Dann war ich am Ball. Zwar konnte ich den Hund gut hören, aber alles andere, weder Hund noch Wild, waren schlecht oder überhaupt nicht zu sehen. Darum schritt ich zu einer Verzweiflungstat, ging einfach drauflos und spekulierte darauf, auf diese Weise Kalb und Hund aus der Dickung heraus in hellere Gefilde zu bringen.

Einer der Begleiter hinter mir schrie: „Hussassah." Das war zwar zunftungerecht. Aber das Kalb flüchtete.

In einem Kiefernbaumholz stellt es sich erneut der Dachsbracke. Ich wagte nicht, allzu nah an den Schauplatz heranzupürschen. Die weit auseinanderstehenden Altbäume geben kaum Deckung.

Vergeblich versuchte die Dachsbracke, das Kalb niederzuziehen. Darum wollte ich ein schnelles Ende machen. Am nächstbesten Baum strich ich die Büchse an. Eigentlich war es für einen vernünftigen Schuß selbst in diesem weitstehenden Altholz schon zu dunkel geworden. Mein Nachsuchengewehr trägt kein Zielglas. So ging der Schuß heraus, ohne daß Kimme und Korn kontrollierbar zusammengebracht werden konnten.

Danach herrschte absolute Ruhe. Mit dem Rockärmel wischte ich den Schweiß von der Stirn und ging dann langsam dahin, wo noch vor wenigen Augenblicken ein geschundenes Rotkalb die Attacken der Dachsbracke über sich ergehen lassen mußte.

Ich konnte es kaum fassen! Das Kalb lag gestreckt in den Blaubeersträuchern. Grandel hatte sich neben ihm niedergetan und hechelte erschöpft mit heraushängender Zunge. Froh war ich, sehr froh, aber auch ein bißchen stolz.

Dann schaute ich mich nach meinen jagdlichen Begleitern um. Niemand war zu sehen. Also begann ich mit dem Aufbrechen, während der Mond mit schmaler Sichel durch die alten Baumkronen lugte. Unwillkürlich mußte ich an das Lied vom aufgegangenen Mond denken, dem schweigenden Wald und dem aus den Wiesen aufsteigenden Nebel. Bis die Jäger kamen. Da war die Stille dahin. Einer rief, daß „das" gefeiert werden müßte und trat dabei Grandel auf die Rute, daß sie giftig herumfuhr.

Zum Feiern hatte ich keine Lust. Wie sollte das enden? Und morgen war Heiliger Abend.

Als ich zu meinem Wagen zurückwanderte, hörte ich hoch oben über den Wäldern die Wildgänse rufen. Sie zogen nordwärts. Also würde die Weihnachtszeit wahrscheinlich frostfrei und auch schneelos bleiben. Eigentlich schade!

Ein paar Tage hatten meine Hunde eine faule Zeit. Aber nur ein paar Tage. Vor dem Jahreswechsel wurde ein Damspießer beschossen. Er flüchtete nach dem Schuß waldwärts, ohne ein Zeichen zu hinterlassen.

Aber Kati fand dann doch etwas, und zwar dunklen Leberschweiß. Ein Stück mit Leberschuß ist immer zu bekommen! Darum sagte ich dem Schützen zuversichtlich eine erfolgreiche Suche voraus, zumal ich wußte, daß der Hirsch von einem schweren Hochwildgeschoß getroffen worden war. Zwar dämpfte ich während der Arbeit meinen Optimismus, weil mir die bis jetzt zurückgelegte Strecke schon sehr lang erschien. Aber meine Zuversicht blieb.

Später, sehr viel später, fanden wir den Hirsch in einem Nadelholzjungwuchs. Er lag gut versteckt und ein Mensch hätte dicht an ihm vorbeilaufen können, ohne ihn zu entdecken. Aber der Fuchs hatte sich bereits am Wildbret vergriffen. Mindestens ein Kilogramm weniger dürfte der Hirsch nach diesem Raub auf die Waage bringen.

Aber so geht es halt zu da draußen. Hier lebt jeder von jedem, und am Ende bleibt immer noch ein gutes Gleichgewicht. Aber auch daran ist der Jäger beachtlich beteiligt.

Die zerschossene Damwildleber bekam Kati, vorerst allerdings nur ein Stück davon. Den Rest sollte sie morgen in der Futterschüssel vorfinden und sich dann vielleicht zurückerinnern an die duftende Fährte eines Damspießers.

Doch auch Grandel, die Dachsbracke, ging an diesem Tage nicht leer aus, obwohl ihre Nachsuche von keinem Geschoß ausgelöst wurde.

Das allein tat der klapprige, mit „Bindfaden und Spucke" zusammengehaltene, aber erstaunlicherweise immer noch fahrtüchtige „Käfer" meines Sohnes Peter. Auf dem Heimweg durch das Nachbarforstamt griff ein Mümmelmann das Vehikel aus der Deckung heraus an. Doch außer einem dumpfen Rumpler geschah nichts. Das Fahrzeug blieb heil, und der Hase suchte das Weite. Da mußte Grandel her und griff sich den Hasen nach über dreihundert Schritt Riemenarbeit im „Wundbett". Der Nachbar schenkte dem Jungen den Hasen und meinte dabei, daß er auch Grandel „was" abgeben sollte. Das hätte Peter ohnedies getan. Und wäre er für die Fütterung meiner Hunde verantwortlich, sie wären kugelrund und dem Bersten nahe. Nach seiner Auffassung sind die von mir gegebenen Rationen stets zu klein.

Ein wenig möchte ich noch beim Hasen verweilen. Ich finde es bedauerlich, daß er den Jäger in der Hauptsache als Schrotschußobjekt interessiert. Dabei gibt es kaum eine andere Wildart, die für eine Schulung der Jagdhundnase besser geeignet ist als der Hase mit seiner „milden" und so rasch vergehenden Spurwittrung. Wenn auch für den speziellen Schweißhund die kalte, gesunde Hochwildfährte genügend Einarbeitungs- und Erziehungsmöglichkeiten bietet, so sollte doch für alle Jagdgebrauchshundrassen die Hasenspur häufiger herangezogen werden. Sie ersetzt mindestens die künstliche Rotfährte und hat darüber hinaus noch den Vorteil, daß sie nicht erst vorbereitet werden muß und in fast allen Revieren stets zu haben ist.

Alle meine früher geführten langhaarigen Vorstehhunde sind auf der Hasenspur reif geworden. Meine Teckel haben auf ihr die ersten Geh- und Nasenversuche unternommen, sich gefestigt und später, selbst in schon reifem Alter, gründlich ausgetobt.

Hunde, die auf der Hasenspur nicht genügen, werden nie brauchbare Rotfährtenarbeiter. Und solche, die zwar jede Rehfährte schnell finden und auf ihr stundenlang herumhetzen, können auf der Hasenspur kläglich versagen.

An dieser Stelle muß ich gestehen, daß Kati, die Hannoveranerin, nicht etwa, wie es sich gehören müßte, auf einer Hochwildfährte zum erstenmal laut wurde, sondern auf einer simplen Hasenspur. Es ergab sich zufällig und wurde von mir mit Sicherheit nicht herbeigeführt. Aber gestehen muß ich diese Tatsache schon. Vielleicht ziehe ich mir mit diesem Geständnis den Zorn einiger Hirschmänner zu. Aber ein Hase kann doch nie Anlaß zu einem Sündenfall sein.

Diese Zeilen schreibe ich unter dem noch nicht zur Ruhe gekommenen Eindruck einer langen und erfolglosen Nachsuche auf einen Brunfthirsch von gewichtiger Klasse.

Zwei Tage lang blieben Kati und ich auf der wunden Fährte. Nun bin ich unendlich müde. Außerdem rebellieren die Bandscheiben, und die Verwundungen aus dem Krieg bringen sich wieder einmal in Erinnerung. Doch das ist das kleinste Übel. Viel schwerer wiegt die vergebliche Nachsuche.

Der Anruf kam am späten Abend. Wenige Stunden zuvor wurde der

Hirsch auf einer Schneise innerhalb einer Dickung beschossen, in der es von Rotwild „wimmelte". Er stand halb schräg und tat auf den Schuß eine langsame Flucht.

Kurz danach brachte man einen Schweißteckel zum Anschuß. Der verwies ein winziges Stück Wildbret, jedoch keinen Schweiß. Dann führte der Hund in die Dickung, zeigte aber keine weiteren Pürschzeichen. Die Nerven verließen ihn, als er auf ein Brunftrudel stieß, das polternd absprang.

Mit Anbruch des neuen Tages standen am vereinbarten Treffpunkt außer dem Schützen noch weitere sieben Jäger, die eilig herbeigebeten worden waren.

Am Anschuß lag unberührt das erwähnte Wildbretstückchen. Lange Zeit suchte ich nach weiteren Zeichen und fand schließlich kurzes Schnitthaar sowie ein einziges dunkles, fast schwarzes Haar. Da der Hirsch beim Schuß halb schräg vom Schützen fortstand, deutete ich auf einen tiefen Trägerstreifschuß mit Verletzung der oberen Blattmuskulatur. Das einzelne lange, dunkle Haar konnte nur von einer tiefen Stelle des Kragens stammen. Mir war klar, daß wir eine langwierige, schwere Nachsuche vor uns hatten und sagte dies auch den Schützen. Dann stellte der Revierbeamte die bewaffneten Helfer weitab vor.

Es war genau sieben Uhr, als Kati vom Anschuß weg in die Dickung hineinzog. Ein revierkundiger Waldarbeiter begleitete uns. Obwohl kein Schweiß zu sehen, erkannte ich an Katis Verhalten, daß sie sich auf der Wundfährte befand. Mehrfach reiserte sie an den Dickungszweigen mit sehr hoher Nase und bestärkte mich dadurch auch in meiner Vermutung über den Sitz des Schusses, obwohl Zeichen an den jeweiligen Ästchen nicht zu sehen waren. Doch bei einem weiteren Reisern, wobei sich die Hündin sogar auf die Hinterläufe stellen mußte, um die Wundduftpartikel zu inspizieren, fand ich an den Kiefernnadeln einige Wildbretfäden.

Nochmals schien sich meine Vermutung zu bestätigen. Dann ging es kreuz und quer durch die Dickung. Wiederholt zeigte die Hündin feines abgestreiftes Wildbretgewebe. Die Dickung steckte voller Rotwild, und Brunftgeruch begleitete uns auf Schritt und Tritt.

Doch dann fanden wir lange Zeit keine Zeichen mehr. Es mochten vom Ansuchen her zwei Stunden vergangen sein, als die Hündin aus den weitläufigen Dickungskomplexen herausführte. Und hätte nicht am Auswechsel der erste Schweißtropfen gelegen, ich wäre nicht mehr in der Lage gewesen, zu behaupten, daß wir uns auf der Rotfährte befanden. Nun aber wußte ich es.

Der Schweiß nahm ein wenig zu. Etwa alle fünfzig Meter fand ich ein

Tröpfchen, das sorgfältig verbrochen wurde. Am Rande eines Lärchenbestandes stießen wir auf einige der vorgestellten Schützen. Jetzt mußte erst einmal zum Sammeln geblasen werden. So verging viel Zeit, bis der letzte Schütze zur Stelle war.

Der aufgeregte Schütze, ein junger Forstmann aus dem Geschäftszimmerbereich, um dessen ersten Hirsch es übrigens ging, wollte meine Meinung über die Erfolgsaussichten wissen. Leider konnte ich ihm nichts anderes sagen, als daß es noch sehr schwer werden würde. Wieviel lieber hätte ich ihm etwas Ermutigenderes erzählt.

Während wir noch an der Sammelstelle standen, setzte leichter Regen ein. Der verhangene Himmel ließ noch mehr Naß erwarten. Wir mußten uns beeilen, ehe der Regen den ohnehin spärlichen Schweiß gründlich fortwaschen würde.

Trotz meines Kummers hatte ich an Katis Arbeit meine helle Freude. Sie löste Knoten um Knoten, kümmerte sich nicht um die vielen, allzu vielen Verleitfährten und buchstabierte sauber mehrere Widergänge aus.

Noch zweimal mußten wir die Hilfstruppe zusammenblasen. Der Hirsch war die ganze Nacht ruhelos umhergezogen und hatte dabei manchen Kilometer hinter sich gebracht. Aber gegen Mittag ergab sich eine neue Situation. In einer sehr licht stehenden Fichtendickung fanden wir das erste Wundbett. Das Moos war auf einer handbreiten Fläche mit Schweiß getränkt. Weitere rote Betten folgten; etwa zehn Stück auf engstem Raum. Die Fichtendickung war etwa zwei Hektar groß.

Der Waldarbeiter hinter mir hatte beim bisherigen Suchenverlauf durch Verbrechen von Zeichen sehr geholfen. Nun, im Anblick des vielen Schweißes glaubte er, der Hirsch müßte bald vor uns aufstehen und einem der Schützen kommen; er rief laut „Hallo". Doch die Betten waren allesamt kalt, rührten von der Nacht her. Der Hirsch war hier mehrmals von einem Brunftrudel gestört worden. Erst nach einem längeren Widergang fand Kati den Auswechsel aus den Fichten.

Inzwischen befanden wir uns schon viele Stunden auf der Rotfährte, und ein Ende war noch nicht abzusehen. Ich merkte auch, daß Kati eine Ruhepause nötig hatte. Dennoch schien es mir geboten, den Hirsch bis zum Eintritt der Dunkelheit wenigstens in seinem neuen Einstand zu bestätigen, um vielleicht am nächsten Tag den Kranken zur Strecke zu bringen.

Leider konnte ich meine Wünsche nicht mit dem Wettergott abstimmen. Wolkenbruchartiger Regen setzte ein. In wenigen Minuten stand jede noch so große Bodensenke unter Wasser.

Der Revierbeamte forderte uns auf, eine Pause einzulegen und währenddessen einen kleinen Imbiß im Forsthaus einzunehmen. Die Einladung wurde dankbar angenommen.

Um Kati etwas Ruhe zu verschaffen, rief ich den Kollegen Rassow an und bat ihn, mit seiner „Amsel v. Sinntal" vorübergehend die Rotfährtenarbeit zu übernehmen. R. sagte sofort zu, obwohl er am frühen Abend wieder daheim sein mußte, um einen Jagdgast auf einen Brunfthirsch zu führen.

Und es regnete, als wollte der Himmel den vergangenen „Wüstensommer", der unserer Heide in wenigen Wochen über dreißig Brände beschert hatte, in wenigen Stunden wieder gutmachen.

Dennoch zogen wir nach kurzer Stärkung wieder hinaus. Und der sintflutartige Regen lehrte uns, daß nicht nur die Jagd, sondern auch die Arbeit nach dem Schuß die Grenzen des menschlichen Durchhaltevermögens bisweilen überschreiten kann.

Rassow stieß wenig später zu uns, brachte nicht nur seine „Amsel", sondern noch einen Bekannten mit dessen Hannoveraner mit.

Beide Hunde bestätigten Katis letzten Arbeitsabschnitt und setzten im „Blindflug", also ohne sichtbare Zeichen zu finden, die Arbeit fort.

Als uns Rassow und sein Begleiter nach knapp zwei Stunden wieder verließen, hieß es: „Dieser Hirsch ist auf der Rotfährte nicht zu bekommen."

Ich wollte es nicht wahrhaben und setzte die Arbeit mit meiner ausgeruhten Hündin fort. Und dann, als ich mich fast am Ziel glaubte, geschah etwas Ärgerliches. Kati wurde von einem im dicken Zeug aufstehenden Überläufer abgelenkt und verließ die Rotfährte. Der Einstand des Hirsches konnte wegen der einbrechenden Dunkelheit nicht mehr bestätigt werden.

Als ich durch die Nacht nach Hause fuhr, sah es sehr düster in mir aus.

Am nächsten Morgen, es war Sonntag, traf ich mich mit dem Revierbeamten, um die unterbrochene Arbeit fortzusetzen und nach Möglichkeit mit Erfolg zu beenden. Doch als hoffnungsvoll konnte ich die Lage nicht bezeichnen. Die Schützen vom Vortage waren gebeten worden, sich zu Hause auf Abruf bereitzuhalten. Erst mußte das Verbleiben des Hirsches bestätigt werden.

Die Hündin legte ich dort zur Fährte, wo vor Beginn des Regens die letzten Zeichen gefunden worden waren. Allerdings hatte es in der Nacht wiederum wie aus Kannen gegossen.

Kati suchte sehr behutsam, als wenn auch sie wüßte, welcher Preis auf dem Spiel stand. Nach etwa einer halben Stunde waren wir wieder in der Dickung, wo tags zuvor eine Sau zur großen Verleitung wurde. Diesmal aber gab es keinen Seitensprung, und später stand die zwar verregnete, aber doch erkennbare starke Hirschfährte in einem Sandweg. Die Schalen des linken Vorderlaufs schienen nur schwach abgedrückt zu sein, während die übrigen Läufe ein tieferes Fährtenbild hinterließen. Schnell legte ich einen Fährtenbruch, denn auf diese Stelle mußte womöglich zurückgegriffen werden.

„Der Hirsch ist zum Wasser gezogen", sagte der Revierbeamte hinter mir. Tatsächlich führte uns der Hund zu einem Quellgebiet, in dem viele von Rotwild und Sauen gern angenommene Suhlen lagen.

Hier allerdings möchte ich meine Meinung wiederholen, daß krankes Wild nicht regelmäßig Wasser aufsucht. Mindestens kann ich eine solche generelle Verhaltensweise des Wildes nicht bestätigen. Allerdings habe ich häufig erfahren, daß krankes Schalenwild gern in Wasserläufen fortzieht, doch wohl eher, um seine Wittrung vor einem Verfolger geheimzuhalten.

Dieser Hirsch jedoch zog in das genannte Quellgebiet. Aber an keiner einzigen Stelle ließ sich feststellen, daß er sich niedergetan hatte. Vielmehr ging es im spitzen Winkel wieder zurück, also dahin, woher wir gekommen waren.

Noch über drei Stunden hielten wir die Fährte, von der wir glaubten, daß sie dem kranken Hirsch gehörte. In einer weglosen Dickung von riesigen Ausmaßen gaben wir am späten Nachmittag auf. Überall stand Rotwild herum, und vor uns trenzte ein Hirsch. Wir werden nie erfahren, ob es der Kranke mit dem Wildbretschuß gewesen ist. Wie sagte doch Rassow: „Dieser Hirsch ist auf der Rotfährte nicht zu bekommen."

Die Hirschhundleute führen über ihre Arbeiten mit den roten oder gestromten Hunden eine Art Tagebuch. Diese Buchführung endet schließlich in Erfolgen, die bekunden, welch hohen Anteil der Schweißhund an der waidgerechten Bejagung des Schalenwildes für sich in Anspruch nehmen kann. Um die vielen Kontrollsuchen und Fehlgänge aber kümmert sich der Durchschnittsjäger kaum, und selbst den passionierten Hochwildjäger interessiert doch immer nur die Anzahl der mit Hilfe von Schweißhunden zur Strecke gebrachten Stücke. Da gilt immer nur das, was unter dem Strich steht. Das andere aber, die erfolglose Arbeit, kann manchmal viel schwerer wiegen. Das aber weiß allein der Schweißhundführer.

Wenn ich meine Nachsuchen aus einem Vierteljahrhundert überdenke und anhand von Aufzeichnungen zurückverfolge, dann stelle ich fest, daß von zehn durchgeführten Suchen mehr als vier keinen Erfolg brachten. Dies mag niederschmetternd erscheinen, wenn man bedenkt, welches Vertrauen der Jäger in den Schweißhundführer und dessen Jagdgehilfen setzt. Doch sollte bei solchen Betrachtungen auch die notwendige Redlichkeit herrschen. Diese Redlichkeit beginnt damit, einzusehen, daß sowohl der Schweißhund als auch sein Führer Wesen aus Fleisch und Blut sind. Somit sind sie fehlbar wie alle Lebewesen und gelegentlich auch dem Stimmungsbarometer unterworfen. Aber wichtiger erscheint mir der Hinweis, daß auch dann Nach- und Kontrollsuchen eingelegt werden, wenn der Schuß ins Leere ging, das Wild also heil geblieben ist. Nur weiß man das nicht immer vorher. Darum können auch solche Arbeiten oft eine lange Zeit in Anspruch nehmen. Was den Hundeführer und den Schützen am meisten belastet, ist der Schuß, der nicht ins Blaue ging, der Zeichen hinterließ und Hoffnungen erweckte. Das Wild also ist verletzt, am Anschuß liegen Schnitthaar und Schweiß. Es liest sich wie im Bilderbuch. Nur ist das Wild durch den Schuß nicht „krank" geworden. Streif- und leichte Wildbretschüsse sind hier zu nennen. Häufig nimmt das Wild offenbar seine Verletzung gar nicht wahr, gesellt sich sofort oder bald wieder zum Rudel oder zur Rotte und verbleibt im Rhythmus seiner Lebensgewohnheiten.

Rotfährtenarbeiten auf solch „gesund gebliebenes" Wild enden im Regelfall erfolglos. Aber eben diese Erfolglosigkeit kann dem betreffenden Schweißhund und seinem Führer sehr abträglich sein. Denn der Schütze, durch die gefundenen Pürschzeichen in Beutehoffnung versetzt, wird sich nur schwer mit dem Verlust des Wildes abfinden. Also bleibt die Schuld am Mißerfolg allein am Schweißhund hängen, obwohl sich dieser stundenlang auf einer von Anfang an aussichtslosen Fährte redlich abrackert. — So ungerecht kann es beim Jagen zugehen.

Rotfährtenarbeit ist Passion. Wäre sie es nicht, dann gäbe es nicht die manchmal unwahrscheinlichen Leistungen von Führer und Hund. Zwar reihen sich derartig überragende Arbeiten nicht wie die Perlen eines Rosenkranzes aneinander. Aber sie ergeben sich doch in gewissen Abständen, und damit in stetiger Wiederkehr. Das sind die Suchen, die man ein Leben lang nicht vergißt.

16
Ein leichtsinniger Schuß — In der Lönsheide

Kurz vor Beendigung der Hasenjagd veranstaltete der Pächter eines größeren Reviers ein Treiben, in dem alles zum Abschuß freigegeben wurde, was der Jagdschein erlaubt und aufgrund des Abschußplanes genehmigt war. Auch ein Hirsch war noch zu erlegen. Und diese Chance wurde jedem Teilnehmer geboten. Schon bald nach dem Antreiben brachten die Treiber einen Trupp von vier Hirschen auf die Läufe. Das Wild war hochflüchtig und blieb — obwohl es fast die gesamte Schützenlinie passierte — vernünftigerweise unbeschossen. Aber dem letzten Schützen, einem Jäger der sonst bedächtigen Klasse, gingen dann doch die Nerven durch, und er ließ in den flüchtigen Trupp hineinfliegen. Doch das geschah, wie erwähnt, verhältnismäßig früh am Tag.

Nach kurzer Anschußuntersuchung war man sich einig, daß die Kugel danebengegangen war. Es wurde weiter gejagt. Später kamen einem Jungjäger doch Zweifel. Er untersuchte den Anschuß nochmals gründlich. Etwas abseits von den Eingriffen fand er ein „Büschel" Schnitthaar! Dieses Haar nahm er an sich und erstattete anschließend dem Jagdherrn Bericht.

Dieser ließ sofort die Jagd abblasen und kämmte mit allen verfügbaren Schützen, Treibern und Stöberhunden Revierteil für Revierteil systematisch durch. Darüber ging der Tag zur Neige. Am nächsten Tag wurde die Suche fortgesetzt. Als gegen Mittag feststand, daß der Hirsch so nicht zu bekommen war, entschloß man sich, einen Schweißhund herbeizuholen. Daß die Wahl auf Kati und mich fiel, war purer Zufall. Vor Jahresfrist hatte ich im Revier eines der anwesenden Jäger eine Sau nachgesucht und gefunden. So wurde ich „weiterempfohlen".

Nach über einer Stunde Autofahrt stand ich vor dem sogenannten Anschuß, auf dem es aber auch gar nichts mehr zu erkennen gab. Allzu viele Füße waren da schon herumgetreten. Außerdem hatte es in der

Nacht geregnet. Das Schnitthaar war nicht verfügbar, da der Jungjäger, der es gefunden hatte, heute fehlte.

Als Kati mit dem Buchstabieren begann, bat ich die anwesenden Jäger, sich möglichst weit vorzustellen, da die Möglichkeit bestand, daß der Hirsch noch auf den Läufen war.

Der Schütze selbst blieb bei mir. Man sah es ihm an, daß ihn die Geschichte mitgenommen hatte. Sicher gäbe er jetzt etwas darum, den Schuß ungeschehen zu machen. So gut es ging, versuchte ich ihn zu trösten. Dabei hätte ich selbst moralische Unterstützung gebraucht.

Ich rauchte meine Pfeife zu Ende; dann gab ich Kati den ganzen Riemen. Rings um uns her standen viele Rotwildfährten, die mir zeigten, daß es an Verleitungen für die Hundenase nicht mangeln würde. Auf irgendeiner Duftlinie bewegte sich Kati vorwärts. Trittsiegel konnte ich allerdings in dieser Linie nicht erkennen. Später, in einem Stangenholz aus Fichte und Lärche hatten wir plötzlich Rotwild vor uns. Kati arbeitete mit hoher Nase. „Das wird nichts", dachte ich und ließ die Hündin auf der Fährte ablegen. Dann genügte aber eine Zigarettenlänge, um das Hundel die frische Rotwildwitterung vergessen zu lassen. Dennoch griff ich sicherheitshalber auf die letzte Schneise zurück. Die Nase des Hundes war wieder mit dem Erdboden verbunden. Hoffentlich auch mit der richtigen Fährte! Denn Schweiß gab es nicht. Nicht jetzt und auch nicht später. An einem meterhohen trockenen Lärchenästchen reiserte die Hündin in fast andächtiger Manier. Schon war ich bei ihr, konnte aber nichts erkennen. Auch ein Abtupfen des Holzes mit dem Taschentuch brachte nichts ein. Da wischte ich mit Daumen und Zeigefinger darüber hin, roch in die Hand hinein — und schwankte zwischen Freude und Zweifel. So riecht es doch, wenn das Geschoß das kleine Gescheide faßt!

Ich tätschelte der Hündin die Keulen. „Nur weiter so!" Es war kein Befehl, eher eine Bitte.

Das Reisern nahm kein Ende. Dann stießen wir auf einen der vorgestellten Schützen. Er fragte, ob wir nicht abbrechen sollten. Als ich ihn jedoch bat, die anderen Schützen zu weiterem Vorstellen zu veranlassen, war er wieder ganz bei der Sache und setzte sich eilig ab.

Irgendwo fanden wir ein Wundbett. Das Taschentuch zeigte ein wenig Farbe. Dann noch ein Bett und noch eins, und nach kurzer Weile ein weiteres. Aber die ungeläuterte Dickung gab dem Auge keinen Raum. Im letzten Wundbett fanden wir den Hirsch. Die Totenstarre war noch nicht eingetreten.

Das Rufen zum Sammeln hallte weit durch die Waldbestände. Dann waren alle versammelt. Der Schütze konnte sich vor Freude nicht fassen.

In seinen Augen schimmerte es feucht. So hatte er sich die Erbeutung seines ersten Hirsches bestimmt nicht vorgestellt.

Am Abend überdachte ich zu Hause nochmals die Nachsuche und kam zu dem Schluß, daß auch hier, wie so oft bei der Rotfährtenarbeit, das Glück eine gewichtige Rolle spielte. Denn vor der Verführung durch frische Verleitfährten ist kein Schweißhund gefeit, auch nicht der erfahrenste und abgeklärteste.

Früh, fast zu früh, wurde ich am Morgen vom Telefon aus dem Bett geklingelt. An der Bundesstraße 3 hatte es einen Zusammenstoß zwischen einem Auto und einer Sau gegeben. Der Wagen blieb auf der Strecke, die Sau entkam.

Zum Glück war dem Fahrer nichts geschehen. Ich vernahm, daß ein „großes Wildschwein" aus dem Wald gekommen und direkt „in die Windschutzscheibe des Wagens hineingesprungen sei". Doch wohin die Sau geflüchtet war, konnte der Mann nicht sagen. Das „sagte" mir dann die Dachsbracke und zeigte im Straßengraben die Schalenabdrücke einer mittelstarken Sau. Das war aber auch alles.

Die Fluchtfährte führte in die „Lönsheide". Also packten wir es gleich an und wanden uns durch Kiefern- und Birkenanflug hindurch. Da erkannte ich vor dem Hunde die Sau, die sich in einen aus Wacholder und Birke bestehenden Horst eingeschoben hatte. Ich war mir nicht klar, ob das Wild noch lebte oder bereits verendet war. Darum trat ich schnell auf den Schweißriemen, zog die Büchse über den Kopf und schoß. Die Sau klagte kurz, rutschte einen halben Meter nach vorn und blieb verendet liegen. Ich war froh über den Erfolg. Denn nach dem Zustand des demolierten Autos zu urteilen, mußte das Wild schwere innere Verletzungen davongetragen haben. Ohne Nachsuche wäre es bald verendet und verludert.

Nun liegt der Schwarzkittel erlöst von allen Leiden in der Lönsheide, einem fast geschichtsträchtigen Ort. Ich will die „Geschichte" schnell erzählen:

Der Begriff „Lönsheide" braucht keine besondere Erklärung. Die Bezeichnung hängt mit dem Heidedichter zusammen, der als Kriegsfreiwilliger im ersten Weltkrieg in Frankreich fiel. Sein Grab blieb lange Zeit unbekannt. Sein Wunsch, unerkannt und unbekannt zu „vergehn", ging in Erfüllung. Daß viele Jahre später seine Gebeine doch noch gefunden wurden, mutet fast mystisch an.

Ehe jedoch seine sterblichen Überreste endgültige Ruhe in einem Wacholderhain bei Fallingbostel in der Südheide fanden, ruhten sie vorübergehend hier in der „Löns"-Heide. Es würde zu weit führen, die gesamte

Bestattungsgeschichte nachzuerzählen. Wilhelm Menke, der heute noch lebende Heidekrugwirt in Niederhaverbeck, kann das besser. Er hat an Löns Beisetzung in der Wacholderheide neben der Bundesstraße 3 teilgenommen.

Geblieben ist die Lönsheide. Geblieben ist auch der uralte Wacholder neben der einstigen Grabstelle. Und geblieben ist die Erinnerung an den großen Heideerzähler. —

Ich breche das Wild auf. Drinnen ist „alles kaputt". Dann schlinge ich den Schweißriemen um das Haupt des Schwarzkittels. So läßt er sich leicht durch die bestockte Heide zum Wagen ziehen.

Doch vorher mache ich Rast an dem zerzausten Wacholder am „Lönsgrab". So halte ich die Totenwacht für das gestreckte Wild. Oder ist es die Totenwacht für den Heidesänger selbst? Ich weiß es nicht.

Aber den Bruch für Grandel nehme ich mir von dem alten zerzausten Wacholder, der das einstige Lönsgrab hütet.

Einen Tag später habe ich Kati wieder am Riemen, weil ein Rottier zu suchen ist, das auf den Schuß hin weder zeichnete noch Schweiß oder Schnitthaar hinterließ. Da das Stück nach dem Knall mit dem Rudel flüchtete — es waren acht Stück beisammen —, könnte es gesund geblieben sein. So fasse ich die Arbeit eher wie eine Kontrollsuche auf.

Katis Nase steht in der Rudelfährte, die gut in dem weichen Waldboden zu erkennen ist. „Such' verwundt." Das Rudel hat eine Dickung angenommen. Hier müßte die Hündin etwas zeigen, denn das tiefe beastete junge Holz dürfte von einem kranken Stück mindestens die Wundwitterung im trockenen Bodengeäst festgehalten haben. Auch könnte man abgestreiften Schweiß finden oder Haar. Und wenn beides nicht zu haben ist, dann würde das „Reisern" des Hundes andeuten, daß hier irgendwas „los" ist.

Und so kommt es, daß während der weiteren Folge die Hündin fast in regelmäßigen Abständen intensiv die Äste in Höhe ihrer Nase bewindet. Dieses auffallende Benehmen des Hundes macht mich stutzig, und ich lasse den Gedanken an eine Kontrollsuche schnell fallen. Zum Glück! Denn die Überzeugung, mit seinem Hund eine Fährte „nur" zu kontrollieren, spornt ihn zumindest nicht an.

Auf einer weiten Waldlichtung finden wir das Tier! Ich kann es bereits sehen, während Katis Nase noch tief in der Wundfährte steckt.

Alles ging so leicht, so ganz ohne Belastung vonstatten, vergleichbar eher einem gemütlichen Spaziergang als einer Rotfährtenarbeit. Der Schütze löst die Grandeln aus dem Äser des Stückes und überreicht sie mir. „Es ist Ihr Stück und das Ihres Hundes."

Daheim steht eine gefüllte Schachtel selbsterbeuteter Grandeln von Hirsch und Tier. Es sind mir liebe Trophäen. Ich denke, daß ich die geschenkten Haken mit ruhigem Gewissen zu den anderen legen kann. Sie werden für mich einen bleibenden Wert haben und mich gelegentlich an eine Nachsuche erinnern, die zwar keine Höhepunkte kannte, dafür aber endlich einmal weder Herz noch Hirn belastete.

Als ich wieder zu Hause bin, meint meine Frau, daß ich ausschaue, als käme ich direkt aus der Sommerfrische. Da weiß ich, wie wenig ich mich diesmal „engagiert" habe.

Fünf Tage später hatten Kati und ich ein Rotkalb nachzusuchen, das am Tage zuvor bei sinkendem Licht in einem Nachbarrevier beschossen worden war. Wir schrieben den sechsundzwanzigsten Januar. Doch von einem typischen Winterwetter keine Spur. Es war viel zu warm und dabei noch stürmisch und regnerisch.

Auch hier war bereits mit anderen Hunden nachgesucht worden. Die Suche wurde aber aufgegeben, weil Pürschzeichen fehlten und jeder an einen Fehlschuß glaubte.

Während mich der Schütze am Anschuß einwies, peitschte der Sturm Regenschauer durch die Landschaft. Wir befanden uns auf einer breiten, mit hoher Heide bestandenen Schneise, die durch ausgedehnte Nadelholzdickungen führte.

Rotwild war hier überall kreuz und quer herumgezogen. Das erkannte ich an der zahlreich herumliegenden frischen Losung. Den Anschuß glaubte sich der Schütze genau eingeprägt zu haben. Ich legte die Hündin ab und krabbelte wie ein Käfer in dem braunen Heidekraut herum, um wenigstens Schnitthaar zu finden. Nach Schweiß brauchte ich nicht zu suchen. Den hätte der Regen in jedem Falle fortgewaschen. Aber so sehr ich mich auch bemühte, die Besenheide gab kein Zeichen frei.

Also legte ich Kati zur Fährte. An ihrem Benehmen erkannte ich, daß sie Wildwitterung in der Nase hatte, und schnurstracks zog sie mich auch in die Dickung. Das alles ging viel zu glatt vonstatten. Ich wurde mißtrauisch. Denn allzugut kenne ich meines Hundes Arbeitsweise, weiß ziemlich sicher, ob er eine gesunde Fährte hält oder eine kranke ausbuchstabiert. Hier tippte ich auf „gesund". Dennoch folgte ich etwa fünfzig Meter in die Dickung hinein. Dabei merkte ich erst, daß ich statt der Baschlikmütze immer noch meinen Hut aufhatte. Und nun machten sich die Kiefernäste einen Spaß daraus, ihn am laufenden Band herunterzuschlagen.

Darum brach ich ab, um die Mütze zu holen. Ich schlenderte die lange Schneise hinunter. So mochte ich vielleicht fünfzig Gänge getan haben, als es Kati wie einen Pointer herumriß, dessen Nase ganz plötzlich von Wildwittrung getroffen wird. „Schon gut", sagte ich, machte mir aber dennoch mit dem Stiefelabsatz ein Zeichen, ehe ich weiterging. Auf dem Rückweg zur abgebrochenen Fährte geschah an der gekennzeichneten Stelle dasselbe. Katis Nasenflügel bebten vernehmlich. Ich fragte den Schützen, ob der Anschuß hier sein könnte. Es hieß: „Unmöglich." Aber ich vertraute Kati eher als dem Schützen. Allerdings verlief eine Untersuchung des vermeintlichen Anschusses ergebnislos. Doch eine innere Stimme sagte mir, daß ich es hier versuchen sollte. Also folgte ich der stramm im Riemen liegenden Hündin in die Dickung. Fünf Minuten später zeigte sie durch Reisern an einem Ästchen verwaschenen Schweiß, den ich erst mit Hilfe des Taschentuches bestimmen konnte. Über mir heulte der Wind. Und abermals fünf Minuten später standen wir vor dem verendeten Kalb.

Ich umschlang den Hals meines Hundes und dachte dabei an die alte, gute, dreckige Baschlikmütze, die letzten Endes, wenn auch auf Umwegen, den schnellen Erfolg auf dieser Rotfährte brachte.

Der Schütze, ein junger Oberforstmeister, gestand: „Auf der Jagd soll man nicht immer alles genau wissen wollen, schon gar nicht, wenn es gilt, einen Anschuß zu suchen." Ich stimmte ihm bedenkenlos zu und half ihm beim Aufbrechen.

Den Pansen wollte er als Futter für seinen jungen Teckel mitnehmen. Der Inhalt des Pansens stimmte nachdenklich. Der bestand aus nichts anderem als Heidekraut. Vielleicht waren noch ein paar Magergräser dabei.

Da wußte ich erneut, daß unser Rotwild in den Heiderevieren keine Nahrungssorgen kennt, selbst im Winter nicht, und daß von den Jägern eher zuviel als zuwenig gefüttert wird. Sie denken nicht daran, daß Wildtiere um so gesünder, ja lebensfähiger bleiben, je weniger sie der Mensch in seine Obhut nimmt.

In unserer Heidelandschaft, die durchsetzt ist von landwirtschaftlichen Nutzflächen verschiedener Art, kann es selbst in extrem harten Wintern für unser wiederkäuendes Schalenwild keinen Äsungsmangel geben. Zwar werden menschliche Gefühle wach und treiben den Jäger dazu, die Futterstellen zu beschicken, doch wird dabei des Guten eher zu viel getan. Beim Schwarzwild dagegen können frost- und schneereiche Winter schon eher einen Notstand auslösen, besonders dort, wo Eichel- und Buchelmast fehlen. Dennoch überraschen uns selbst im tiefsten Winter erlegte Sauen mit erstaunlichen Fettreserven.

Natürlich gelten für die Gebirgslagen und alle weiträumigen Fichtenreviere andere Gesetze als für Kiefernwaldungen, Eichen- und Buchen-standorte mit viel natürlicher Äsung. Doch sowohl Ausmaß der Winter-fütterung als auch Verminderung der Wildschäden hängen zum Teil vom waldbaulichen Geschick des Forstmannes ab.

Ich habe das Empfinden, daß viele Jäger ihr Wild nur deshalb füt-tern, weil „es sich so gehört", einige von ihnen aber auch darum, weil an Futterplätzen leichtes Jagen möglich ist.

Als ich von der glücklich beendeten Rotkalbnachsuche nach Hause kam, langte es gerade noch für einen schnellen Imbiß. Denn inzwischen hatte sich ein weiterer Jäger gemeldet, der ein Damkalb beschossen hatte, es aber nicht finden konnte.

Die Suche gestaltete sich leicht. Viel zu leicht, als daß es sich lohnte, darüber zu berichten, wenn ich unterwegs nicht beinahe das zum Kalb gehörende Alttier versehentlich erlegt hätte. Alttiere halten sich ja be-kanntlich oft über längere Zeit in der Nähe des erlegten oder verletzten Kalbes auf. So auch hier. Aber da sich ein Alttier gut von einem Kalb unterscheidet, blieb die Kugel im Lauf, und als das bereits verendete Kalb gefunden wurde, gab es keinen bitteren Beigeschmack.

Zum Ende der Jagdzeit, wir schrieben den dreißigsten Januar, hatte das Nachbarforstamt noch eine Drückjagd angesetzt, um gleichsam „in letzter Minute" den geforderten Verringerungsabschuß an Kahlwild zu erfüllen. Als Gast nahm ich an der Jagd teil, hatte aber weder Kati noch Grandel mitgenommen, um nicht in Versuchung zu geraten, auf warmer Fährte eine eventuell nötige Nachsuche durchzuführen.

Die Jagd lief ausgezeichnet. Am Vormittag kamen bis auf ein Stück alle beschossenen Tiere und Kälber zur Strecke. Dieses eine Stück wurde von dem bereits früher erwähnten bringselverweisenden Drahthaar und seinem Führer schnell gefunden.

Später wurde noch ein starkes Alttier beschossen, das jedoch schein-bar gesund weiterflüchtete. Der Forstamtsleiter bat mich, meinen Schweißhund zu einer Kontrollsuche herbeizuholen. Das geschah ohne größeren Zeitverlust, da wir ja nahe bei meinem Zuhause jagten.

Am Anschuß ergaben sich einige Rätsel. Die vorgefundenen Pürsch-zeichen waren unergiebig. Also suchten wir an, fanden in einer brust-hohen Kieferndickung ab und zu etwas Schweiß, woraus ich auf einen „leichten Streifschuß" schloß und bereitete mich darauf vor, daß dieses Stück kaum zu bekommen sein würde.

Doch wer die Jagd kennt, der kennt auch die vielen kleinen Kobolde, die sich in weiter Flur überall tummeln und den Jäger narren, so daß es oft genug anders kommt als er sich's vorstellt.

Schließlich fanden wir das Alttier „irgendwo im wilden Forst". Es war mit Pansenschuß verendet. Der Schütze und ich brachen das Stück schnell auf, um so rasch wie möglich wieder zu der Jagdgesellschaft zu stoßen.

Auf einer Waldstraße empfing uns ein Forstarbeiter mit dem Auftrag, noch ein Kalb nachzusuchen, das einen Wedelschuß erhielt, und ein weiteres, dem der linke Vorderlauf zuschanden geschossen wurde.

Das Kalb mit dem Wedelschuß nahmen wir uns zuerst vor, weil der Anschuß in der Nähe lag. Ich war mir darüber im klaren, daß wir es nach herkömmlicher Regel mit einer ganz warmen Fährte zu tun hatten, denn der Schuß lag höchstens eine Stunde zurück. Entsprechend leicht und stürmisch folgte Kati der Rotfährte. Zwar wußte ich, daß dieses Kalb nur durch einen glücklichen Umstand zu haben sein würde, denn die hetzfaule Kati konnte das Wild, dem ja kaum etwas fehlte, niemals stellen.

Als wir mitten in der Arbeit waren, wurde mir bewußt, daß das Kalb in das laufende Treiben gezogen war. Ich drosselte das Tempo, weil ich nicht wollte, daß die inzwischen allzu eifrig gewordene Hündin auf eine gesunde Fährte überwechselte. Außerdem bremste uns das Dickicht, in dem nur schwierig voranzukommen war.

Irgendwo vor uns knallte es. Ich dachte mir nichts dabei; schon gar nicht glaubte ich daran, daß der Schuß dem Kalb gegolten hatte. Nach dem Schuß erhielt Kati noch mehr Auftrieb, so daß ich alle Mühe hatte, die hart im Riemen liegende Hündin zu bremsen.

Irgendwann standen wir vor dem Kalb und dessen Schützen. Ich war dem Jäger dankbar, daß er seine Büchse zu führen wußte.

Über dem Walde brach die Dämmerung herein. Der Revierverwalter bat alle Schützen, auf ihren Ständen auszuharren. Denn noch steckte das Kalb mit dem zerschossenen Lauf in dem weitläufigen Treiben.

Kati und ich gingen zum Anschuß. Der gab bereitwillig Auskunft über alles, was wir wissen wollten. Die Röhrenknochensplitter waren nicht zu übersehen. Während ich den Anschuß untersuchte, hoppelte ein Hase auf uns zu. Nichts merkte er von Mensch und Hund. Bis auf zwei, drei Schritt hoppelte er an uns heran. Die abgelegte Hündin hob den Kopf. „Psst." Das hörte Kati, aber der Hase hörte es auch, drehte mit erschrecktem Ruck in der Spur und sprang mit weiten Sätzen davon.

Nachher gab es einen kleinen Abstecher auf der Hasenspur. Aber es blieb bei dieser Stippvisite. Die Wundwittrung des Kalbes behielt die Oberhand.

Allzu heftig lag die Hündin im Riemen. Das kam wohl von der immer noch verhältnismäßig warmen Fährte, aber auch davon, daß wir in kürzester Zeit die dritte Nachsuche an diesem Tage zu bewältigen hatten. In der Dickung war es bereits so dunkel geworden, daß ich das häufige Verweisen der Hündin nicht mehr mit den Augen kontrollieren konnte.

Unter normalen Umständen hätte ich jetzt die Nachsuche abgebrochen und am nächsten Morgen bei gutem Licht fortgesetzt. Doch ein Abweichen von dieser Regel schien mir unter den herrschenden Umständen erlaubt. Das Treiben war fest umstellt, und wo sollten wir am nächsten Tag so viele Schützen zum Vorstellen hernehmen? Auch herrschten bei den Schützen noch bessere Lichtverhältnisse als in der geschlossenen Dickung.

Doch von Minute zu Minute wurde es dunkler. Einen Augenblick war ich nahe dran, die Hündin auf der inzwischen ganz warm gewordenen Fährte zu schnallen. Aber dann dachte ich an mögliche Hatz in Nacht und Finsternis hinein und auch daran, daß ein voreiliger Schütze statt das Kalb den Hund beschießen könnte.

Gleich darauf setzte eine furchterregende Kanonade ein. Die Schüsse ließen sich nicht zählen. Aber alle dürften dem Kalb gegolten haben, denn die Schützen hatten Anweisung, nur das laufkranke Stück zu beschießen.

Bald wußte ich, daß einer der Schüsse tödlich getroffen hatte. Kati brachte mich zu dem Schützen, einem jungen Bundeswehroffizier.

Die Nacht brach vollends herein. Sie beendete den Tag eines Schweißhundes, aber auch den eines Jägers, der zufrieden mit sich und der Welt und auch ein bißchen glücklich seinen Hund abtätschelte.

Beim Verteilen der Brüche am lodernden Feuer erhielt auch Kati ihr grünes Reis vom Jagdleiter an die Halsung gesteckt. Ich war sicher, daß es ihr letzter Bruch dieses Jagdjahres ist. Nun werden viele Wochen vergehen, bis wieder irgendein Jäger nach einem Schweißhund rufen wird. Aber bis dahin ist noch lange Zeit. Erst muß der Winter vergehn. Dann werden die Heidelerchen kommen und der große Brachvogel. Der Birkhahn wird kullern und Weidenkätzchen wird es geben und den goldenen Hahnenfuß. Und Ostern wird sein und das erste Birkengrün, doch vorher werden die Schnepfen mit ihrem „Puitzen" den Frühling erwecken.

Und ein Schweißhund wird auf dem Schnuckenfell in der Zimmerecke seiner nächsten Suche entgegenträumen. So denke ich und weiß noch nicht, daß alles ein wenig anders kommen wird.

17
Schweißarbeit zu Ostern — eine Seltenheit

Es wollte Karfreitag werden. Die ganze Nacht hindurch schüttete Frau Holle ihre Betten über das Land, daß die Flocken nur so stoben. Den ganzen Tag über hielt das Schneetreiben an, und die Landschaft wurde so weiß, wie man es sich zu Weihnachten wünscht.

Zu dieser Zeit pürschte ein Jagdaufseher in der Nachbarschaft durchs Revier. Da polterte plötzlich aus einer dichten Fichtengruppe ein Stück Rotwild heraus, ein Hirsch, der seine Stangen bereits abgeworfen hatte.

Der Jäger dachte sich nichts dabei, obwohl das lange Aushalten des Wildes vor dem herannahenden Menschen ziemlich ungewöhnlich war. Erst viel später kreuzte der Jäger die Fährte des Wildes und fand Schweiß. Er folgte ihr bis an die Reviergrenze. Dahinter lag Staatswald.

Der Tag ging zu Ende. Der telefonisch informierte Revierbeamte verabredete sich mit dem Jagdaufseher zur Nachsuche für den nächsten Morgen. Ein auf der Rotfährte erprobter Jagdspaniel sollte die Fährte ausarbeiten.

Bei Suchenbeginn aber war die Rotfährte zugeschneit. Es gab keine erkennbaren Trittsiegel mehr und auch keinen sichtbaren Schweiß. Dennoch hielt der schweißerfahrene Rüde die Fährte über eine längere Strecke und förderte auch einige Male den unterm Schnee vergrabenen Schweiß zutage.

Durch mehrfaches Abtragen und Neubeginn bedingt, dauerte die Suche den ganzen Tag. Nirgendwo hatte sich der Hirsch eingestellt. Erst mit aufkommender Dunkelheit wurde die Arbeit vorläufig abgebrochen.

Der Spanielführer mochte kein Glücksspiel wagen und rief mich noch am Abend an. Ich versuchte ihm klarzumachen, daß er die Suche fortsetzen sollte, ich mich aber gern in Reserve halten und, falls es nötig wäre, meinen Hund einsetzen würde. Aber der Spanielmann wollte es anders und bat mich, die Fährtenarbeit mit meiner Hündin zu übernehmen.

Also trafen wir uns am Ostersonntag vor dem „Alten Zollkrug" neben der Bundesstraße 3. Die Nacht über hatte es in Strömen geregnet und den Schnee in Matsch verwandelt. Und es regnete weiter! Zu allem Überfluß stellte ich auch noch fest, daß mein Regenschutz nicht im Gepäckraum meines Wagens lag. So mußte es diesmal ohne gehen.

Da es keinen Anschuß gab, begannen wir da, wo der Jagdaufseher am Karfreitag auf den Hirsch gestoßen war. Doch das war leichter gesagt als getan. Der Jäger konnte die Stelle nicht mehr finden, und Schnee und Regen hatten außerdem alle Zeichen gründlich ausgelöscht.

Aber dann zeigte sich Kati irgendwo sehr interessiert. Schließlich meinte auch der Jagdaufseher, daß es hier sein konnte.

Ein halbes Dutzend Helfer wurden gebeten, sich weit vorzustellen. Der Revierbeamte blieb bei mir.

Ganz langsam suchten wir an. Auch später drosselten wir das Tempo bewußt, denn überall standen Verleitfährten, denn wir befanden uns in einem mit Wildreichtum gesegneten Revier. Außerdem ahnte ich, daß wir es hier mit einer der ganz schwierigen Nachsuchen zu tun hatten, die nur durch Zufall und viel Glück zum Erfolg führen konnte.

In der Nähe eines riesigen Fichtenwurftellers sagte der Revierbeamte sehr bestimmt, daß wir richtiglagen. Gestern hatte der Schnee hier noch Schweiß gezeigt. Also weiter! Dann gelangten wir in ein schwammnasses Kiefernjungholz. Auffällig oft reiserte die Hündin an den untersten Ästchen. Mein Begleiter erklärte, am Vortage mit seinem Hunde auch hier gewesen zu sein. Nachher gestand er aber, daß er doch nicht mehr so sicher war. Ich aber konnte nichts anderes tun, als der vorwärtsstrebenden Hündin zu folgen.

Eine ganze Weile ging das gut; dann aber stutzte sie urplötzlich, windete angespannt und in höchstem Grade erregt in das Dickicht. Sollte dort der Hirsch stecken? Mein Mitläufer hielt seine Büchse schußbereit. Langsam, ganz langsam folgte ich der geduckt vorwärtsziehenden Hündin. Mein Herz schlug bis in den Gaumen hinein.

Da machte es „wuff". Ich erkannte eine Sauschwarte und stand gleich darauf vor dem verlassenen Kessel.

Ein Hund ist keine Maschine. Die warme Schwarzwildwittrung hing nicht nur in Katis Nase, sondern auch in ihrem Schädel. Wenn ich die Hündin jetzt hätte schießen lassen, wäre es eine komplette Fehlsuche geworden. Denn die letzten Wittrungspartikel der alten Hirschfährte interessierten sie nun kaum mehr.

Ich legte eine Rauchpause ein, obwohl ich wußte, daß mein Begleiter Nichtraucher war. Mein Tabak und die Pfeife waren heil geblieben. Also rauchte ich und ließ derweil die Hündin sich versammeln. Und dabei regnete es Bindfäden.

Vorzeitig klopfte ich die Pfeife aus. Jede verlorene Stunde ließ einen möglichen Erfolg immer unwahrscheinlicher werden. Aber die warme Saufährte stellte eine Klippe dar, die es mit List und Tücke zu überwinden galt. Als sich die Hündin mächtig in den Riemen legte, wie sie es nur auf warmen Fährten tut, sagte ich: „Mußt nicht!" Dabei ruckte ich am Riemen und schimpfte: „Pfui!" Kati schaute mich über die Schulter an, erhaschte meinen strafenden Blick und zog dann langsam, ganz langsam im Bogen nach rechts ab. „Such' voran, so ist's recht!"

Mitten in der Dickung lag noch ein halbwegs erkennbarer Schneeklecks, den der Regen nicht vollends aufgelöst hatte. Der Schnee zeigte viele kleine Tröpfchen Schweiß. Aber da stand auch die frische Spur eines Fuchses, Kati untersuchte alles sehr genau. Aber mein Mitstreiter und ich waren uns bald einig, daß dieser Schweiß nicht vom Hirsch, sondern von einem Beutetier des Fuchses stammte. Kati schien derselben Meinung zu sein, schoß zwei oder drei Meter nach rechts, arbeitete dann langsam weiter, und ich hatte nicht nur die Hoffnung, sondern auch den Glauben, daß sie nun wieder fest auf der Fährte des Hirsches lag.

Als wir nach etwa fünfhundert Gängen die Dickung verließen, war an mir kein trockener Faden mehr. Später kamen die vorgestellten Schützen zusammenn. Niemand hatte etwas von dem Hirsch gesehen. Also mußte erneut vorgestellt werden.

Nochmals trat die Pfeife als Pausenfüller in Aktion. Vor uns erstreckte sich eine lückige Fichtenkultur. Die Bäumchen waren kaum mannshoch. Wieder reiserte die Hündin auffallend oft. Ich hatte das Gefühl, daß wir nahe am Hirsch waren. Der Revierbeamte hielt sich in meiner Nähe. Ich schaute vorwärts und erkannte in dem lückigen Bestand einen Hirsch. Die Stangen hatte er bereits abgeworfen. Mein Begleiter riß die Büchse über den Kopf, ich trat auf den Riemen, um auch meinen Karabiner in die Hände zu bekommen. Regungslos sicherte der Hirsch zu uns herüber. Mein Nachbar beschäftigte sich mit Zielversuchen, aber der Schuß kam nicht. Er durfte auch nicht kommen. War es überhaupt der Kranke, der da vor uns stand?

Doch der Hirsch selbst enthob uns jeder weiteren Verantwortung. Mit wenigen Fluchten entzog er sich unseren Blicken. Wir schauten uns ratlos an. „Ich hätte doch schießen sollen", meinte mein Gegenüber. „Ein gesunder Hirsch hätte uns nie so lange ausgehalten." Ich dachte dasselbe, meinte aber zum Trost, daß wir ihn jetzt bekämen, falls er wirklich krank war.

Kati folgte der brühheißen Fährte. Nur mit Mühe konnte ich sie zurückhalten. Die Strecke, die wir jetzt hinter uns brachten, erschien uns meilenweit. „Wir hätten schießen müssen", sagte der andere nochmals, „wer weiß, wo jetzt die Reise hingeht!"

Da peitschte ein Schuß durch den klatschnassen Wald. Die Hündin versuchte noch schneller zu werden. Unterwegs verwies sie frischen Schweiß. Ich fühlte mich glücklich und dankbar.

Auf einem Waldweg lag der gestreckte Hirsch. Er schien vom sechsten oder siebten Kopf zu sein, war aber erbärmlich abgekommen. Ich schätzte sein Gewicht aufgebrochen auf höchstens achtzig Kilogramm. Forstamtmann B., ein ganz erfahrener und überaus erfolgreicher Hochwildjäger, hatte den Hirsch mit sicherem Schuß gestreckt, als dieser gerade über den Waldweg zog.

Wir schauten uns an, und aus allen Gesichtern leuchtete Freude, trotz klitschnasser Kleidung, die jedem als Ostergeschenk mitgegeben wurde.

B. griff in den Äser, fühlte nach den Grandeln, fand jedoch nur eine, weil nur eine einzige da war, löste sie heraus und überreichte sie mir. „Das ist Ihr Hirsch", sagte er. Ich freute mich über die Geste dieses Jägers, der das Jagen erlebt hat wie kaum ein anderer, und dem es vergönnt war, in einem reichen Jägerleben mehr Hochwild zu erlegen als andere Jäger Hasen, Hühner und Fasane.

Der Grog im „Alten Zollkrug" wurde mit wenig Wasser zubereitet. Er brachte Wärme und ließ das nasse Zeug auf der Haut vergessen.

Kati räkelte sich neben dem Stuhl. Während wir redeten, wurde sie von Träumen heimgesucht, die wohl jagdlichen Inhalts sein mochten. Ich kenne das, denn die Juchzer, die sie von sich gab, waren voller Fährtenfreude.

Der Osterhirsch wird eine Besonderheit bleiben, für mich bestimmt, vielleicht auch für die anderen. Und immer, wenn es künftig Ostern wird in der Heide, werde ich bestimmt an diesen Hirsch denken, der erst mit Hilfe eines Schweißhundes von seinen Qualen erlöst werden konnte.

Wieder war es Sommer geworden, ein heißer, trockener Sommer. Über der Heide flimmerte die Luft. Während Grandel ihre jagdliche Passion auf den Wundfährten diverser Rehböcke abreagieren konnte, war Kati zu einer langen Ruhepause verurteilt. Ich versuchte, ihr Abwechslung zu verschaffen, indem ich mit ihr einmal in der Woche eine längere Hochwild-Gesundfährte arbeitete. Wenn man solche Fährten mit dem nötigen Ernst angeht, können sich daraus echte und schwierige Nachsuchen ergeben. Mindestens aber konnte ich die Hündin mit dieser Methode bei jagdlicher Laune halten.

Aber dann war eines Tages wieder eine richtige Nachsuche fällig. Wir schrieben den sechzehnten Juni. Es war schwül wie in den Hundstagen.

Am Vorabend wurde auf einer Waldschneise aus einer stärkeren Rotte heraus ein Überläufer beschossen. Der am Anschuß vorgefundene Leberschweiß ließ für den nächsten Morgen eine kurze Suche vermuten. Darum wurde auch ein mit Rotfährtenarbeiten nur wenig vertrauter, sonst viel geführter Stöberhund zur Fährte gelegt. Alles ließ sich zuerst gut an. Der Rüde hielt ausgezeichnet die Leitlinie, zeigte des öfteren Schweiß und ließ sich von den vielen Gesundfährten nicht zum Ausbrechen verleiten. Dennoch gab es ein vorzeitiges Ende, weil der Rüde einen von der Sau eingelegten Widergang nicht entknoten konnte.

Doch die Zeit eilte, wollte man den Überläufer nicht verhitzen lassen. Meist genügt ja eine warme Nacht, um bei verendeten Sauen das Wildbret ungenießbar zu machen.

Es war später Vormittag, als ich mit Kati am Anschuß stand, um zu retten, was zu retten war. Den Leberschuß hatten wir bereits am gut verbrochenen Anschuß festgestellt; so gab es keinen Zweifel, daß die Arbeit nur eine Totsuche sein konnte. Immerhin waren siebzehn Stunden nach dem Schuß vergangen. Aber wir würden finden, das stand schon jetzt fest, denn bei Leberschuß geht so leicht keinem Schweißhund ein Stück verloren. Dieser Überläufer ging auch nicht verloren. Die Fährte war ohne Schwierigkeiten zu halten, und auch der vom Wild eingelegte Widergang konnte überbrückt werden.

Der Schütze, ein Gastjäger, hatte seine erste Sau zur Strecke gebracht. Das Wildbret war noch nicht verdorben. Ich vermutete, daß der Überläufer erst gegen Morgen im Wundbett verendet war.

Erst am siebenundzwanzigsten August konnte Kati ihre Läufe auf die nächste Rotfährte setzen. Wieder handelte es sich um einen Überläufer, und wieder flimmerte die Hitze über die Heide. Die Riemenarbeit führte über drei Kilometer. Kati und ich waren fix und fertig, als wir endlich, nach einer Suche durch schwierigstes Gelände, vor der Sau standen.

Dann folgten einige Suchen, die nicht berichtenswert erschienen. In keinem der Fälle hätte man einen Schweißhund heranzuziehen brauchen. Dennoch verhielten sich die Jäger diszipliniert und waren nicht mit Taschenlampe und eigener Blindheit in die Nacht hinein dem Wilde gefolgt, um es womöglich aufzumüden und damit die Nachsuche zu erschweren.

Erst ein starker Überläufer, der in den letzten Oktobernächten bei Mondschein beschossen wurde, gab mir und Kati eine harte Nuß zu knacken.

Vor Beginn der Arbeit setzte Sprühregen ein, der zwar nicht die Wundwitterung stahl, aber fürs Auge alle Pürschzeichen verwischte.

Immerhin wußten wir vom Anschuß an, daß die Sau einen Weidsackschuß hatte, eine Verletzung, die immer tödlich wirkt, allerdings häufig noch sehr lange und mühsame Nachsuchen im Gefolge hat.

Die Rotfährte war dann auch eineinhalb Kilometer lang. Dabei folgten wir der Sau ausschließlich durch Dickungen und Jungwüchse. Gefunden wurde sie dann in völlig deckungslosem Gelände, in einer seit Jahren ungenutzten Bruchweide.

Vier Tage später galt es, einen hochjagdbaren Hirsch zu finden, der früh am Morgen beim Einwechseln die Kugel erhalten hatte.

Warum es Nachmittag wurde, ehe wir die Suche aufnehmen konnten, ist nur schwer zu klären. Vermutlich glaubte der Schütze zunächst an einen Fehlschuß, weil die Untersuchung des Anschusses keine Pürschzeichen brachte. Erst später schlug ihn das Gewissen, und er beschloß, Anschuß und Fährte doch lieber von einem Schweißhund kontrollieren zu lassen.

Nur durch diesen Umstand bekam er seinen Jagdbaren, der mit Leberschuß über einen Kilometer weit gezogen war, ehe er sich inmitten des Schlagabraumes einer Kulturfläche ins Wundbett niedergetan hatte.

Die guten, braunen Grandeln werden mich noch lange an diese denkwürdige Nachsuche erinnern. Und einmal mehr hat ein Schweißhund verhindert, daß ein Hirsch verluderte.

Novembernebel lag über dem Land. Neblung ist schon der treffende Name für diesen Spätherbstmonat. Das Jahr ging seinem Ende entgegen, es wollte Winter werden. Die Temperatur lag um fünf Grad minus.

Gegen Mittag suchte ich in der Nachbarschaft mit Grandel noch schnell eine laufkranke Ricke nach.

Fast hätten wir das Stück nicht bekommen. Denn bei der Hetze mußte die kleine Hündin über eine vielbefahrene Straße. Vor dem Schnallen hatte ich das nicht gewußt. Sonst hätte ich die Hündin bestimmt am Riemen gelassen und mit ihr zusammen die Fahrbahn überquert.

Auf der Straße wäre es dann beinahe geschehen! Die kranke Ricke konnte sich noch hinübermogeln. Etwas später war der Hund an der Reihe. Ich hörte seinen Hetzlaut, dann das Quietschen von Autobremsen. Mein anschließender Lauf wurde fast zu einer sportlichen Qualifikation, obwohl ich dadurch auch nichts mehr hätte retten können.

Aber dann war der Hetzlaut wieder da! Längere Zeit brauchte ich selbst, um die Fahrbahn zu überqueren. Weit vor mir jauchzte die Hündin hinter der Ricke her.

Nachher lief alles leichter ab, als es bei Nachsuchen hinter laufkrankem Wild meist der Fall ist. Nur konnte ich keinen Fangschuß anbringen, weil Grandel fest an der Ricke hing. So wurde der Fang mit dem Weidmesser zwar zu keiner vollkommenen, aber im Augenblick einzig möglichen Lösung. Denn die Messerklinge ersetzt niemals das Geschoß.

Die nächste Nachsuche ging nicht so bequem in der Nachbarschaft vonstatten. Sie führte Kati und mich nordwärts, wo vor allem das Damwild noch in starken Beständen seine Fährte zieht.

Hier wurde an einem Sonntag um die Mittagszeit ein Damspießer beschossen. Nun war es Dienstag geworden! Was war geschehen? Eigentlich etwas Alltägliches.

Unmittelbar nach dem Schuß versuchte der Schütze mit eigenem Hund den Hirsch zu finden. Das gelang sogar. Aber dann stand der Kranke vor dem Hund aus dem Wundbett auf und flüchtete „wie gesund". Doch es wurde weitergesucht, bis die Nacht das Licht verdrängte. Mehrfach fand man noch Schweiß. Aber es gelang nicht, an den Hirsch heranzukommen.

Der Schütze gab nicht auf, sondern rief noch zu nachtschlafender Zeit den Bürovorsteher des nahegelegenen Forstamtes an, von dem er wußte, daß er einen fährtensicheren Vorstehhund besaß.

Mit diesem Hund wurde am folgenden Tag die Nachsuche fortgesetzt. Genügend Schützen zum Vorstellen waren vorhanden. Aber es verging Stunde um Stunde, ohne daß sich auch nur die Ahnung eines Erfolges abzeichnete. Auch die vorgestellten Schützen konnten nichts über den Verbleib des Wildes aussagen.

Und wieder wurde es Nacht. Ein Novembertag ist nicht allzu lang. Der Hundeführer riet von sich aus, einen Schweißhund einzusetzen.

Weil ein rassemäßiger Schweißhund nicht aufzutreiben war, wandte man sich an meinen Reviernachbarn in der Heide, den man kannte und der einen ganz hervorragenden Bringselverweiser besaß. Mein Nachbar wiederum wollte nach so langer Fährtenstehzeit kein Wagnis eingehen und fragte bei mir an, ob ich diese fast aussichtslos erscheinende Suche mit Kati machen wollte. Natürlich wollte ich!

So fuhren wir am nächsten Morgen los, um im fernen Revier einen Damhirsch nachzusuchen. Wir, das waren mein Reviernachbar und ich mit den Hunden.

Etwa vier Kilometer hing ich mit der Hündin der Rotfährte nach. Der Suchenverlauf läßt sich heute im einzelnen nicht mehr beschreiben. Es ging hin und her, kreuz und quer, in Kreisen und Bögen, durch Gräben, Dickungen, Moorwiesen und Stacheldrähte.

Während ich mit Kati der wirren Fährte nachhing, suchte mein Nachbar mit seinem Drahthaar freiverloren die Wege und Gestelle ab, um möglicherweise irgendein Zeichen zu finden und so vielleicht mir und Kati Hilfe zu geben.

In einem mit Erle und Sitkafichte notdürftig bestockten Bruchgelände wurde der Drahthaar plötzlich laut. Mit den Ohren konnte ich seine Hetze verfolgen. Aber nach kurzer Zeit stellte der Hund die Hetze ein und kehrte zu seinem Führer zurück. Also blinder Alarm.

Aber dann war es doch kein blinder Alarm. Denn jetzt führte mich Kati dahin, wo der Vorstehhund ergebnislos gehetzt hatte. Eifrig legte sie sich in den Riemen, suchte zielstrebig voran und zog mich in einen Graben, in dem das Wasser handhoch dahinplätscherte.

Zwar habe ich oft genug erfahren, daß krankes Wild gern Wasserläufe annimmt, um einen möglichen Verfolger von der Fährte abzubringen. Hier allerdings war ich mir meiner Sache durchaus nicht sicher.

Nach etwa vierhundert Metern stieg die Hündin endlich über die hohe Böschung aus dem Graben und zeigte mir — ich traute meinen Augen nicht — im trockenen Gras einen Schweißtropfen.

Was danach kam, war nur noch ein Kinderspiel.

Zwar zogen wir noch eine weite, sehr weite Strecke durch die anmoorige Landschaft. Doch jeder Schritt war erfolgverheißend.

In einem Anflughorst aus Kiefer, Fichte und Brombeere fanden wir den verendeten Spießer. Er war noch lebenswarm. Das Geschoß hatte ihn hoch im Brustkern getroffen. Hätte es nur wenige Zentimeter höher gefaßt, der Hirsch wäre wahrscheinlich im Feuer gelegen.

Nun war ich überzeugt, daß der Drahthaaar vorhin an dem Hirsch gehetzt hatte und später aus nicht erklärbaren Gründen wieder von ihm abgelassen hatte. Das schnelle Verenden des Wildes konnte nur auf eine Art Kollaps zurückzuführen sein.

So also endete eine Nachsuche auf einer zwei Tage alten Wundfährte, an deren guten Ausgang kaum noch einer der Beteiligten geglaubt hatte.

18
Suchen, die man nicht vergißt

Es ist Winter. Kalter Nordostwind bläst unerbittlich über die schneelose Heide. Die Zeit der Niederwildtreibjagden erreicht ihren Höhepunkt. Fast überreichlich trudeln die Jagdeinladungen ein. Dabei habe ich gar kein gutes Gefühl, weiß ich doch, daß ich die meisten dieser Einladungen nicht annehmen kann. Dafür gibt es verschiedene Gründe. Gewiß ist, daß ich zur Flinte kein besonderes Verhältnis habe, kann aber nicht verhehlen, daß mir gelegentlich auch Niederwildjagden Freude machten.

Vor Jahren, als ich noch Vorstehhunde führte, meist Deutsch-Langhaar, nahm ich wohl hauptsächlich wegen meiner Hunde an Niederwildjagden teil. Ich weiß es heute besser denn je: Wenn die Jagd nichts mit Hunden zu tun hätte, ich wäre nur ein halber Jäger!

Und darum war ich auch richtig froh, als mich am siebzehnten Dezember ein Jäger zu einer Nachsuche auf ein Rottier rief.

Er hatte das Stück, das in einem starken Rudel über eine Dickungsschneise zog, am frühen Vormittag beschossen. Pürschzeichen fand er nicht, glaubte aber, gut abgekommen zu sein. Also versuchte er zwei Stunden später, das Stück mit seinem auf der Rotfährte zwar schon geführten, aber sonst noch wenig erfahrenen Langhaarteckel zu finden.

Daß die Suche fehllief, lag wohl an den vielen Verleitfährten, die das Rudel hinterlassen hatte. Darum war der Jäger auch klug genug, rechtzeitig abzubrechen.

Als er bei uns anrief, war ich nicht im Hause. Sohn Peter suchte mich über eine Stunde lang im Gelände, weil ich Kati bei mir hatte. Sonst hätte er die Suche mit der Hündin selbst gemacht.

Grandel aber war damals nicht einsatzfähig, weil sie wegen einer Halsverletzung die Schweißhalsung nicht vertrug.

Der Nachmittag ging schon seinem Ende entgegen, als ich endlich am Anschuß stand. Tief standen die Fährtenabdrücke des Rudels in dem humosen Waldboden. Doch nicht wie sonst üblich, befaßte ich mich mit einer eingehenden Untersuchung des Anschusses, ehe ich meinen Hund zur Fährte legte. Die Zeit drängte; bald würde das Tageslicht geschwunden sein.

Katis Nasenflügel bebten hörbar. Ich hatte das Empfinden, als bereitete es ihr große Mühe, aus den vielen Fährten die richtige herauszufinden. Ich ließ sie gewähren und folgte ihr bedenkenlos auf der Rudelfährte in die sperrige Nadelholzdickung. Die Fluchtfährten ließen sich auch hier mit dem bloßen Auge noch gut erkennen. Aber das änderte sich bald, als sich die Hündin von der Rudelfährte trennte. Dieser Vorgang stimmte mich zuversichtlich, denn nun war ich sicher, daß das Stück die Kugel hatte. Andernfalls hätte es sich nicht selbständig gemacht. Allerdings fand ich keinen Schweiß.

Nach einem halben Kilometer verließen wir die Dickung und zogen in altes, licht stehendes Kiefernbaumholz hinein, das an einigen Stellen mit mannshohen Fichten unterstellt war. Und hier in den tief beasteten Jungfichten begann die Hündin zu reisern. Alle paar Meter lang klebte ihre Nase an einem Ästchen, daß es eine Lust war, dem Hundel zuzuschauen. Jetzt erst wußte ich es ganz genau: Das Stück hatte die Kugel!

Irgendwann keuchte der mich begleitende Schütze hinter mir: „Schweiß!" Aber da war die Kati auch schon am Stück, das längst verendet zwischen zwei Fichtenstämmchen eingeklemmt lag.

„Ich habe nicht mehr daran geglaubt", sagte der Schütze neben mir. „Man soll es mit einem unfertigen Hund erst gar nicht versuchen." Das dachte ich auch, wenn ich es auch nicht sagte.

Das verendete Tier war ausgesprochen stark. Sein Gewicht schätzte ich auf mindestens fünfundsiebzig Kilo. Während des Aufbrechens quoll Milch aus dem Gesäuge. Ich empfahl dem Schützen, sich in der nächsten Zeit um ein allein umherziehendes Kalb zu kümmern. Das Rudel würde es nicht bei sich behalten, und ein möglicher strenger Winter könnte dem führungslos gewordenen Jungtier arg zu schaffen machen.

Nach dem Aufbrechen verblendeten wir das Stück mit einem Taschentuch, denn sicher ist sicher. Fuchs und Sau wollen auch leben. Dann tappten wir durch die Nacht zu unseren Fahrzeugen zurück.

Auf unseren nächsten Einsatz brauchten Kati und ich nicht lange zu warten. Der vollzog sich bereits am übernächsten Tag.

Es war Vollmondzeit. In einem Rotwildrandrevier hatten mehrere Jäger Kanzeln und Hochsitze besetzt, um von der nachbarlichen Hochwildjagd zu profitieren. Einer von ihnen überschaute von seinem luftigen Sitz aus eine größere Ackerfläche, die mit Winterroggen bestellt war.

Mitternacht war längst vorüber, und der Frost begann die Jagdlust abzukühlen. Der Jäger entschloß sich, den Ansitz zu beenden. Als er beim Abstieg auf halber Höhe der Leiter ankam, vernahm er lautes Knacken im Bestand. Wenig später trat ein starkes Rotwildrudel aus und zog rasch weit in den Roggenschlag hinaus.

Über eine Leitersprosse hinweg wurde der Jäger seinen Schuß los, der das Rudel wild durcheinanderflüchten ließ. Dann war die Bühne leer, und der Schütze wußte überhaupt nicht, welches der fortflüchtenden Tiere er beschossen oder getroffen hatte. Er besprach sich wenig später mit den anderen Jägern, die sich an den Fahrzeugen versammelten. Einer von ihnen hatte sogar einen Hund im Wagen, einen Rauhhaarteckel, dem die Arbeit nach dem Schuß nicht fremd war.

Nach kurzer Beratung entschloß man sich, im guten Mondlicht die Nachsuche zu wagen. Das Stück mußte die Kugel haben; einer der Jäger wollte deutlichen Kugelschlag gehört haben.

Den Anschuß konnte man ungefähr lokalisieren. Aber da hatte sich der Teckel auch schon auf einer Fährte festgesaugt. Und man glaubte ihm. Also folgte man ihm auch. Diese Folge aber ging ins Uferlose, dauerte fast drei Stunden, führte kreuz und quer durchs Revier, und am Ende standen Hund und Jäger wieder da, wo die Arbeit begonnen hatte. Also wurde Schluß gemacht. Die Jäger waren von einem Fehlschuß überzeugt.

Auf dem Rückweg zu den Fahrzeugen begann es zu schneien. Am Morgen rief mich der Revierinhaber an und erzählte mir alles. Ich hörte heraus, daß mein Gesprächspartner an einen Fehlschuß nicht glauben wollte. Er bat mich um eine Kontrollsuche.

Als ich die Zusage gab, war mir klar, worauf ich mich da einließ. Wir kannten weder den Anschuß noch wußten wir, wohin das Wild geflüchtet war. Mögliche Pürschzeichen hatte der Schnee begraben. Und es schneite immer noch.

Mit beginnendem Tageslicht stand ich am vereinbarten Treffpunkt. Der Schütze selbst war nicht anwesend. Dafür hatte der Jagdherr seine Frau, die selbst Jägerin war, als „Hilfsmann" mitgebracht.

Weil ich überhaupt nichts wußte, ließ ich Kati in Höhe des vermuteten Anschusses über Schnee und Acker vorsuchen. Ohne Ergebnis! Fünfzig Meter weiter versuchte ich dasselbe noch einmal. Und da war ein Punkt, an dem die Hündin großen Gefallen zu finden schien. Ich scharrte mit der Stiefelspitze den Schnee zur Seite. Nichts! „Such' verwundt!"

Langsam, eher zögernd, setzte sich das Hundel in Bewegung, die Nase immer hübsch über dem Schnee.

Es wurde eine lange, lange Reise. Den Acker brachten wir hinter uns, dann einen breiten Eichengürtel. Rehwild sprang vor uns ab. Kati hob die Nase und äugte den Flüchtenden nach.

Dann folgten Nadelholzbestände aller Schattierungen und Altersklassen. Der Jagdherr hielt sich dicht hinter mir, und seine Jägerin ließ sich auch nicht abhängen. Ihr Haarknoten hatte sich unter dem Hut gelöst und baumelte als feuchter Schweif über dem nassen Loden. Ich fragte sie, ob sie nicht lieber zu den Wagen zurückgehen möchte. Sie wollte nicht. So nahm sie es auch in Kauf, daß schneenasse Dickungen sie schnell in eine Wetterhexe verwandelten.

Im Stillen bewunderte ich unser aller Eifer. Denn wem folgten wir denn? Einer Krankfährte? Woraus konnten wir schließen, daß es sich um die Fährte eines kranken Stückes handelte?

Hinter einem besenartigen Birkengebüsch gelangten wir auf eine weite Kahlschlagfläche. Hier steuerte Kati geradewegs einen gelbbraunen aus dem Schnee herausragenden Wurzelteller an.

Ich deutete mit den Fingern nach vorn: „Der sieht fast aus wie ein Stück Rotwild. So kann man sich täuschen!"

Aber dann schaute der Wurzelteller nicht nur so aus wie ein liegendes Stück Rotwild. Es war ein Stück Rotwild!

Daß kein Stück Kahlwild vor uns lag, sondern ein Spießhirsch mit knapp lauscherhohen Spießen, war jetzt ganz unwichtig. Vielleicht freute sich der Schütze, daß es kein Tier war, sondern ein Hirsch, dessen Schädel er getrost zu seinen vorhandenen Jagdtrophäen hängen konnte.

Und wir drei genossen eine lange, wohlige Besinnungspause nach dieser langen Nachsuche ohne jedes helfende Zeichen.

Das Aufbrechen geschah unter dem wohltuenden Eindruck des gerade Erlebten. Welches Glück, ein Schweißhundführer zu sein!

Am Tag vor Heiligabend zogen Kati und ich wiederum los. Ein Damhirsch war nachzusuchen. Auch hier, wie so oft, war bereits nachgesucht worden, ohne daß der Hund die Rotfährte vorangebracht hatte.

Am Anschuß lagen Knochensplitter, die einen hohen Laufschuß bestätigten. Ich bat die drei begleitenden Jäger — allesamt Pächter dieser Gemeindejagd — sich nach eigenem Ermessen irgendwo vorzustellen. Mir selbst fehlte ja jede Übersicht in dem fremden Revier.

Der anfangs reichlich in der Fährte liegende Schweiß ließ bald nach und schwand schließlich gänzlich. Ab und zu entdeckte ich noch ein Trittsiegel in dem weichen Waldboden und hoffte insgeheim, daß es vom Hirsch stammt. Und so, ohne jegliche Kontrollmöglichkeit, erreichte ich schließlich die vorstehenden Schützen.

Nach kurzem Kolloquium wurde abermals weit vorgestellt. Der

Schütze selbst hatte einen frühen Erfolg erwartet und stellte nun resigniert fest, daß der Hirsch wohl längst in andere Reviere gewechselt sei.

Daß er dies jedoch nicht getan hatte, wußten wir zwanzig Minuten später genau. Wir fanden ihn bereits verendet im Unterholz. Das Geschoß hatte nicht nur hoch den Vorderlauf gefaßt, sondern sich im Vorschlag zerlegt und von da aus verschiedene Organe verletzt.

Es war Abend geworden, als der Hirsch endlich versorgt war. Nachher langte es noch zu einer Tasse Kaffee im Hause des Schützen, wo es schon nach Pfefferkuchen und Tannenbaum duftete.

Jetzt mochte es getrost Weihnachten werden. Ich jedenfalls war zufrieden und in bester Stimmung. Aus diesem Grunde und weil es schon zur Tradition gehört, machte ich mit meinen Hunden am Vormittag des Christabends einen weiten Bummel durch die Heide. Bis es dann Zeit wurde, mich um die Weihnachtskarpfen zu kümmern, denen meine Frau keine Schuppe krümmen kann.

Spät am Abend, als die Lichter am Weihnachtsbaum längst angebrannt waren, wurde unser Haus „dahinten in der Heide" dann noch von einem Spektakel heimgesucht. Urheber war Peter, der sich der beiden Hunde angenommen hatte und sie umschichtig mit Leckereien aller Art fütterte. Das aber konnte nicht gutgehen. Grandel und Kati mögen sich wenig, ganz schlimm aber wird es, wenn es Futter gibt. Darum war bald eine wüste Beißerei im Gange, die Schlimmstes befürchten ließ. Nur mit großer Mühe gelang es uns, diese Rauferei noch rechtzeitig zu beenden.

Und wieder hat uns ein Jahr verlassen. Es war kein einfaches Jahr. Im Gegenteil. Es bescherte uns in der Heide die schlimmsten Waldbrände seit Menschengedenken. Aber nicht nur Forstleute und Jäger wurden davon betroffen. Betroffen wurde ein ganzes Volk. Fast war es beglückend: Die Menschen nahmen Anteil an dem schrecklichen Geschehen, als wären sie unmittelbar davon betroffen. Und sie bangten und ängstigten sich. Jetzt wissen wir es wieder: Unser Volk will Wälder. Aber es will keine toten Wälder, in denen kein Platz mehr ist für das Wild. Es will keine sterilen Holzfabriken, in denen der Jäger nichts mehr zu suchen hat.

Die Menschen haben aber auch beiläufig erkannt, daß die Natur zur Erhaltung des Wildes den Jäger braucht. Ein Widerspruch? Nein, höchstens in den Hirnen der hartgesottenen Jägerfeinde und einiger krankhafter Naturschützer.

Mag das verflossene Jahr auch schlimm gewesen sein, immerhin hat es in weiten Kreisen neue Einsichten gebracht und auch manch fruchtbaren Impuls ausgelöst, über den sich gerade der Jäger freuen sollte.

Nur bei mir hat das Jahr den festgefügten kleinen Rahmen nicht gesprengt. Die Füße blieben auf dem Boden und die Hände durften den Schweißriemen halten, zwar nicht täglich, aber doch in beinah regelmäßiger Folge.

Und so schien es auch im neuen Jahr werden zu wollen. Mitte Januar hatten wir es mit einem Rotkalb zu tun. Am Abend wurde es beschossen. Anschließend kam der Regen. Es goß die ganze Nacht hindurch.

Morgens um acht waren wir zur Stelle. Den Anschuß fanden wir auf einem Futterplatz. Da kam das Rotwild hin und auch das Damwild und die Sauen. Und das Reh und der Hase waren auch Dauergäste.

Für den Schützen schien die Suche schon gewonnen, ehe sie begonnen hatte. Er habe deutlich den Kugelschlag gehört, sagte er. Ich selbst war in diesem Augenblick sehr viel skeptischer als der zuversichtliche Schütze.

Kati buchstabierte in der Zwischenzeit auf dem Futterplatz herum. Ich konnte mir vorstellen, was ihre Nase so alles zu enträtseln und zu unterscheiden hatte. Denn eine lange Nacht lag zwischen dem Beginn der Suche und dem Schuß. Zwanzig Meter schob sich die Hündin in das Holz hinein. Aber da war nichts. Sie klatschte sich das Wasser aus den Behängen und kehrte an den Ausgangspunkt zurück. Inzwischen traf ein Jagdfreund des Schützen ein. Aus dem Wagen sprang ein quickfideles hübsches Langhaarteckelchen heraus. Ein wirklich schönes Hundel, nur unerzogen und ein wenig nervös. Das Teckelchen tobte in Katis Kreise hinein. Ich sagte: „Bitte!" Aber der Mann hörte nichts. Nochmals: „Bitte!" Wieder keine Reaktion. Jetzt mußte das Teckelchen für die Schwerhörigkeit seines Gebieters büßen. Der Kleine wurde von Kati mit schnellem, scharfem Biß zurechtgewiesen und heulte hell auf. Das gefiel mir zwar gar nicht, aber was konnte ich dagegen tun? Doch am Ende wurde der Teckel in den Wagen gesperrt.

Nachher ging es besser. Kati hatte nochmals die ersten zwanzig Meter ins Holz hinter sich gebracht. „So ist's recht!" Darauf zog die Hündin weiter. Nach hundert Gängen reiserte sie an einem Anflugbäumchen. Schnell war ich bei ihr. Doch zu sehen gab es für mich nichts. Und falls was dagewesen wäre, der Regen hätte es fortgewischt.

Ganz kurz hielt ich den Riemen, um nur nichts zu übersehen, das mir die Hundenase vielleicht zeigen könnte. Aber sie zeigte nichts. Statt dessen fuhr plötzlich ein strammer Waldhase aus einer Anflugfichte heraus. Auch Kati hatte ihn eräugt und sprang mit heftigem Satz in den Riemen. „Pfui!" Schuldbewußt schielte sie zu mir zurück, blieb dann aber in der Krankfährte, als hätte es nie einen Hasen gegeben, der ihre Sinne für einen Augenblick gefangennahm.

Krankfährte? Wir konnten nur hoffen, daß wir darauf waren und nicht auf einer der vielen frischen Verleitfährten. Ich konnte nicht mehr tun, als mich von der Hündin blindlings leiten zu lassen. Aber irgendwann überkamen mich erhebliche Zweifel, ob wir noch richtig lagen.

Ich trug ab und begann die Arbeit nochmals vom Anschuß an. Doch dann war es doch derselbe Weg, den wir nun zum zweiten Male gingen. Später fanden wir sogar trotz des Regens etwas Schweiß. Es mußte ein „Tropfbett" sein, in dem das Kalb längere Zeit gestanden hatte. Denn handflächengroß lag hier der stark verwässerte Lebenssaft auf dem Waldboden. Kati schleckte davon und wollte sich lange Zeit von dem Schweißklecks nicht trennen. Da klopfte ich ihr auf die Keulen: „Weiter, Dicke!", das half.

Über uns kreisten Kolkraben. Wir konnten sie durch das schüttere Kronendach der Altkiefern gut erkennen. Sie strichen ganz tief über die Wipfel. Einer meiner Begleiter vermutete, daß die schwarzen Vögel das verendete Kalb bereits ausgemacht hätten. Ich selbst vermutete noch gar nichts, hoffte vielmehr sehnsüchtig auf das nächste Zeichen. Das aber wollte sich nicht einstellen. Zwischen Hoffen und Bangen brachten wir etwa einen Kilometer hinter uns.

Ein Kilometer ist im Walde eine verdammt lange Strecke. Aber die Wanderung hatte sich gelohnt. Denn ich erkannte keine fünfzig Meter vor uns das Kalb, das in einer Lücke zwischen den unterständigen Fichten saß. Blitzschnell trat ich auf den Riemen und riß die Büchse über den Kopf. Aber das Kalb war schneller als ich, stand auf und verschwand mit schwerfälligen Fluchten im Unterholz.

Auch Kati war das flüchtende Kalb nicht entgangen. Also arbeitete ich erst gar nicht zum Wundbett heran, sondern zog ihr mit schnellem Griff die lose sitzende Halsung über die Behänge. Stumm stürmte die Hündin davon. Erst später vernahm ich ihren Laut. Da aber mußte sie schon dicht am Kalb sein. Denn sie hetzt ja nur sichtlaut. So schnell ich konnte, hastete ich hinterher. Das Kalb war schwerkrank. Ich hatte es ja sehen können. Und da war dann auch der Standlaut des Hundes. Ich wurde langsamer, um mich auf den Schuß einzurichten.

Dann das Bild des stellenden Hundes! Es nahm mich gefangen. Warum? Mitleid mit dem Wilde? Ich glaube das nicht. Freude über den Hund und damit Freude über sich selbst und wohl auch ein bißchen Stolz? Das glaube ich schon eher.

In der Eile vergaß ich, den Klebestreifen abzuziehen, der anstelle eines Mündungsschoners den Lauf vor Verunreinigungen schützen sollte. Doch dieses Versehen brachte den Schuß nicht aus der Richtung.

Wieder waren die Kolkraben über uns. Fast glaubte ich jetzt auch, daß sie das kranke Kalb schon lange vor uns erspäht hatten.

Am folgenden Tag war ich Gast bei einer Drückjagd in einem Forstamt. Auf Wunsch des Forstamtsleiters hatte ich Kati im Auto gleich mitgebracht, um sie im Bedarfsfalle zur Hand zu haben.

Bereits nach dem ersten Treiben war für mich vorerst die Jagd vorbei. Am Sammelplatz erschien der in der Nachbarschaft wohnende Forstmeister B. Er hatte in seiner Pachtjagd am Vorabend eine Sau beschossen, die nach dem Schuß in einen Bezirk des Forstamtes flüchtete, das die heutige Jagd veranstaltete. Am Anschuß sollten Schweiß und Schnittborsten liegen.

Die am Morgen mit eigenem Hund des Schützen vorgenommene Nachsuche war erfolglos geblieben, weil die Forstamtsgrenze der Arbeit des Hundes ein Ende setzte.

Und nun stand der Schütze am Sammelplatz, nachdem er mich durch Rückfrage bei meiner Frau gefunden hatte. Kati möchte er allein mitnehmen, um mich nicht um die Drückjagd zu bringen. Das war zwar ein lauteres Motiv, aber meinen Hund möchte ich doch selbst führen.

Trotz der vorangegangenen Suche befand sich der Anschuß in einem unglaublich guten Zustand. Nichts war vertreten. Wir fanden, wie angekündigt, Schweiß und Schnittborsten. Ich konstruierte daraus einen Schuß ins kleine Gescheide. Ich war guten Mutes und glaubte, daß die Sau bereits verendet war. Schweiß zur Kontrolle war überreichlich da. Als wir später einen Erdweg entlang arbeiteten, bemerkte ich, daß außer der Krankfährte noch fünf oder sechs weitere kleinere Fährten vorhanden waren. Also hatten wir es mit einer kranken Bache zu tun, die trotz ihres Zustandes von den Überläufern begleitet wurde. Sicherlich würde das Jungvolk bei ihr bleiben, bis sie sich zum Verenden irgendwo niedertat.

Die Suche bereitete weder mir noch Kati Kopfzerbrechen. Nach tausend Gängen das erste Wundbett, gleich darauf ein zweites und so fort. Etwa zehn mit viel Schweiß gezeichnete Wundbetten passierten wir. Typisch für eine kranke Bache, die sich in Ruhe zum Verenden einschieben möchte, jedoch von ihrem Anhang nicht in Ruhe gelassen wurde.

Aber irgendwo gab es ein Ende. Wir fanden die verendete Sau in einem „Nest" aus trockenen Fichtenzweigen, etwa in der Art, wie sich Bachen Kessel zum Frischen bereiten.

Der Schuß saß wie vermutet im kleinen Gescheide. Ich war ein wenig froh, daß meine Prognose zutraf. Dies ist durchaus nicht immer der Fall. Wichtig war, daß der Schütze seine Sau hatte und dazu eine wirklich gute

Winterschwarte. Die wollte er sich gerben lassen. Vielleicht erinnerte ihn der silbergraue Kittel gelegentlich an eine gute Stunde und vielleicht auch an einen Schweißhund, der ihm diese kleine Kostbarkeit verschaffte.

Zur Erbsensuppe, die im Freien eingenommen wurde, war ich wieder bei der Jagdgesellschaft. Hier erfuhr ich, daß während meiner Abwesenheit ein Rotalttier krankgeschossen wurde. Mit der Nachsuche sollte allerdings noch gewartet werden, weil das Stück in einen Nadelholzbestand flüchtete, der nach der Mittagspause durchgedrückt werden sollte. Ich war mit der Wartezeit sehr einverstanden, denn noch erschien mir die Krankfährte zu frisch zum Arbeiten. Außerdem besteht eine goldene, nützliche Regel, die besagt, daß einem beschossenen Stück ausreichend Zeit zum Krankwerden gelassen werden muß. Wenn nur alle Jäger diese Regel befolgen würden! Um wie viel leichter wäre dann manche Nachsuche.

In dem Nadelholzbestand kamen zwei Rotkälber und eine Überläuferbache zur Strecke. Das am Vormittag beschossene Alttier wurde jedoch weder gefunden noch aufgemüdet.

Dann zog die Jagdgesellschaft zu weiteren Taten in einen anderen Revierteil. Nur der Schütze, Kati und ich blieben zurück. Der Anschuß war gut verbrochen. Zwar fand ich keinen Tropfen Schweiß, dafür aber genügend Schnitthaar. Es sagte mir, daß der Schuß „mittendrauf" saß.

Während der Fährtenarbeit passierten wir sowohl den Anschuß als auch die Aufbruchstelle der vorhin erlegten Überläuferbache. Mit Interesse beobachtete ich das Verhalten der Hündin. Fast glaubte ich, daß sie nachzudenken schien. Hier die weniger intensive Rotwildwitterung, da die strenge Wittrung der Sau! Ich hantelte mich zu meinem Hunde hin, sagte dann: „Laß das." Ohne Erfolg. Dann nochmals: „Laß das!" Und die Hündin begriff. Fast leichtfüßig wendete sie sich von Schweiß und Aufbruchteilchen der Sau ab, fädelte sich auf der Krankfährte ein, und ich hatte allen Grund, ihr zu sagen, daß sie ein braves Hundel ist. Da schielte sie zu mir zurück, wedelte kurz mit der Rute, als wollte sie bestätigen, daß man sich auf sie verlassen könnte.

Nach einem Kilometer fanden wir das bereits verendete Tier. Der Schuß saß tatsächlich „mittendrauf". Der Schütze war glücklich. Die abgeschliffenen Grandeln stellten eine ansehnliche Trophäe dar. Er sagte mir, daß er sie für seine Braut als Brosche fassen lassen wollte. Hoffentlich vergißt er das nicht!

Jetzt lohnte es sich nicht mehr, der Jagdgesellschaft nachzulaufen. Das Tier war wohlversorgt. An Katis Halsung prahlte ein etwas zu groß geratener Fichtenbruch. Dann gingen wir in die anbrechende Dunkelheit hinein, um ein Fahrzeug zu finden und das Wild zu bergen.

19
Ende eines Nachsuchenjahres

Am übernächsten Tag befand ich mich mit meinem Hunde in einem alt-bekannten Revier, das ich selbst fast zwei Jahrzehnte lang durchpürscht hatte. Die meisten meiner jagdlichen Erinnerungen hängen an diesem herrlichen Hochwildrevier.

Mit den Gedanken immer noch in dem verlorengegangenen Land meiner Kindheit, erlegte ich hier meinen ersten Nachkriegsbock, plagte mich zu gewissen Zeiten mit den zu Schaden gehenden Sauen und legte manchen Hirsch auf die Decke.

Viele meiner Hunde sind in diesem Hochwildrevier groß und reif geworden. Ich habe mit ihnen Freude im Übermaß genossen, manchmal auch ein wenig Verdruß. Aber dieser Verdruß wiegt überhaupt nicht mehr. Die Freude allein hat sich in der Erinnerung breitgemacht und sprudelt manchmal in stiller, besinnlicher Stunde wie ein munterer Quell.

Nun war ich wieder da, um ein Alttier nachzusuchen, das von einem Gast in einem Rudel von fünf Stück beschossen wurde. Der Schütze war noch wenig hochwilderfahren, wußte das auch und gestand, daß er nicht einmal sagen konnte, ob er das Stück getroffen hatte. Mit seinem Teckel hatte er den Anschuß bereits untersucht. Aber der zeigte nichts. Der Schütze war fest davon überzeugt, daß das Desinteresse seines Hundes mit seiner Läufigkeit zusammenhing.

Kati war auch gerade läufig. Ich hütete mich aber, darüber zu reden, sonst hätte der Eindruck entstehen können, ich käme mit einem nicht voll einsatzfähigen Hund zur Nachsuche.

Also begannen wir die Arbeit ohne Vorreden. Die Hündin wurde von der Rudelfährte geradezu fortgezogen, mitten hinein in eine Fichten-naturverjüngung, die keinen Meter weit Sicht freigab. Zwar achtete ich sehr auf Schweiß, doch war in dem Filz von Nadeln und Zweigen nichts zu sehen. Von meinem Hunde sah ich ebenfalls kein Haar. Darum zog ich mich am Riemen ganz weit vor, berührte fast seine Rutenspitze und erkannte, daß die Hundenase fest über dem Boden lag. Es gab kein Reisern, kein Hochnehmen des Kopfes. Das alles gefiel mir nicht. Denn wäre das Stück verletzt, hier in dem dichten, tief herabhängenden Geäst, in dieser Bürstenwildnis, müßte die Hundenase doch einmal die Wundwittrung in entsprechendem Abstand vom Boden zeigen.

Althergebrachter Überlieferung zufolge geschieht die Ausbildung eines Schweißhundes auf der gesunden, kalten Fährte. Daran dachte ich jetzt und wußte, daß wir noch lange unserer Fährte folgen konnten, ohne zu erfahren, ob sie krank oder gesund war.

Als ich mich nach einer Weile umschaute, merkte ich, daß ich allein war. Fast erfüllte mich diese Feststellung mit Zufriedenheit. Als Begleiter genügten mir im Augenblick meine eigenen Gedanken.

Später allerdings erfuhr ich, daß sich der Schütze keinesfalls durch unser verhältnismäßig schnelles Vorwärtskommen abhängen ließ, sondern sich in weiser Voraussicht irgendwo vorgestellt hatte.

Als Kati aus dem Fichtengesperr herausführte, fanden wir Schweiß. Eine Zentnerlast fiel von mir. Also doch! Dann ging es Schlag auf Schlag. Immer wieder zeigte die Hündin Schweiß. Jetzt hätte ich gern gewußt, wo mein Begleiter steckengeblieben war. Denn von seinem Vorstellen wußte ich ja noch nichts. Ich rief. Keine Antwort.

Kati war nicht mehr zu bremsen, und ich versuchte es auch nicht. Als der Schweiß aufhörte, glaubte ich, daß sich der Hund verschossen hatte. Fast hätte ich abgetragen und neu begonnen. Doch nach wenigen Schritten erneuter Schweiß! Ich war zufrieden.

Später fanden wir das Alttier verendet an einer Salzlecke. Wieder rief ich. Diesmal bekam ich Antwort. Der Schütze sagte: „Das habe ich gewußt." Ich erwiderte, daß ich es nicht gewußt hatte. Das Tier trug ein Kalb in der Tracht. Bei solchem Anblick mache ich mir immer so meine Gedanken. Vielleicht sollte man doch mit der Bejagung des Mutterwildes um Weihnachten herum Schluß machen.

Über mir schimpften die Eichelhäher. Warum nur? Den Aufbruch hatten sie ohnehin.

Die Einladungen zu diversen Wildjagden kamen jetzt sehr massiert. Die wenigsten Hochwildreviere hatten ihren Kahlwildabschuß erfüllt. Dies sollte nun „fünf Minuten vor zwölf" geschehen. Die meisten Einladungen mußte ich absagen. Wie heißt es doch: Man hat ja schließlich noch einen Nebenberuf! Die Nachsuchen würde ich schon machen. Mehr lag nicht drin, schon gar kein tagelanges frischfröhliches Jagen mit anschließenden ausgedehnten Schüsseltreiben.

Doch an einigen Drückjagden nehme ich teil. In jedem Jahr sind es dieselben Reviere, in denen ich Gast sein darf. Mein Stand befand sich auf einem Wegekreuz. Der anstellende Beamte erklärte, daß es sich um einen „Fürstenstand" handelte. Abwarten.

Doch bald wußte ich, daß der Begriff „Fürstenstand" zu Recht gebraucht wurde. Mindestens hatte ich einen so guten Anblick wie noch kaum zuvor auf einer Gesellschaftsjagd. Im Verlauf des Vormittags erlebte ich in Abständen sieben Hirsche, außerdem einige Stücke Rehwild und zum Abschluß einen Fuchs, der so schnell über eines der Gestelle flog, daß meine Büchse nicht nachkam. Kahlwild und Sauen, die als Jagdwild freigegeben waren, wollten diesmal von mir nichts wissen. Darum blieb der Lauf blank.

Auf den anderen Ständen ging es lebhafter zu. Ich zählte achtzehn Schüsse. Als um dreizehn Uhr die Jagd abgeblasen wurde, lagen fünf Stück Wild auf der Strecke. Drei weitere Stücke wurden außerdem beschossen und hatten auf den Anschüssen Pürschzeichen hinterlassen. In einem Falle, es handelte sich um ein Kalb, das nach dem Schuß zusammen mit dem Alttier flüchtete, lagen Röhrenknochensplitter. Bei den anderen beiden Stücken glaubte man an Weidewundschüsse.

Der Revierverwalter bat mich, den Hund zur Nachsuche zu holen. Er dachte dabei an das laufkranke Kalb. Die anderen Suchen sollten von einem schweißerprobten Jagdterrier und einer erfahrenen Drahthaarhündin durchgeführt werden.

Noch wußte ich nicht, welche Ereignisse in den nächsten vierundzwanzig Stunden auf mich warteten. Schnell überrechnete ich die Zeit. Zwanzig Minuten brauchte ich, um nach Haus zu kommen, insgesamt also vierzig Minuten. Darum sagte ich, daß ich in einer dreiviertel Stunde am Anschuß des laufkranken Kalbes sein würde. Derweil setzte sich die Jagdgesellschaft in Bewegung, um in einer nahe gelegenen Gastwirtschaft die vorbestellte Erbsensuppe auszulöffeln.

Mathematisch genau konnte ich meine vorgeplante Zeit einhalten. Doch diese Pünktlichkeit brachte nichts ein. Denn noch fehlten alle Schützen, die ich zum Vorstellen nötig hätte. Das hatte die vorbestellte Erbsensuppe fertiggebracht!

So verrann eine kostbare Stunde. Wie kostbar sie war, würde sich noch herausstellen.

Viel zu spät legte ich Kati zur kranken Fährte, obwohl vorerst noch alles wie am Schnürchen lief.

Fünf Schützen wurden weit vorgestellt. Der Jagdleiter begleitete mich. Am Anfang lag soviel Schweiß, daß man keinen Schweißhund nötig gehabt hätte, um der Fährte zu folgen. Doch dieser Zustand änderte sich schnell. Lange, lange Zeit waren wir ohne Zeichen. Dann wurde es in einer Douglasiendickung laut. Stärkeres Wild brach vor uns weg. Zwar fand ich kein Wundbett; dennoch schnallte ich die Hündin, gegen alle Regel und scheinbar auch gegen alle Vernunft. Schnell verschwand das Hundemädchen im dichten Holz. Doch bald hörte ich ihren Hetzlaut. Kati hetzt sichtlaut. Daraus folgerte ich, daß sie dicht am Kalb war. Hoffentlich behielt ich mit meiner Annahme recht. Später stieß ich beim Vorwärtsstürmen auf ein Alttier. Mit hochgerecktem Kopf hielt es sich dicht vor mir und versuchte nicht, bei meinem Anblick zu flüchten. Vielleicht fand ich in diesem sonderbaren Wildverhalten eine Bestätigung dafür, daß sich das kranke Kalb in unmittelbarer Nähe des Mutterwildes herumdrückte.

Bald wurde meine Vermutung zur Gewißheit. Denn kaum hundert Meter vor mir hörte ich deutlich den Standlaut des Hundes. So schnell es mir das Buschholz erlaubte, versuchte ich, an den Ball zu kommen. Mein Begleiter folgte mir behend. Auf einem größeren Moosklecks im Bestande erspähte ich Hund und Kalb. Mein Puls flog. In dieser Verfassung konnte ich unmöglich einen sicheren Schuß abgeben. Also kniete ich schnell hin, legte an, schoß. Vorbei! Ich repetierte, schoß. Vorbei! Nochmal dasselbe. Vorbei! Neben mir stand der Jagdleiter. Ich streckte meinen Arm aus. Er begriff schnell und reichte mir seine Büchse. Mit dem Knall lag das Kalb im Feuer. Jetzt könnte ich mich freuen. Daß ich es nicht tat, lag an den drei Fehlschüssen, abgegeben auf eine Entfernung von höchstens vierzig Schritt.

Nachher aber tat Eile not. Zwar half ich noch schnell mit, das Kalb aufzubrechen. Aber in mir war eine unbeschreibliche Unruhe. Zwar wußte ich, daß die beiden anderen beschossenen Stücke ebenfalls nachgesucht wurden. Aber die Erfolgsmeldungen standen noch aus oder hatten uns noch nicht erreicht. Ich stellte fest, daß auch der Jagdleiter sichtlich unruhig wurde. Bald wußten wir es: Die beiden Stücke waren nicht gefunden worden. Der Drahthaar hatte gut angesucht, war dann aber auf eine frische Rehfährte gewechselt. Selbst mehrfaches Abtragen konnte den Rüden nicht mehr veranlassen, der kalten Rotfährte zu folgen.

Das vom Jagdterrier verfolgte Stück, ebenfalls ein Kalb, schien schwer krank zu sein. Der Terrier hielt über weite Strecke die Krankfährte ausgezeichnet, kam dann aber während der weiteren Folge an Sauen. Hier wurde er so heftig, daß der anscheinend durch viele Nachsuchen brüchig gewordene Riemen riß und der Hund hinter den Schwarzkitteln im weiten Busch verschwand.

Zur Stunde war er noch nicht zurückgekehrt. Aber sein Führer und Besitzer, Forstamtmann F., war zuversichtlich: „Der liegt spätestens morgen früh neben meinem Rucksack und heult mich herbei." — Ich hatte es ja schon immer gewußt, daß sich ein Jagdterrier in jeder Lebenslage zu helfen weiß.

Doch jetzt mußten auch wir uns zu helfen wissen. Am Anschuß des Kalbes lag nur Schnitthaar, das von überall her stammen konnte. Ich meinte, daß es am ehesten von den Dünnungen herkommen könnte. Der Jäger mit dem abhanden gekommenen Terrier tippte auf einen Keulenschuß ohne Knochenverletzung. Wir stritten uns nicht darum.

Gemeinsam zogen wir los. Kati schnüffelte auf der Spur des „Vorarbeiters" herum. Das wußte ich, ohne es genau zu sehen. Aber die Eifersucht war stärker als der Drang, dem kranken Wilde sofort zu folgen. Mindestens am Anfang ist es so.

Diese Klippe muß überwunden werden. Nur machen sich manche Jäger keine Gedanken darüber und arbeiten jede Krankfährte ohne zu zögern und zu zaudern mit ihren Hunden selbst dann, wenn deren Schweißhundqualitäten in keinem Verhältnis zu der erkannten Schwierigkeit der Fährte stehen.

Zwar war dies bei vorliegender Suche nicht der Fall. Denn der Jagdterrier war kein Anfänger und wußte zu finden. Daß ihm die aufgekommenen Sauen und der brüchige Riemen dies verwehrten, war nicht seine Schuld. Solch ein Kampfhund wird von Sauen nur allzu leicht verführt.

Die Spur des Terriers blieb in Katis Nase. Aber sie war kein „Kampfhund". Die Rotfährte, die geduldige, gewann die Überhand. Nach vierhundert Schritt fand sich abgestreifter Schweiß. Kurz darauf erspähte ich sogar den Sauenkessel. Erleichtert atmete ich auf, als sich die Hündin nur am Rande mit den Lagerstellen der Sauen beschäftigte und gleich wieder auf die Rotfährte überschwenkte. Die Dickung wurde unerträglich dicht. Kiefer, Fichte und Lärche standen wirr durcheinander, wobei die Fichte die unterste Etage dieser Dreieinigkeit bildete.

Kati nahm die Nase hoch. Ich konnte ihr dies nicht übelnehmen, wußte ich doch, daß dicht vor uns Wild stand. Im stillen hoffte ich, daß es das Kalb sein möge. Nach weiteren zehn, zwanzig behutsamen Schritten sprang Kati in den Riemen. Vor uns ein Rauschen. Für einen Augenblick erkannte ich abspringendes Wild. Das war das Kalb!

F. klappte seinen Drilling auf, um zu laden. Das Öffnen der Waffe gelang, das Schießen jedoch nicht. Verzweifelt fingerte er an dem Schießeisen herum. Ohne Erfolg. Meine eigene Waffe hatte ich abgeschrieben. Die drei Fehlschüsse von vorhin gaben mir noch immer Rätsel auf.

In diesem Durcheinander schnallte ich die Hündin. Schon wenig später erschallte vor uns ihr Standlaut. F. verwünschte, gleichsam als Sekundant der Hündin, lauthals seinen Drilling. Und ich verwünschte im stillen meine kranke Büchse.

Trotz dieser Verwünschungen standen wir urplötzlich vor Hund und Kalb. Ich erkannte, daß das Kalb am Ende war. In meiner Not zog ich das langklingige Messer, sprang vor und gab mit hartem Stoß den Fang.

Doch da, es fällt mir schwer, es mitzuteilen, geschah etwas Einmaliges und kaum Glaubhaftes. Das Kalb flüchtete mit dem Messer hinterm Blatt!

Jetzt ging alles drunter und drüber. F. schimpfte noch immer auf seinen Drilling, der sich jedoch trotz aller Beleidigungen nicht schließen wollte. Ich selbst hetzte Kati nach, die das Kalb nicht mehr ausließ. Dabei stürzte ich und fiel mit dem Brustkorb auf einen kopfgroßen Stein. Ich versuchte mühsam, durchzuatmen. Nach einigen vergeblichen Versuchen gelang es.

Doch dann kam alles zum guten Ende. Das Kalb rührte sich nicht mehr vom Fleck. Aus zwei Schritt Entfernung gab ich aus der Hüfte den Fangschuß.

Dann lag ich lang hingestreckt neben dem verendeten Kalb. Nicht aus Spaß, sondern weil ich mit meinen Kräften am Ende war. Auch F. erschien und hatte seinen Drilling endlich wieder intakt. Meinen Zustand ließ ich ihn nicht merken und benahm mich ganz munter, obwohl ich mir beim Sturz eine Rippe angebrochen hatte.

Danach holte ich mir aus dem Kalb mein Messer zurück und dachte dabei, daß ich diesen Vorfall keinem Menschen und schon gar keinem Jäger erzählen dürfte.

Später habe ich doch darüber berichtet und auch über die drei Fehlschüsse. Warum sollen die Leute nicht wissen, daß wir alle nur Menschen sind, ständig ausgeliefert den Tücken von Technik, Natur und eigener Unzulänglichkeit.

Die drei Fehlschüsse haben sich bald aufgeklärt. Einige Tage vorher brachte mir mein Sohn Peter einen im Lauf stark gekürzten Karabiner mit. Er hatte ihn auf seinen „Erkundungsfahrten" bei einem Waffenhändler gesehen und dabei sogleich an meine Vorliebe für kurzläufige Nachsuchengewehre gedacht. Darum erwarb er die Waffe und stellte auch gleich ihre Schußleistung fest.

Gern übernahm ich die führige Büchse, bemerkte allerdings nicht, daß neben dem Standvisier noch eine Klappe für dreihundert Meter Schußentfernung im Lauf eingelassen war. Und diese Klappe war es nun, die sich während der Suche im Gebüsch selbständig hochstellte und damit die Fehlschüsse auf kürzeste Entfernung auslöste.

Um uns breitete sich die Dämmerung aus. Zwei schwierige Nachsuchen in verhältnismäßig kurzer Zeit bereiten eine gewisse Zufriedenheit. Doch eine Suche stand noch aus. Sie beschäftigte mich sehr, zumal sie ja bereits einmal ergebnislos verlaufen war. Wie gern hätte ich sie noch an diesem Tag erledigt.

Als die Strecke vor dem Forsthaus verblasen wurde, war die Nacht unser Gast. Am anschließenden Schüsseltreiben nahm ich nicht teil. Ich hoffte, daß mir dies niemand übelnahm. Wer wußte, was mich morgen auf der Rotfährte erwartete. Besonders Kati sollte jetzt ihre Ruhe haben.

Als ich meinen Wagen bestieg, blickte ich noch schnell zum Nachthimmel. Der sah nicht gut aus. Stern um Stern verschwand hinter einer aufziehenden Wolkenwand.

Während der Heimfahrt begann es zu regnen. Doch dies allein war noch nicht schlimm. Viel ärger, daß dieses Naß auf der unterkühlten Straße augenblicklich zu Eis erstarrte. Bald konnte ich nur noch im Schrittempo fahren. Darum verließ ich bei passender Gelegenheit die ungastliche Fahrbahn und nahm einen Querfeldeinweg, der mich zwar schaukelnd und rumpelnd, dafür aber leidlich sicher zu meinem Haus tief drinnen in der Heide brachte.

Die Nacht war kalt. Spiegelblank lag eine Eisschicht über der Landschaft. Ich dachte an nichts anderes als an die bevorstehende Nachsuche. Darum blieb Kati auch nicht im Zwinger, sondern behielt ihren Schlafplatz auf dem Schnuckenfell im Hause.

Um Mitternacht schaute ich noch einmal vor die Tür. Jetzt schneite es. Wild wirbelten die Flocken durcheinander. Nun bedauerte ich aufrichtig, daß ich die letzte noch ausstehende Nachsuche gegen jede Regel und Vernunft nicht doch noch in die Nacht hinein gewagt hatte. Mit schweren Gedanken ging ich zu Bett.

Noch herrschte tiefe Dunkelheit, als ich mich zum Aufbruch rüstete. Der Schnee lag handhoch, darunter die verteufelte Eisschicht!

Eine dreiviertel Stunde benötigte ich, um mit dem Wagen zum Anschuß zu kommen. Hier traf ich mit dem Revierbeamten und einem „Hirschmannanwärter" zusammen. Dieser wollte mich und Kati als Helfer begleiten.

Meine Stimmung war trostlos. Die Hündin scharrte auf dem Anschuß herum. Mit den Fingern sortierte ich den aufgekratzten Schnee. Endlich entdeckte ich einige Schnitthaare. Mühsamer kann eine Anschußuntersuchung nicht vor sich gehen.

Dann zog die Hündin in eine stubenhohe Kieferndickung. Wir waren in Kenntnis gesetzt worden, daß das beschossene Stück nach dem Schuß diese Dickung angenommen hatte. Tief hing der Schnee in den Zweigen, und bald klebte er in Augen, Ohren und Nase.

Alle zehn, zwölf Schritt scharrte der Hund im Schnee. Und jedesmal kniete ich nieder, um vielleicht doch noch ein Zeichen zu ergattern. Vergeblich.

Nach einer Stunde waren wir aus der Dickung heraus. Aus einer Dickung! Weitere warteten noch auf uns. Meine Handschuhe glichen zwei nassen Lappen. Ich streifte sie ab und suchte mit blanken Händen weiter, mit dem Erfolg, daß ich bald kein Gefühl mehr in den Fingern hatte.

Nach zwei Stunden unbeschreiblich harter Arbeit wußten wir genauso viel wie am Anfang. Mindestens ein Dutzend Mal hatte ich die Hündin abgetragen. Doch stets nahm sie den gleichen Weg. Ich war ziemlich sicher, daß wir uns auf der Krankfährte befanden. Diese Sicherheit nahm noch zu, als wir auf eine brandheiße Rudelfährte stießen, die der Hund zwar flüchtig untersuchte, dann aber behutsam darüber hinwegstieg, um auf der Leitlinie zu bleiben.

So durchwühlten wir Dickung um Dickung, durchforschten Stangen- und Althölzer, und in fast gleichbleibenden Abständen durchscharrte die Hündin den Schnee, um dann mit ihrer Nase Unsichtbares zu prüfen.

Mein Begleiter sah arg mitgenommen aus. Darum riet ich ihm freundschaftlich zum Rückzug. Doch er winkte ab. Gewiß erkannte er, daß es um mich auch nicht besser stand.

Längst hatte ich auch die letzte Spur eines Gefühls aus den Händen verloren. Die Endschlaufe des Schweißriemens wurde allein durch das Handgelenk gehalten. Als wir wieder einmal aus dem Schneewald auf eine Schneise traten, setzte ich meine Pfeife in Brand und hoffte, durch das warm werdende Pfeifenholz meine abgestorbenen Hände wieder zum Leben zu erwecken. Doch der Versuch mißlang. Bald kroch die Kälte unter das Gummizeug auf die Haut. Auch Kati wollte nicht länger verweilen und mahnte mit kurzem Laut zum Aufbruch.

Wir suchten weiter. Fast war es eine Verzweiflungshandlung. Am späten Nachmittag, es läßt sich nicht mehr nachrechnen, wie viele Kilometer wir durch Schnee und Kälte zurücklegten, standen wir an einer Bahnstrecke. Die Geleise lagen tief unter uns. Es erschien ausgeschlossen, daß das kranke Stück diesen Steilhang hinunter und auf der anderen Seite wieder hochgezogen war.

Ich wußte nicht mehr weiter. Gewiß war es auch meine körperliche Verfassung, die die Gedanken abstumpfen ließ. Schüttelfrost stellte sich ein. Mein Begleiter stand mit aschfahlem Gesicht neben mir. Ich sagte: „Schluß.“ Kati drängte die Böschung hinunter. Nochmals: „Schluß!“

Nach zwei Stunden Fußmarsch standen wir vor unseren Fahrzeugen. Ich bedankte mich bei meinem Begleiter. Er streichelte Kati.

Dann fuhren wir davon. Jeder in eine andere Richtung.

Zu Haus ein heißes Bad! Allmählich kehrten die Lebensgeister zurück. Dennoch: Wenn mich jetzt in dieser Stunde jemand um eine Nachsuche gebeten hätte, ich wäre nicht dazu in der Lage gewesen. Doch es rief mich zum Glück niemand.

Ein Anruf kam am nächsten Tag, es war ein Sonntag. Der Revierbeamte aus dem Nachsuchengebiet berichtete mir, daß ein Forstarbeiter das Tier gefunden hatte. Es lag kaum zwanzig Schritt neben dem Bahnkörper.

Darauf fuhr ich hinaus. Ich sagte nichts. Aber ich stellte fest, daß wir keine fünfzig Meter vor dem verendeten Tier am Vortag eine viele Stunden dauernde Nachsuche abgebrochen hatten. So sieht das Ende eines Nachsuchenjahres aus.